DE L'EXÉCUTION

DES

JUGEMENTS ÉTRANGERS

D'APRÈS

LA JURISPRUDENCE FRANÇAISE

AVEC

LE TEXTE DES PRINCIPAUX ARRÊTS ET JUGEMENTS

PAR

Charles LACHAU et **Christian DAGUIN**

AVOCAT

A LA COUR DE PARIS

DOCTEUR EN DROIT, AVOCAT A LA COUR DE PARIS
Secrétaire de la Société de Législation comparée
Lauréat de la Faculté de droit de Paris

PARIS

L. LAROSE ET FORCEL

Libraires-Éditeurs

22, RUE SOUFFLOT, 22

1889

AVANT-PROPOS.

En rédigeant le présent travail sur l'exécution en France des jugements étrangers, nous n'avons pas eu la prétention d'écrire un livre de doctrine. Nous avons voulu simplement mettre à la portée des hommes d'affaires le plus grand nombre possible de décisions judiciaires en cette matière spéciale, afin de leur éviter de longues et pénibles recherches dans les recueils de jurisprudence.

Nous avons placé en tête du volume une courte Introduction dans laquelle nous avons examiné la question de l'exécution des jugements étrangers au point de vue théorique. Nous avons divisé le corps de notre livre en deux parties principales subdivisées elles-mêmes en un assez grand nombre de chapitres et de paragraphes. Cette méthode, qui pourrait ne pas convenir à un ouvrage de pure doctrine, nous a paru devoir présenter ici de sérieux avantages; elle permet, en effet, à l'aide de tables suffisamment détaillées, de trouver facilement et sans perte de temps, sur chaque point spécial, les solutions qui s'y rapportent.

A

L'EXÉCUTION

DES

JUGEMENTS ÉTRANGERS

D'APRÈS

LA JURISPRUDENCE FRANÇAISE

AVEC

LE TEXTE DES PRINCIPAUX ARRÊTS ET JUGEMENTS

PAR

Charles LACHAU   et   Christian DAGUIN

AVOCAT
À LA COUR DE PARIS

DOCTEUR EN DROIT, AVOCAT À LA COUR DE PARIS
Secrétaire de la Société de Législation comparée
Lauréat de la Faculté de droit de Paris

PARIS

L. LAROSE ET FORCEL

Libraires-Éditeurs

22, RUE SOUFFLOT, 22

1889

DE L'EXÉCUTION

DES

JUGEMENTS ÉTRANGERS

D'APRÈS

LA JURISPRUDENCE FRANÇAISE

INTRODUCTION.

Tout jugement régulièrement rendu est appelé à produire un double effet dans le pays où il a été prononcé. Il établit d'abord entre les parties litigantes une sorte de lien de droit qui ne leur permet plus, que le défendeur ait succombé ou que le demandeur ait été débouté de sa demande, de remettre en question la contestation sur laquelle il a été statué une première fois; il confère, en second lieu, à celui des plaideurs qui a obtenu gain de cause, la faculté de poursuivre contre son adversaire l'exécution de la sentence qui a condamné ce dernier.

Quelle est la base de cette présomption de bien-jugé, de cette fiction de vérité attachée par tous les législateurs aux décisions judiciaires et qui semble, à première vue, en complète opposition avec l'équité? Si intègres, en effet, et si versés dans la connaissance des lois que puissent être les magistrats, ils ne sont pas infaillibles, et la faiblesse de la nature humaine ne leur permettra pas toujours d'éviter les erreurs. Pourquoi donc alors investir leurs décisions de cette immuable autorité de la chose jugée, et imposer à la partie qui a succombé l'exécution d'une sentence peut-être injuste et contraire au bon droit?

Il est évident que la théorie de l'autorité de la chose jugée ne repose sur aucun principe de droit naturel et reste en dehors de toute conception purement philosophique. La chose jugée a son origine dans des motifs d'utilité générale et sa raison d'être dans la sauvegarde qu'elle présente pour certains intérêts supérieurs qui, sans elle, seraient gravement compromis. Quelle sécurité pourrait espérer le détenteur d'un fonds exposé, malgré la sentence qu'il a obtenue, à se voir indéfiniment contester son droit de propriété? De quel repos jouiraient les familles si les questions d'état qui les intéressent revenaient incessamment devant les tribunaux?

La force de chose jugée qu'emporte avec elle toute décision judiciaire, sur le territoire où elle a été rendue, résulte donc simplement d'un besoin social. « Ce n'est pas certainement, écrit M. Larombière [1], que les juges ne puissent avoir, en réalité, commis une erreur ou une injustice, en tenant pour vrai ce qui était faux et pour faux ce qui était vrai, soit en considérant comme conforme à la loi ce qui y était contraire, ou comme contraire à la loi ce qui y était exactement conforme, on le comprend sans peine et l'expérience ne le démontre que trop souvent; car quelle que soit la puissance de la chose jugée, elle ne saurait aller jusqu'à changer la nature des choses. La présomption de vérité qui lui sert de fondement ne s'applique donc qu'aux effets civils du jugement, considéré comme constatant l'existence de droits et d'engagements juridiques, judiciairement reconnus entre les parties litigantes. C'est sous ce rapport seulement que l'on peut dire de la chose jugée : « iniquité ou erreur soit; mais c'est justice et vérité. »

Indépendamment de l'autorité de la chose jugée qui permet d'invoquer le jugement par voie d'exception *rei judicatæ,* celui-ci a, nous l'avons dit plus haut, un autre effet: il donne à la

---

[1] *Théorie et pratique des obligations,* t. VII, sur l'article 1351, I.

personne en faveur de laquelle il a été rendu une faculté d'exécution contre son adversaire. Il ne suffit pas que le juge ait statué sur les droits respectifs des parties litigantes, sa sentence doit nécessairement avoir une conséquence effective. Un tribunal me reconnaît un droit de créance contre un débiteur récalcitrant. Que va-t-il arriver? Ou bien le jugement sera exécuté de bonne grâce, ce qui terminera l'affaire, ou bien mon débiteur m'opposera une force d'inertie telle que je ne pourrai pas obtenir le paiement de la somme qui m'est due. Dans cette dernière hypothèse, la loi doit me fournir le moyen d'arriver à l'exécution forcée du jugement que j'ai obtenu.

Mais il importe d'établir une ligne de démarcation bien nette entre l'autorité de la chose jugée résultant de l'intervention du pouvoir judiciaire et la force exécutoire de la sentence qui dérive directement de la souveraineté. Trop souvent, en effet, on a été porté à confondre la *jurisdictio* du magistrat chargé de discerner, de reconnaître, de proclamer et de protéger des droits et l'*imperium* du pouvoir souverain seul maître de la force publique et par conséquent seul capable d'assurer l'exécution des décisions judiciaires *etiam manu militari*. Cependant cette distinction présente un intérêt capital, surtout pour ceux qui entreprennent de trancher les délicates questions relatives aux effets extraterritoriaux des jugements.

Aucune difficulté ne peut s'élever lorsqu'il s'agit de faire exécuter dans un pays la sentence rendue par les juges d'un autre État. On est assez généralement d'accord sur ce point : la force exécutoire résultant d'un ordre du souverain est naturellement bornée aux limites de l'autorité dont elle émane. Ce serait porter une grave atteinte au principe de l'indépendance des États que de décider autrement en admettant qu'un pouvoir étranger puisse commander sur un sol qui n'est pas soumis à sa puissance.

« C'est une règle fondamentale du droit public de toutes les nations qu'un jugement rendu dans un pays ne peut être de plein droit exécutoire dans un autre, en vertu du mandement seul du juge qui l'a rendu. Partout, il faut pour qu'un jugement étranger puisse être exécuté, qu'il soit présenté aux tribunaux du pays qui, en se l'appropriant, lui donnent en quelque sorte le baptême de la nationalité dans lequel il puise sa force exécutoire[1]. »

Ces quelques lignes empruntées à Massé prouvent que la règle rigoureuse en vertu de laquelle les jugements n'ont aucune force extraterritoriale, tout ou moins quant à leur exécution, a dû subir des atténuations dans la pratique; presque tous les peuples ont compris qu'il était avantageux et même nécessaire de permettre dans une certaine mesure et sous certaines conditions l'exécution des sentences étrangères sur leur territoire. On peut dire qu'en cette matière les principes ont fléchi devant cette force inéluctable et dominatrice qui s'appelle l'utilité générale. Ce n'est pas à une époque où les relations commerciales et les transactions internationales augmentent de jour en jour, qu'il convient d'élever des murailles de Chine entre les États; peut-être même les diverses puissances gagneraient-elles à démolir celles qui existent aujourd'hui, en se bornant à conserver un rempart suffisant pour protéger leurs nationaux et leurs richesses intérieures.

Si marquées que soient d'ailleurs les tendances utilitaires qui se développent depuis quatre-vingts ans et qui resteront

[1] Massé, *Le droit commercial dans ses rapports avec le droit des gens et le droit civil* (8ᵉ édition), t. II, § 793.

comme la caractéristique de notre siècle, aucun législateur n'a,
croyons-nous, songé à autoriser purement et simplement dans
son pays l'exécution des jugements étrangers; on exige toujours un examen préalable qui, sauvegardant le principe de
l'indépendance des souverainetés, permet en même temps
d'écarter les décisions judiciaires qui violeraient manifestement
l'ordre public ou qui auraient été rendues sans que les droits
de la défense fussent entourés de garanties suffisantes. Nous
en sommes restés sur ce point à ce qu'écrivait Fœlix : « Aucun
État n'a consenti à souffrir que dans son territoire l'exécution
du jugement étranger se fasse en vertu de la seule autorité du
juge qui l'a rendu; partout l'État a réservé à ses propres juges
le pouvoir d'ordonner cette exécution[1]. »

En France, la doctrine et la jurisprudence disputent encore
aujourd'hui sur l'étendue des pouvoirs du tribunal auquel on
demande l'*exequatur* ou *pareatis* d'une sentence étrangère.
Les uns, et c'est le plus grand nombre, décident que le jugement étranger ne peut être rendu exécutoire qu'après révision
intégrale du fond et de la forme. D'autres, adoptant une
théorie beaucoup plus libérale, limitent l'examen de nos magistrats aux conditions de validité intrinsèque de la décision
qui leur est soumise. Dans un troisième système, on établit
une distinction entre les procès jugés entre étrangers et ceux
dans lesquels un Français a succombé[2].

Les motifs qui font refuser aux jugements étrangers la force
exécutoire se retrouvent-ils lorsqu'on invoque simplement ces
jugements à titre d'exception? En d'autres termes, les sen-

---

[1] Fœlix, *Droit international privé* (4e édition), t. II, § 320, p. 42.

[2] V. *infrà*, p. 1 et suiv., l'exposé des divers systèmes.

tences des tribunaux étrangers jouissent-elles sans *exequatur* en dehors du pays où elles ont été rendues de l'autorité de la chose jugée?

Poser cette question, c'est toucher à la nature même de la chose jugée; on est amené à se demander si l'autorité qui en découle emprunte quelque chose à l'autorité du souverain sur le territoire duquel le jugement a été prononcé.

L'affirmative a été soutenue par Fœlix[1] et plus récemment par M. de Vareilles-Sommières. « Dans tous les pays civilisés, lisons-nous dans son traité de *l'Hypothèque judiciaire,* la justice est rendue au nom du souverain; un jugement est un acte de souveraineté émané du délégué du Chef de l'État. Les jugements ne doivent avoir de force et de valeur que dans l'étendue du royaume gouverné par le souverain au nom duquel ils sont rendus. L'autorité de la chose jugée ne dérive pas du droit des gens, mais du droit civil de chaque nation[2]. »

Une autre théorie dite du quasi-contrat judiciaire a été présentée et vivement défendue par Massé[3]. Pour lui l'autorité de la chose jugée est une autorité de fait. Le jugement n'est certainement pas exécutoire *de plano* en dehors du territoire où il a été rendu; mais il constitue un titre dont la partie qui l'a obtenu pourra se prévaloir en tous lieux contre son adversaire, « les parties en procédant devant le juge ont formé une espèce de quasi-contrat qui les oblige à se conformer au jugement

---

[1] Fœlix, *op. cit.,* t. II, p. 40.

[2] Vareilles-Sommières, *L'Hypothèque judiciaire,* p. 116; dans le même sens : Aubry et Rau (4° édition), t. VIII, § 789 *ter.* — Bard, *Précis de droit international,* § 238. — Brocher, *Cours de droit international privé,* t. III, § 29. — Larombière, *op. cit.,* t. VII, sur l'art. 1351, § 6. — Moreau, *Effets internationaux des jugements,* p. 2 et 235.

[3] Massé, *op. cit.,* t. II, § 800, p. 70 et 71.

quand il est devenu définitif : *Quasi contrahitur in judicio.*
Ce n'est donc pas comme acte exécutoire qu'il faut considérer
le jugement qui sert de base à l'exception de chose jugée,
mais comme contrat [1]. »

Il est évident que le parti que l'on adoptera relativement à
cette question aura une influence capitale sur les effets extraterritoriaux des jugements. L'autorité de la chose jugée tire-
t-elle uniquement sa force de la puissance souveraine? Nul doute
qu'il faille refuser aux sentences des tribunaux toute valeur en
dehors du pays où siègent ces tribunaux. La souveraineté ex-
pirant aux frontières, le pouvoir public d'un État ne saurait
imposer des ordres au pouvoir public d'un autre État.

Au contraire, si l'on admet que la force de la chose jugée
dérive d'un quasi-contrat judiciaire, il nous semble logique
d'accorder cette force à tous les jugements en quelque pays
qu'ils aient été rendus. Il ne s'agit plus, en effet, que d'une
convention entre particuliers, et les conséquences d'un pareil
contrat à l'étranger ne touchent en rien au principe de l'indépendance des États.

Nous ferons d'ailleurs observer que les défenseurs les plus
convaincus du premier système ont reculé devant les conséquences auxquelles il les conduisait inévitablement. « Les relations de bonne amitié (*comitas*) et des considérations d'utilité
et de convenance réciproques y ont fait admettre des exceptions [2]. » Cette phrase de Fœlix résume à elle seule toute la
vieille théorie de la *comitas inter gentes*. Loin de nous l'idée

---

[1] V. dans ce sens : Thévenet, *De l'autorité et de la force exécutoire des
jugements étrangers en France*, § 14. — Weiss, *Droit international privé*,
p. 957.

[2] Fœlix, *op. cit.*, t. II, § 319.

de blâmer ses adeptes, mais qu'il nous soit permis de signaler avec un éminent jurisconsulte italien son point vulnérable. « La *comitas* dépend de la politique des États qui est la chose la plus variable, et la plus incertaine du monde et ne peut servir de base à une doctrine scientifique[1]. »

La *comitas inter gentes,* écartée, et le système du quasi-contrat judiciaire mis de côté, bien que dans un très grand nombre d'hypothèses il ait une valeur indiscutable[2], existe-t-il des principes permettant d'étendre l'autorité de la chose jugée au delà des frontières du pays où la sentence a été rendue? On a essayé d'arriver à ce résultat à l'aide des règles fondamentales du droit international; de la sorte on a pu édifier une théorie ayant un caractère scientifique que ne présentent ni la *comitas inter gentes* ni le quasi-contrat judiciaire.

Savigny reconnaissait déjà qu'en ces matières l'accord des nations résultait plutôt du développement propre du droit que de la bienveillance réciproque des États. « En vertu du droit rigoureux de souveraineté on pourrait sans doute enjoindre aux juges d'un pays d'appliquer exclusivement leur droit national, sans égard aux dispositions contraires d'un droit étranger avec le domaine duquel le rapport de droit litigieux pourrait se trouver en contact, mais une semblable prescription ne se trouve dans aucune législation connue et devrait être repoussée par les considérations suivantes. Plus les relations entre les différents peuples sont nombreuses et actives, plus on doit se convaincre qu'il faut renoncer à ce principe d'exclusion pour adopter le

---

[1] Fiore, *Effetti internazionali delle sentenze e degli atti* (1re partie), p. 65, n° 2.

[2] V. Daguin (Chr.), *De l'autorité et de l'exécution des jugements étrangers en matière civile et commerciale en France et dans les divers pays,* p. 40.

principe contraire. C'est ainsi que l'on tend à la réciprocité dans l'appréciation des rapports de droit, à établir devant la justice, entre les étrangers et les nationaux une égalité que réclame l'intérêt des peuples et des individus[1]. »

Plus récemment, Mancini formulait ainsi la même idée : « Le traitement des étrangers ne peut pas dépendre de la *comitas* et de la volonté souveraine de chaque État. La science ne peut considérer ce traitement que comme un devoir rigoureux de justice internationale, auquel une nation ne peut pas se soustraire sans violer le droit des gens, sans rompre le lien qui unit l'espèce humaine dans une grande communauté de droit fondée sur la communauté et la sociabilité de la nature humaine, sans devenir membre rebelle et réfractaire de la société universelle[2]. »

Si l'on admet qu'un État n'a pas le droit de proscrire de son territoire les lois d'un autre État, pourquoi refuserait-on l'autorité de la chose jugée à la sentence étrangère qui n'est en réalité qu'une *lex specialis* réglant les rapports de droit entre les plaideurs? Il est rationnel, en effet, d'accorder à la loi spéciale les mêmes effets qu'à la loi générale dont elle n'est qu'une application.

On objecte, il est vrai, que les juges étrangers peuvent être incapables, ou manquer d'impartialité; on a été jusqu'à dire que placés dans l'alternative de donner gain de cause à leurs nationaux contre un étranger ou de condamner leur compatriote en faisant triompher l'étranger, ils inclineraient presque malgré eux dans le premier sens.

---

[1] Savigny, trad. Guenoux, t. XIII, § 348.

[2] Rapport de M. Mancini présenté à l'Institut de droit international (1874-1875), *Revue de droit international*, t. VII, p. 335.

Nous aimons à croire qu'un pareil fait ne se produira qu'exceptionnellement, et que les magistrats des pays civilisés se souviendront toujours, en montant sur leur siège, qu'ils ont à juger non pas des amis ou des ennemis, des compatriotes ou des étrangers, mais bien des plaideurs auxquels ils doivent appliquer la loi. Il convient d'ailleurs de faire observer qu'une méfiance trop grande à l'égard des sentences étrangères serait souvent plus nuisible qu'utile aux nationaux du pays qui la manifesterait. Les législateurs usant de mesures de rétorsion se refuseraient de leur côté tout effet aux jugements des tribunaux de ce pays, et l'État qui aurait voulu protéger à tout prix ses regnicoles se trouverait les avoir placés dans une situation très fâcheuse toutes les fois qu'ils quitteraient le sol de leur patrie.

Les défenseurs du système d'après lequel les jugements étrangers doivent jouir de l'autorité de la chose jugée en dehors du pays où ils ont été rendus, soutiennent encore leur thèse à l'aide d'un argument d'analogie. On reconnaît assez généralement que les actes passés en pays étranger, lorsqu'ils ont été régulièrement revêtus des formes de l'authenticité, emportent partout ce caractère d'authenticité. C'est une application de la règle « *Locus regit actum.* » Cette foi que l'on attache aux actes reçus par les officiers publics étrangers, n'est-il pas juste de l'accorder aux jugements? Il serait bizarre que les actes d'un greffier ou d'un notaire obtinssent complète créance et jouissent d'une force extraterritoriale indiscutée alors qu'on dénierait les mêmes effets aux sentences des magistrats : « Il y a la plus grande analogie entre la foi due à l'acte authentique et la chose jugée. Elles ont l'une et l'autre le même fondement et le même but. L'une et l'autre elles tirent leur origine de la confiance accordée à certains fonctionnaires publics et se proposent de couper court à d'interminables procès. Pourquoi ne les traiterait-on pas de la même manière? Les jugements étrangers doivent avoir au moins la valeur des contrats intervenus entre les parties[1]. »

Tels sont, brièvement résumés, les principes généraux qui dominent la matière de l'exécution des jugements étrangers. Avant d'aborder l'étude détaillée de la jurisprudence française, qui, nous le répétons, se montre très réservée à l'égard des décisions étrangères, leur refusant presqu'unanimement l'autorité de la chose jugée et ne leur accordant l'*exequatur* qu'après révision intégrale, nous croyons utile de donner un exposé rapide de l'état de la question avant la promulgation des Codes de 1804 et de 1806.

On sait qu'au temps de la féodalité le principe de la territorialité des lois succéda au principe de la personnalité; le pouvoir judiciaire ne pouvait par conséquent étendre son autorité en dehors de la souveraineté territoriale à laquelle il appartenait. Cela était si vrai, que les jugements rendus en France n'étaient exécutoires *de plano* que dans le ressort du Parlement ou de la juridiction qui les avait prononcés. Ces jugements ne produisaient effet dans toute l'étendue du royaume qu'après avoir été revêtus du *pareatis du grand sceau*[2]. Toutefois, un *pareatis* obtenu à la chancellerie du Parlement dans le ressort duquel on voulait exécuter la sentence rendait celle-ci exécutoire dans ce ressort[3].

---

[1] Bertauld, *Questions pratiques,* n° 156 *bis.*

[2] On appelait *pareatis du grand sceau* des lettres obtenues en chancellerie, lettres par lesquelles le roi mandait à tout sergent ou huissier sur ce requis de mettre tel arrêt ou tel jugement à exécution. Pothier, *Traité de la procédure civile,* ch. II, § 3.

[3] Pothier, *loc. cit.* Boullenois, *Traité de la réalité et de personnalité des lois,* t. 1, tit. II, ch. IV, obs. 25, p. 641.

Le traitement accordé aux décisions des magistrats français explique l'accueil qui était fait en France à cette époque aux jugements étrangers. « C'est une maxime hors de controverse, écrivait Brodeau, que les sentences et les jugements souverains donnés hors le royaume par juges étrangers ne peuvent être exécutés sur biens situés en France quand même on aurait obtenu le *pareatis* et la commission du juge royal du domicile, ains il faut se pourvoir par nouvelle action par devant lui[1]. »

En 1629, fut rendue la célèbre Ordonnance, connue sous le nom de Code Michaud. L'article 121 de cette Ordonnance codifia en quelque sorte les règles que la pratique avait consacrées jusqu'alors relativement aux effets sur notre territoire des jugements étrangers. Voici ce texte :

Article 121. « Les jugements rendus, contrats ou obligations reçus ès royaumes et souverainetés étrangères pour quelque cause que ce soit, n'auront aucune hypothèque ni exécution en notre dit royaume, ains tiendront les contrats lieu de simples promesses et nonobstant les jugements, nos sujets contre lesquels ils auront été rendus, pourront de nouveau débattre leurs droits comme entiers par devant nos officiers.

L'accueil fait par nos Parlements à l'œuvre du chancelier Michel de Marillac fut loin d'être favorable. Les Parlements de Toulouse, de Grenoble, de Bordeaux et de Normandie consentirent seuls à enregistrer purement et simplement l'Ordonnance de 1629. Si le Parlement de Dijon l'enregistra ce fut sous cette réserve expresse que l'article 121 n'aurait aucune force en Bourgogne[2].

---

[1] Brodeau, *Sur l'article 165 de la coutume de Paris*, t. II, p. 390. Cet auteur rapporte dans le sens de sa théorie des arrêts du 13 août 1534; du 21 mars 1585 ; du 14 mars 1603.

[2] Bouhier, *OEuvres de jurisprudence* (édit. de 1788), t. II, ch. LIII, p. 379.

Il importe assez peu, du reste, que l'Ordonnance de 1629 ait été ou non enregistrée par les Parlements, puisque son article 121 résume les règles appliquées, avant et après sa publication, aux jugements étrangers. Depuis 1629 jusqu'au 30 ventôse an XII, date de la promulgation du Code civil, les tribunaux français n'ont pas varié; ils ont constamment appliqué, même pendant la période intermédiaire, l'article 121 du Code Michaud, l'arrêt du tribunal de cassation que nous reproduisons en est la preuve.

Cass. civ., 25 ventôse an XII (Spohrer c. Jens Sorensen et Niels Moë);
S. 4.1.267.

Vu l'article 121 de l'Ordonnance du mois de janvier 1629; — Considérant que les expressions générales de cet article ne souffrent aucune exception, soit relativement à la nature de l'affaire qui a été portée devant un tribunal étranger, soit relativement à la qualité en laquelle un Français y a été porté; qu'ainsi on ne peut, *pour l'application dudit article,* admettre de distinction, soit entre le cas où l'affaire sur laquelle est intervenu un jugement étranger est commerciale ou purement civile, *soit que le français y ait été demandeur, défendeur ou partie intervenante; mais que la loi refuse indistinctement toute force exécutoire en France aux jugements étrangers;*

Que ledit article ayant voulu de plus, que *nonobstant un jugement étranger le français contre lequel il aurait été rendu puisse de nouveau débattre ses droits comme entiers, il s'ensuit qu'un jugement étranger ne peut pas même opérer contre le français l'effet de la chose jugée,* puisque cette exception le priverait nécessairement de la faculté qui lui est formellement réservée par la loi de débattre de nouveau ses droits comme entiers;

..... Qu'en statuant ainsi, le tribunal de Rouen a contrevenu aux dispositions dudit article 121 *de l'Ordonnance de* 1629, *qui conserve aux français condamnés par des jugements étrangers, la faculté de débattre de nouveau leurs droits devant les tribunaux de France.*

Aujourd'hui, la matière dont nous nous occupons est régie par le dernier paragraphe de l'article 2123 Code civil et par l'article 546 Code de procédure, qui sont ainsi conçus :

Code civil, article 2123, § 4. « L'hypothèque ne peut pareillement résulter des jugements rendus en pays étranger qu'autant qu'ils ont été déclarés exécutoires par un tribunal français, sans préjudice des dispositions contraires qui peuvent être dans les lois politiques ou dans les traités. »

Code de procédure, article 546. « Les jugements rendus par les tribunaux étrangers et les actes reçus par les officiers étrangers ne seront susceptibles d'exécution en France que de la manière et dans les cas prévus par les articles 2123 et 2128 Code civil. »

Quelques auteurs et un certain nombre de tribunaux soutiennent que l'article 121 de l'ordonnance de 1629 est encore en vigueur et cherchent à concilier ce texte avec la législation moderne. Nous verrons plus loin [1] sur quels arguments est édifié ce système et nous donnerons en même temps l'interprétation de l'article 121.

Il nous reste, en terminant, à dire un mot des efforts qui ont été tentés depuis un quart de siècle dans le but de faciliter l'exécution réciproque des jugements étrangers.

La question fut abordée en 1864 à Amsterdam, au Congrès tenu par l'Association internationale pour le progrès des sciences sociales. Un rapport sur ce sujet fut présenté par M. Lelièvre à la séance du 28 septembre [2].

En 1874, à l'occasion de la réunion de l'Institut de droit

---

[1] V. *infrà*, p. 1 et suiv.

[2] V. le rapport présenté par M. Lelièvre sur l'exécution des jugements rendus et des actes passés en pays étranger, 20 p. in-8°.

international à La Haye, MM. Mancini et Asser publièrent un travail sur cette matière [1].

Quatre ans plus tard, l'Institut tint sa cinquième session à Paris. La commission qu'elle avait nommée conclut à la nécessité d'une réforme, qui ne peut, à son avis, être réalisée par le seul moyen de lois générales applicables à tous les jugements étrangers. « Il faut en attendre le complément d'un système de conventions diplomatiques à conclure avec les États dont les tribunaux et l'organisation judiciaire paraîtront présenter des garanties suffisantes [2]. »

Pendant ce temps, l'Association, pour la réforme et la codification du droit des gens, s'occupait aussi de la question de l'exécution des jugements étrangers qui fut inscrite à son programme lors de sa quatrième session tenue à Brême du 23 au 29 septembre 1876 [3], mais qui ne fut discutée qu'en 1877 à Anvers [4].

L'association se réunit à Milan le 12 septembre 1883 et formula une série de résolutions relatives à l'exécution des jugements étrangers [5]. Réunie à nouveau en juillet 1887, l'As-

---

[1] V. dans la *Revue de droit international et de législation comparée,* t. VII, p. 329 et suiv., les rapports de MM. Mancini et Asser (travaux préliminaires à la session de La Haye).

[2] J. D. I. P., 1879, p. 103.

[3] J. D. I. P., 1876, p. 419.

[4] La session tenue par l'association à Anvers dura du 30 août au 3 septembre 1877. J. D. I. P., 1877, p. 580. V. le compte-rendu de cette session par M. Becker dans le *Bulletin de la société de législation comparée* (1877-1878), p. 260 et suiv.

[5] V. le texte de résolutions de la conférence de Milan dans le *Livre vert* publié en 1885 par le Gouvernement italien à l'occasion de la réunion à Rome d'une conférence internationale chargée d'étudier la question de l'exécution des jugements étrangers, p. 81. V. aussi J. D. I. P., 1883, p. 564. Voir d'ailleurs, pour plus de détails, le rapport présenté par Ch. Lachau à la Société de législation comparée de Paris sur les travaux de l'Association pour la codifi-

sociation revint sur ce même sujet et, après de longues discussions émit ce double vœu : 1° Des délégués doivent être nommés dans chaque pays représenté à la conférence pour préparer des règles sur la *compétence* du tribunal qui rend le jugement dont on demandera l'exécution, règles qui n'avaient pas été adoptées à Milan. 2° L'association exprime le vœu que la question de l'exécution des jugements étrangers fasse l'objet de conventions entre les différents États et que ces conventions soient basées sur les principes votés par l'Association dans la réunion de Milan[1].

A côté de ces travaux dus à l'initiative privée nous devons signaler les tentatives faites par les gouvernements hollandais et italien dans le but d'arriver à la réunion d'une conférence internationale chargée d'étudier la question de l'exécution des jugements étrangers[2].

En 1874, sur l'initiative de son ministre des Affaires étrangères, M. le baron Gericke de Hercoynen, la Hollande pressentit les diverses puissances au sujet de la convocation d'une commission internationale chargée d'unifier la législation sur ce point. Les ouvertures du gouvernement des Pays-Bas furent froidement accueillies; la France refusa même d'adhérer au projet de conférence[3].

---

cation du droit des gens (Session tenue à Londres en juillet 1887). *Bull. Soc. lég. comp.*, 1887-1888, p. 158 et suiv.

[1] Lachau, *loc. cit.*

[2] Un congrès de jurisconsultes américains a été tenu à Lima en 1878 dans le but d'unifier la législation en matière d'exécution de jugements étrangers. V. sur ce congrès, l'étude de M. Daireaux dans le *Bulletin de la société de législation comparée* (1878-1879), p. 425 et suiv. et le *Livre vert* italien, précité, p. 197 et suiv.

[3] V. l'analyse du mémoire de M. Gericke de Hercoynen dans le J. D. I. P., 1874, p. 159 et suiv.

L'essai tenté en 1881 par M. Mancini, ministre des Affaires étrangères d'Italie, n'aboutit pas à un résultat plus heureux, grâce à un événement, d'ailleurs tout fortuit. Nous voulons parler de l'invasion du choléra dans la péninsule et le midi de la France.

La plupart des États de l'Europe et d'Amérique avaient répondu favorablement aux avances de M. Mancini. La conférence devait se réunir à Rome en octobre ou novembre 1884. L'apparition de l'épidémie fit ajourner l'ouverture du Congrès d'abord aux mois de février ou de mars 1885, puis à une date ultérieure. Aujourd'hui les choses ne sont pas plus avancées qu'en 1884[1].

En résumé si nous souhaitons vivement que les États des deux Mondes arrivent à unifier leurs législations respectives en une matière aussi délicate, et d'un usage aussi fréquent, nous ne nous faisons pas d'illusion sur le sort réservé à notre vœu. Bien des années s'écouleront encore, nous en sommes persuadés, avant qu'intervienne un accord des diverses nations. Trop de distance sépare les systèmes admis relativement à l'exécution des jugements étrangers, pour qu'il soit possible de trouver dans un délai prochain la base d'une entente générale entre les peuples.

Tout ce que nous pouvons espérer, sans risquer d'être taxés d'exagération, c'est de voir se multiplier des traités internationaux réglant la question de l'exécution réciproque des jugements. Les négociateurs trouveront d'utiles modèles dans la convention franco-badoise du 16 avril 1846 et dans le traité franco-suisse du 15 juin 1869.

---

[1] On trouvera des renseignements intéressants sur les préliminaires de ce Congrès dans le *Livre vert* précité, *passim*, et dans le *Filangieri* Nadelep du 15 décembre 1885, p. 775 et suiv.

PREMIÈRE PARTIE.

CHAPITRE PREMIER.

Systèmes généraux de la jurisprudence française sur l'autorité et l'exécution en France des jugements étrangers.

La plupart des tribunaux français appliquent en cette matière la jurisprudence adoptée par la Cour de cassation et révisent les sentences étrangères avant de leur accorder force exécutoire sur notre territoire.

Cependant le système de la révision a été repoussé par plusieurs auteurs et par un certain nombre de décisions judiciaires; il nous a semblé dès lors nécessaire de signaler les diverses opinions qui se sont produites à ce sujet.

§ I. Système de l'Ordonnance de 1629.

Les partisans de cette doctrine considèrent l'art. 121 de l'Ordonnance de 1629 [1] comme étant toujours en vigueur; pour eux l'Ordonnance subsiste aujourd'hui, et son article 121 règle encore la matière de l'exécution des jugements étrangers en France, concurremment avec les art. 2123 C. civ. et 546 C. proc.

Dans ce système on tire des textes que nous venons de citer une importante distinction. S'agit-il de rendre exécutoires en France des sentences étrangères prononcées entre étrangers? Les tribunaux français n'auront pas à s'occuper du fond de la

---

[1] V. *suprà*, le texte de l'art. 121 de l'Ordonnance de 1629, que nous avons reproduit dans notre introduction.

décision qui leur est soumise; ils se borneront à en ordonner l'exécution en vertu d'un simple *pareatis*. Au contraire, un Français a-t-il été partie au procès qui a été jugé à l'étranger? Il pourra, s'il a succombé, débattre à nouveau ses droits devant le juge français saisi de la demande à fin d'*exequatur*. Cette distinction basée sur le texte même de l'art. 121 du Code Michaud et que la jurisprudence antérieure à la promulgation de nos Codes avait consacrée, est surtout basée sur l'idée qu'il convient de protéger nos nationaux.

1° *Autorité de la chose jugée accordée en France aux jugements étrangers, dans le système de l'Ordonnance.*

Malgré certains jugements qui se sont prononcés en sens contraire, il nous semble que les sentences rendues en pays étrangers doivent jouir de l'autorité de la chose jugée lorsqu'on admet le système de l'Ordonnance de 1629, dans les trois cas suivants :

1° Lorsqu'il s'agit d'un jugement étranger rendu entre étrangers;

2° Lorsque le Français ne demande pas la révision de la sentence étrangère;

3° Lorsque le jugement étranger n'est opposé que comme moyen de défense (*exceptio rei judicatæ*).

L'Ordonnance ne saurait, en effet, dénier la force de chose jugée à des décisions dont elle accepterait l'exécution en France sur *pareatis*.

2° *L'article 121 de l'Ordonnance de 1629 est-il abrogé?*

Les défenseurs du système de la non-révision, aussi bien que les partisans de la doctrine de la révision, sont assez généralement d'accord sur ce point: l'art. 121 est abrogé, d'abord par les termes absolus et généraux des art. 2123 C. civ. et 546 C. proc., ensuite par l'art. 7 de la loi du 30 ventôse an XII, qui est ainsi conçu : « A compter du jour où ces lois (le Code civil), sont exécutoires, les lois romaines, les *ordonnances*, les coutumes générales ou locales, les statuts, les règlements cessent d'avoir force de loi générale ou particulière dans les matières qui sont l'objet desdites lois composant le présent Code. » Ajoutons que l'art. 1041 C. proc. porte que : « toutes lois, coutumes, usages et règlements relatifs à la procédure civile seront abrogés. »

Les partisans du système de l'Ordonnance soutiennent au contraire qu'elle subsiste encore; car, disent-ils, elle n'a subi aucune abrogation formelle. De plus, elle n'est nullement incompatible avec les textes de nos Codes que nous venons de citer. Ceux-ci ne parlent, en effet, que de l'exécution des jugements étrangers et laissent intact tout ce qui, dans l'esprit de l'Ordonnance, était relatif à l'autorité de la chose jugée et à la distinction à établir entre les divers jugements.

3° *Examen des décisions françaises qui admettent le système de l'Ordonnance.*

a. Jugements étrangers rendus entre étrangers.

Les jugements étrangers rendus entre étrangers seront exécutoires en France quand nos tribunaux leur auront accordé l'*exequatur,* mais ceux-ci n'auront pas à examiner le fond du procès ni à le réviser; ils devront se borner à rechercher si les décisions qui leur sont soumises respectent les principes du droit des gens et les règles d'ordre public et de morale reconnues par la législation française.

Cass. req., 7 janvier 1806 (Chaillier c. Nicolas); S. 6.1.132; D. A., au mot *Droit civil*, n. 422.

Attendu que les dispositions de l'art. 121 de l'Ordonnance de 1629 ne s'appliquent qu'aux jugements rendus en pays étrangers entre un français et un étranger et que dans l'espèce le jugement de Neuchâtel a été rendu entre des étrangers..., rejette[1].

Angers, 4 juillet 1866 (Evans c. Fitz-Gerald); S. 66.2.300; P. 1866, p. 1121.

Attendu que par ces conclusions la Cour est nettement saisie de la question de savoir si les tribunaux français auxquels est demandée l'exécution d'un jugement peuvent le réviser;

[1] L'arrêt de la Cour de Besançon contre lequel était formé le pourvoi avait ordonné l'exécution du jugement étranger sur simple *pareatis*.

Attendu que d'après les termes de l'art. 2123 C. N., c'est le jugement rendu à l'étranger qui doit être déclaré exécutoire; que si avant d'ordonner l'exécution, les tribunaux français devaient réviser le jugement étranger, ce ne serait plus un jugement étranger qui serait exécuté, mais un jugement français; que la révision suppose la possibilité d'une solution contraire et que par une solution contraire la justice française se substituerait à la justice étrangère; que les étrangers se trouveraient ainsi enlevés à la justice de leur pays et soumis à la justice française, contrairement aux règles internationales de la compétence;

Attendu que les tribunaux français ne sont donc point appelés à juger de nouveau et à se constituer juges d'appel des tribunaux étrangers, mais seulement à examiner si le jugement est exécutable en France;

Attendu que cette intervention ne peut se borner sans doute à l'homologation aveugle du jugement étranger; que la justice est appelée au contraire à examiner si le jugement étranger respecte les principes de droit des gens et de droit public, les règles d'ordre et de morale reconnues par la législation française; mais que cet examen commandé dans l'intérêt général de la souveraineté française n'a pas à s'immiscer dans les intérêts privés; que le jugement est supposé conforme aux lois du pays dans lequel il a été rendu et qu'il est protégé par la présomption légale de vérité attribuée par toutes les nations civilisées à l'autorité de la chose jugée;

Attendu qu'une interprétation contraire de l'art. 2123 frapperait de suspicion la justice étrangère, exposerait la justice française à une semblable suspicion chez les nations étrangères et compromettrait les rapports de bon voisinage et les concessions réciproques qui tendent heureusement à s'établir ou à s'étendre entre tous les peuples, dans les lois pénales, commerciales et civiles;

Attendu que la seule objection sérieuse contre cette interprétation vient de ce qu'un intérêt privé français peut être injustement atteint par un jugement étranger et que cette objection paraît la considération déterminante qui a généralement entraîné la jurisprudence à se prononcer pour le droit de révision;

Mais attendu que la législation ancienne distinguait sagement les jugements rendus à l'étranger entre étrangers, des jugements rendus à l'étranger entre des français et des étrangers, et entre français; que cette distinction ne répugne pas à l'esprit de la loi nouvelle et n'est pas en contradiction nécessaire avec son texte; que si le droit de révision a sa raison d'être quand un intérêt français est engagé, la même raison n'existe pas quand des intérêts étrangers sont seuls engagés; et attendu qu'il s'agit dans la cause d'un jugement anglais rendu entre deux sujets anglais;

Attendu qu'il résulte de l'examen des documents produits que l'Ordonnance dont l'exécution est demandée n'est en opposition avec aucun des principes du droit des gens, du droit public, d'ordre et de morale consacrés par la législation française; et *attendu que l'intérêt d'aucun citoyen français n'y est engagé;* dit qu'il n'y a lieu d'examiner cette Ordonnance au point de vue de la révision de ce qu'elle a jugé sur les intérêts privés et ne concernant que des étrangers; déclare exécutoire en France l'Ordonnance de la Haute-Cour qui n'est en contradiction avec aucun des principes ci-dessus émis.

Trib. Perpignan, 25 août 1869 (Barneda c. Barneda); S. 70.2.75 ; P. 1870, p. 345.

Attendu qu'il a été reconnu à bon droit par le jugement dont est opposition que les tribunaux français, avant d'accorder force exécution en France aux jugements rendus par les tribunaux étrangers, ont le droit et le devoir de vérifier si la sentence qui leur est soumise ne renferme rien de contraire aux lois de France, mais que leur pouvoir ne saurait s'étendre au delà, et leur permettre, surtout lorsqu'il s'agit d'un jugement entre étrangers par leur juge naturel, de remettre tout en question et de faire plaider toute l'affaire, qu'en agissant ainsi, on commencerait par réduire au néant le jugement dont on ordonnerait ensuite l'exécution en France, ce qui serait absurde...

Considérant enfin qu'il n'est ni établi, ni allégué que la sentence rendue par le juge espagnol l'ait été sans que les formes protectrices de la justice espagnole aient été observées et que l'étranger ne mérite aucune faveur lorsqu'il vient se plaindre devant une juridiction autre que la sienne, des formes de procédure que la justice de son pays lui accorde. [1]

Trib. Seine, 18 août 1883 (National Bank c. Buxton), J. D. I. P. 1884, p. 189.

Attendu que si le tribunal français appelé à statuer sur une demande d'exécution d'une sentence rendue par une juridiction étrangère, peut avoir à examiner le fond du débat, *ce n'est qu'autant que l'intérêt d'un français s'y trouverait engagé;* qu'il en est autrement

---

[1] Confirmé par la Cour de Montpellier le 17 décembre 1869; S. 70.2.75; P. 1870, p. 345.

dans l'instance actuelle, la société demanderesse et Buxton étant tous deux de nationalité étrangère[1].

b. Jugements étrangers rendus entre Français et étrangers.

La 2ᵉ partie de l'art. 121 de l'Ordonnance de 1629 donne, au Français qui a perdu son procès à l'étranger le droit de faire réviser le jugement en France, qu'il soit demandeur ou défendeur.

Cass. req., 27 août 1812 (Morelli c. Guecco); S. 13.1.227; D. A. au mot
Droit civil, n° 449.

Attendu que les Codes Napoléon et de Procédure civile étaient en vigueur dans lesdits États (de Gênes); que d'après l'art. 546 de ce dernier Code combiné avec les art. 2123 et 2128 du Code Napoléon, les jugements rendus en pays étrangers ne sont susceptibles d'exécution en France qu'autant qu'ils ont été déclarés exécutoires par un tribunal français, sans préjudice des dispositions contraires qui peuvent être dans les lois politiques et dans les traités; qu'à la vérité les articles précités n'autorisent pas en termes exprès le français *qui a succombé* devant le tribunal étranger à provoquer un nouvel examen du fond, lorsqu'on demande l'exécution du jugement en France, *mais que cette faculté est consignée dans l'art. 121 de l'Ordonnance de 1629, article qui renferme une loi politique non abrogée, par les nouveaux Codes,* et qui, bien qu'il n'ait pas été publié dans les États de Gênes, y est devenu exécutoire par l'effet seul de leur réunion à la France.

Toutefois l'étranger n'a pas le droit de demander en France la révision d'une sentence rendue en pays étranger.

Trib. Seine, 19 août 1815 (Holker c. Parker), S. 16.2.369; D. A. au mot
Droit civil, n° 422.

Attendu en droit que les jugements rendus régulièrement en pays étrangers par les autorités établies à cet effet, règlent les droits des

---

[1] Nous ferons remarquer que, seule, la première des décisions que nous venons de reproduire, vise directement l'Ordonnance de 1629; les trois dernières en appliquent le principe, sans se référer à l'art. 121. V. dans ce sens, Trib. Seine, 16 juin 1831; S. 33.2.146; Paris, 7 janvier 1833; *eod. loco* et D. A., au mot *Droit civil,* n° 428.

parties entre lesquelles ces jugements ont été rendus et qui se trouvaient soumises à leur juridiction ;

Que si ces jugements ne peuvent être exécutés de plein droit en
France, c'est par la raison que les juges qui les ont rendus n'avaient
pas de caractère pour en ordonner l'exécution aux officiers ministériels
français ;

*Que l'art. 121 de l'Ordonnance de 1629 , portant que les jugements
étrangers n'auront point d'exécution en France , et que les français
nonobstant pourront débattre leurs droits comme entiers devant les
tribunaux français , n'a rien de contraire à ce principe et introduit
en faveur des régnicoles une exception qui ne peut être étendue aux
étrangers ;*

Attendu en fait que Parker est un étranger et qu'il peut d'autant
moins invoquer le bénéfice de l'art. 121 de l'Ordonnance de 1629,
qu'en cette qualité d'étranger, il a dans la même cause décliné la
juridiction des tribunaux français , demandé et obtenu du tribunal de
commerce de Paris un renvoi devant ses juges naturels, par lesquels,
d'après ce renvoi, a été rendu le jugement de mai 1814, qu'Holker
veut aujourd'hui faire déclarer exécutoire en France ;

Attendu enfin que ce jugement est régulier et définitif, le tribunal
déclare ledit jugement exécutoire, à l'effet seulement par Holker qui
l'a obtenu, d'exercer tous les actes conservatoires, notamment de
prendre inscription hypothécaire ; mais suspend tous les actes d'exécution, même de forme, tels que saisies-arrêts, durant le délai de
quatre mois, pendant lequel temps Parker justifiera les actes par lesquels il allègue qu'il aurait attaqué le jugement du 14 mai par les
voies de droit autorisées en Amérique[1].

Trib. Meaux, 9 mars 1887. *Droit* du 28 août 1887.

Attendu d'un autre côté que si les partisans d'une règle générale
de révision se basent, à la fois, sur les termes des art. 546 C. proc.
et 2123 et 2128 C. civ., et sur des considérations de droit public, il
y a lieu de leur objecter : 1° que leur système les conduit à opérer la
révision, même quand un français demande l'exécution en France
contre un étranger qui y possède des biens; 2° que les articles susvisés
ne s'appliquent qu'à la collation de la force exécutoire elle-même,

[1] Ce jugement a été infirmé par un arrêt de la Cour de Paris du 27 août
1816; le pourvoi formé contre cet arrêt fut rejeté par la Cour suprême le
19 avril 1819. V. *infrà*, p. 12, l'arrêt de Cassation qui est devenu la base
de la jurisprudence française en matière d'exécution de jugements étrangers.

sans indiquer les règles en vertu desquelles on doit la conférer, règles qui se trouvent indiquées dans l'art. 121 de l'Ordonnance de 1629 ; 3° qu'enfin cette Ordonnance, qui d'ailleurs n'a été abrogée par aucune loi, *n'admet la révision au fond qu'en faveur* des français condamnés à l'étranger ;

Attendu dans ces circonstances que s'agissant d'une révision au fond dans le seul intérêt de français, et aucune condamnation ne pouvant d'ailleurs être prononcée sur cette action, l'étranger demandeur en *exequatur* ne peut se porter demandeur incident ou en garantie, le jugement belge qui a rejeté cette demande, valant d'ailleurs comme acte[1]...

§ II. Système d'après lequel les tribunaux français sont incompétents pour statuer sur les demandes d'exequatur.

Un arrêt de la Cour de Paris du 15 juin 1861[2], a décidé que les tribunaux français étaient incompétents pour rendre exécutoires en France les jugements étrangers, statuant entre étrangers[3]. La Cour de Paris prétendait que le juge français n'a à s'occuper que des régnicoles ; il n'est pas tenu de connaître la loi étrangère, et s'il s'agit de contestations entre étrangers, le droit lui manque ; au contraire, si le litige s'est élevé entre un français et un étranger, c'est le fond même de l'affaire qu'il doit examiner. Hâtons-nous d'ajouter que cette théorie a été réduite à néant par la Cour de cassation dans l'arrêt suivant.

Cass. civ., 10 mars 1863 (Harding c. Muriel); S. 63.1.293;
P. 1863, p. 1153. D. P. 63.1.93.

Vu les art. 2123 C. Nap. et 546 C. proc.

Attendu qu'en ne donnant force d'exécution en France aux jugements rendus par les tribunaux étrangers, qu'à la condition d'être déclarés exécutoires par les tribunaux français, *les articles précités*

---

[1] V. dans le sens de l'Ordonnance de 1629 : Aubry et Rau, *Cours de droit civil français* (4e édition), t. VIII, § 769 *ter* ; Colmet-Daâge, *Leçons de procédure civile* de Boitard (13e édition), t. II, p. 180, note 1 ; Fœlix et Demangeat, *Traité du droit international privé* (4e édition), t. II, p. 83 et suiv.; Griolet, *De l'autorité de la chose jugée*, p. 96 et suiv.; Laurent, *Droit civil international*, t. VI, p. 150 et suiv.; Valette, *Mélanges*, t. I, p. 351.

[2] S. 61.2.455 ; D. P. 61.2.176.

[3] Dans le même sens : Metz, 3 juin 1823 ; P. 1822-1823, p. 155.

n'ont pas distingué les jugements rendus entre étrangers et français de ceux rendus entre étrangers seulement;

Que cette disposition générale et absolue rend dès lors, obligatoire la compétence des juges français à l'égard des demandes à fin d'exécution de tous jugements rendus entre étrangers, par une juridiction étrangère, d'où il suit que l'arrêt attaqué en admettant le déclinatoire proposé par Muriel, a méconnu le texte et l'esprit desdits articles..., casse.

§ III. Système de non-révision.

Plusieurs auteurs, et quelques arrêts ou jugements soutiennent la thèse de la non-révision. Ils reconnaissent aux décisions étrangères l'autorité de la chose jugée en France ; l'*exequatur* sera accordé à ces décisions non pas après une révision complète du fond de l'affaire, mais après un simple examen des quatre conditions suivantes : 1° le tribunal étranger était-il compétent? 2° le jugement étranger est-il régulier dans la forme et exécutoire d'après la loi étrangère? 3° les parties ont-elles été dûment citées et légalement représentées ou défaillantes? 4° l'ordre public du pays dans lequel l'exécution du jugement est poursuivi n'est-il pas violé?

Il convient de remarquer que les conditions que nous venons d'énumérer sont exigées dans tous les systèmes ; elles constituent en effet un minimum de garanties auxquelles doivent satisfaire les sentences étrangères dont on poursuit l'exécution en France.

Les partisans de la non-révision soutiennent que ce système est plus conforme que tous les autres aux textes des art. 2123 C. civ. et 546 C. proc. Ces articles ne parlent que de l'exécution des jugements étrangers, et nullement de l'autorité qu'ils peuvent avoir en France. Le silence de la loi sur ce point prouve donc qu'ils jouissent de cette autorité. De plus, l'art. 546 C. proc. assimile d'une façon complète les jugements rendus par les tribunaux étrangers aux actes des officiers étrangers auxquels la jurisprudence accorde la même force qu'aux actes passés en France. Pourquoi refuserait-on aux jugements étrangers l'autorité que l'on reconnaît sans difficulté aux actes des officiers ministériels étrangers?

Ajoutons que l'art. 2123 C. civ. rapproche les jugements étrangers des sentences arbitrales; nous n'en voulons pour preuve que le mot « *pareillement* » qui réunit le dernier paragraphe de cet article au paragraphe précédent. A l'Ordonnance du président du tribunal exigée par l'art. 1020 C. proc., le législateur a substitué une décision du tribunal tout entier, ce qui se comprend sans peine lorsqu'on songe aux difficultés parfois considérables qui peuvent être soulevées au cours d'une instance en *exequatur*.

Enfin, et cet argument ne manque pas de valeur, en révisant au fond les sentences étrangères, nos tribunaux substituent un jugement français au jugement étranger, et cependant, d'après l'art. 2123, c'est ce dernier qui doit emporter hypothèque en France.

Paris, 23 février 1866 (Rottenstein c. Asch); S. 66.2.300. P. 1866, p. 1120.

Considérant que si aux termes des art. 2123 et 546, la force exécutoire qui est une émanation de la souveraineté ne peut appartenir en France aux jugements étrangers qu'autant qu'ils ont été déclarés exécutoires par un tribunal français, il résulte de ces mêmes articles que le pouvoir par eux conféré en cette matière aux tribunaux français, se borne à rendre exécutoires les jugements étrangers, *mais qu'ils ne sont pas appelés à réviser et à discuter un jugement, puisque discuter et réviser un jugement ce n'est pas le rendre purement et simplement exécutoire, c'est lui en substituer un nouveau qui est le produit de la révision et qui est exécuté à la place du premier;* Considérant que le pouvoir conféré aux tribunaux de rendre les jugements exécutoires impliquant le pouvoir de refuser l'exécution qui leur est demandée, implique sans doute également le droit et le devoir de vérifier si l'acte qu'on leur présente réunit les conditions nécessaires pour constituer un jugement valable et définitif dans le lieu où il est rendu, s'il est passé en force de chose jugée de sorte qu'il soit susceptible de recevoir dans le pays d'où il vient l'exécution qu'on demande pour lui en France, enfin s'il n'est contraire à aucune loi intéressant l'ordre public au point de vue de l'état des personnes ou des biens; *mais que ce pouvoir ne saurait emporter le droit d'examen du jugement au point de vue de l'intérêt privé, sans constituer un nouveau degré de juridiction,* en dehors des prévisions de la loi et des parties, et dans la plupart des cas, spécialement dans les cas où, comme dans le procès actuel, la contestation s'élève entre deux étrangers et à l'occasion d'un contrat fait en pays étranger, sans faire sortir les tribunaux français de leur compétence.

Trib. Seine, 1er avril 1879 (Varlé c. Hava); J. D. I. P. 1881, p. 155 [1].

Attendu qu'aux termes de l'art. 546 C. proc., c'est le jugement étranger qui est déclaré exécutoire; qu'il en résulte que le tribunal ne doit pas juger à nouveau et substituer sa décision à celle des premiers juges; qu'il lui appartient seulement d'examiner si le jugement étranger n'est pas contraire aux principes considérés comme d'ordre public en France; qu'aucune contestation n'est soulevée à cet égard contre le jugement dont il s'agit [2].

Trib. Versailles, 8 mai 1877 (Brown c. Massy); *Bull. cour.* Paris, XIV (77-78), p. 288. J. D. I. P. 1877, p. 424.

Attendu que dire que la question devra être de nouveau discutée et jugée au fond, ce serait annihiler la décision des tribunaux étrangers et rendre inutiles les articles précités, puisque dans ce cas, les mesures d'exécution s'appliqueraient non plus au jugement étranger, mais en réalité au jugement d'un tribunal français [3].

§ IV. Système de la révision.

Le système de la révision est presque unanimement adopté par la jurisprudence française; d'après lui, nos tribunaux doi-

[1] Jugement étranger entre étrangers.

[2] Ce jugement a été confirmé par arrêt de la Cour de Paris, en date du 19 février 1881; la Cour fait cependant ressortir que le tribunal saisi d'une demande d'*exequatur*, n'a pas à remplir une simple formalité.

[3] V. dans le sens de la non-révision : les considérants d'un arrêt de la Cour d'Angers du 4 juillet 1866, *suprà*, p. 3. — Montpellier, 17 décembre 1869, précité, p. 5, note 1. — V. aussi dans le *Bulletin* de la Cour de Paris, 1864, t. I, p. 661, un arrêt de Paris du 22 avril 1864 réformant un jugement du tribunal de la Seine qui avait accordé l'*exequatur* sans révision à un jugement étranger. — Les auteurs suivants ont soutenu la théorie de la non-révision : Bonfils, *De la compétence des tribunaux français à l'égard des étrangers*, p. 228 et suiv. — Dubois (sur Carle, *La faillite dans le droit international privé*), note 92. — Massé, *Le droit commercial dans ses rapports avec le droit des gens et le droit civil* (8e édition), t. II, § 800 et suiv. — Vareilles-Sommières, *L'hypothèque judiciaire*, p. 152 et suiv. — Weiss (André), *Droit international privé*, p. 967.

vent, avant de leur donner force exécutoire, examiner quant au fond et quant à la forme tous les jugements étrangers qui leur sont présentés à fin d'*exequatur*. Cette révision sera nécessaire soit qu'on invoque la décision étrangère à titre d'exception de chose jugée, soit qu'on veuille en faire usage comme moyen d'exécution. Les partisans de cette doctrine tiennent presque tous pour abrogé l'art. 121 de l'Ordonnance de 1629; pour eux notre matière est aujourd'hui régie par les art. 2123 C. civ. et 546 C. proc. Ils estiment qu'il y a lieu à révision intégrale dans toutes les hypothèses, que le demandeur en *exequatur* soit français ou étranger, que le jugement ait été rendu entre deux français ou entre deux étrangers ou entre un français et un étranger.

Certains auteurs, dans le système de la révision, refusent toute autorité au jugement étranger; seule la sentence française qui l'aura révisé aura en France la force exécutoire. D'autres, notamment Valette[1], érigent en quelque sorte le tribunal français en juridiction d'appel à l'égard des décisions des magistrats étrangers. C'est une manière de répondre au reproche adressé à la théorie de la révision, qu'elle substitue un jugement français au jugement étranger.

Nous allons reproduire, comme nous l'avons fait dans les paragraphes précédents, les principaux arrêts et jugements qui consacrent le système de la révision.

a. **Arrêts qui admettent la révision intégrale des jugements étrangers, en décidant que l'Ordonnance de 1629 est abrogée.**

Cass. civ., 19 avril 1819 (Parker c. Holker); S. 19.1.290; D. A. au mot
Droit civil, n° 422.

Sur la contravention à l'art. 121 de l'Ordonnance de 1629 :
Attendu que cette Ordonnance *disposait* en termes absolus et sans exception, que les jugements étrangers n'auraient pas d'exécution en France et que ce n'est que par le Code civil et le Code de procédure que les tribunaux français ont été autorisés à les déclarer exécutoires; qu'ainsi l'Ordonnance de 1629 est ici sans application;

---

[1] *Mélanges*, t. I, p. 347. — V. aussi Demante et Colmet de Santerre, *Cours analytique de Code civil*, t. IX, sur l'art. 2123, p. 174.

Sur la contravention aux art. 2123 et 2128 C. civ. et 546 C. proc. :

Attendu que ces articles n'autorisent pas les tribunaux à déclarer les jugements rendus en pays étrangers exécutoires sans examen; qu'une semblable autorisation serait aussi contraire à l'institution des tribunaux que l'aurait été celle d'en accorder ou d'en refuser l'exécution arbitraire et à volonté; que cette autorisation qui, d'ailleurs, porterait atteinte au droit de souveraineté du gouvernement français, a été si peu dans l'intention du législateur, que lorsqu'il a dû permettre l'exécution sur simple *pareatis* des jugements rendus par les arbitres revêtus du caractère de juges, il a eu le soin de ne confier la faculté de délivrer l'ordonnance d'*exequatur* qu'au président et non au tribunal, parce qu'un tribunal ne peut prononcer qu'après délibération et ne doit accorder, même par défaut, les demandes formées devant lui que si elles étaient justes et bien vérifiées (art. 116 et 150 C. proc.);

Attendu enfin, que le Code civil et le Code de procédure *ne font aucune distinction entre les divers jugements rendus en pays étrangers,* et permettent aux juges de les déclarer tous exécutoires; qu'ainsi ces jugements, lorsqu'ils sont rendus contre des français étant incontestablement sujets à examen sous l'empire du Code civil comme ils l'ont toujours été, on ne pourrait pas décider que tous les autres doivent être rendus exécutoires autrement qu'en connaissance de cause, sans ajouter à la loi et sans y introduire une distinction arbitraire aussi peu fondée en raison qu'en principe; qu'il suit de là qu'en rejetant l'exception de chose jugée qu'on prétendrait faire résulter d'un jugement rendu en pays étranger et en ordonnant que le demandeur (Holker) déduira les raisons sur lesquelles son action est fondée pour être débattues par Parker, et être statué sur le tout en connaissance de cause, la Cour royale a fait une juste application des art. 2123, 2128 C. civ. et 546 C. proc.....

Rouen, 20 avril 1880 (Georges Smith and Sons c. Cie d'assurances maritimes l'*Atlantique, la Sphère* et autres); S. 82.1.33; P. 1882, p. 51; *Rec. des arrêts des Cours de Rouen et de Caen*, T. XLV (1881), p. 58.

Attendu que selon les art. 546 C. proc., 2123 et 2128 C. civ., les jugements rendus par les tribunaux étrangers ne sont susceptibles d'exécution en France qu'autant qu'ils ont été déclarés exécutoires par un tribunal français; *que le législateur en appelant un tribunal entier à prononcer la sentence d'*exequatur *lui a implicitement confié le pouvoir d'examiner l'affaire au fond;*

Que s'il n'y avait pas lieu à délibération et par suite possibilité d'un refus d'exécution, la loi eut simplement chargé un magistrat unique de rendre une ordonnance de *pareatis* comme en matière de jugement rendu par des arbitres revêtus du caractère de juges : *que si les lois qui nous régissent sont moins absolues que l'Ordonnance de 1629, d'après laquelle les jugements rendus en royaumes étrangers ne pouvaient avoir d'exécution en France, il n'apparaît d'aucun texte que le législateur actuel ait entendu renoncer à l'un des attributs essentiels de la souveraineté, en restreignant le droit de révision au fond, et abandonner la protection due à ses nationaux....; qu'il n'est aucun motif qui puisse priver de cette garantie les étrangers qui ont des biens en France, puisque l'art. 546 ne fait aucune distinction*[1].

Toulouse, 29 janvier 1872 (Denton et Hall c. Bouillon); S. 73.2.18; P. 1873, p. 193; D. P. 72.2.236; J. D. I. P. 1874, p. 77.

Attendu que l'intimé soutenait que les tribunaux étrangers sont absolument incompétents pour statuer sur une demande qui est poursuivie contre un français et que le jugement rendu par la Cour de l'échiquier, non-seulement doit être révisé, mais est nul et non-existant;

Attendu que cette opinion radicale s'appuie sur l'art. 121 de l'Ordonnance de 1629; que cette Ordonnance distingue le jugement rendu contre un étranger et le jugement rendu contre un français; que dans le système de l'Ordonnance le jugement rendu contre un français à l'étranger, est nul de non-être; que ce français peut débattre ses droits comme entiers devant un tribunal français, et qu'au contraire le jugement étranger rendu contre l'étranger, est exécutoire sans examen préalable au fond, à la seule condition qu'il ne soit pas contraire au droit public de la France;

Mais que cette distinction, empreinte d'ailleurs d'un esprit d'iné-galité entre les nationaux et les étrangers, n'a pas été reproduite par les art. 2123 C. civ. et 546 C. proc., et que la rédaction nouvelle de ces articles implique l'abrogation virtuelle de l'art. 121 de l'Ordon-nance de 1629; attendu dès lors que le jugement étranger rendu contre un français, n'est pas radicalement nul, mais qu'il est seule-ment sujet à révision;

[1] Un pourvoi fut formé contre cet arrêt; le 28 juin 1881 (S. 82.1.34, P. 1882, p. 51; Rec. Rouen, T. 46, 1882, p. 55), la Cour de cassation, sur le rapport de M. le conseiller Féraud-Giraud, le rejeta en se basant sur ce que les dispositions du jugement étranger avaient été en fait et en droit l'objet de l'examen et de la révision de la Cour de Rouen et étaient justifiées.

Attendu qu'un tribunal français, saisi d'une demande d'exécution, ne doit pas seulement délivrer un ordre d'exécution, un simple *pareatis*, mais qu'il doit procéder à une nouvelle révision, après nouvel examen et nouveau débat;

Attendu que c'est un principe de droit public en France que la justice émane du peuple ou du souverain, c'est-à-dire qu'elle est un attribut de la souveraineté, tout comme le droit d'ordonner l'exécution forcée et de mettre en mouvement la force publique; que ces deux droits sont logiquement indivisibles; que la chose jugée qui constate souverainement les droits et les obligations des parties, qui porte une condamnation, contient le pouvoir de la faire exécuter qui lui est nécessairement inhérent, que la *jurisdictio* et l'*imperium* procèdent du même pouvoir souverain; que l'exécution parée est attachée aux jugements et que la puissance exécutive ne pourrait pas en suspendre l'exécution; que la partie qui a obtenu la condamnation a un droit acquis à l'exécution et n'a pas besoin de demander à une autorité distincte l'ordre d'exécuter; que la séparation de la *jurisdictio* et de l'*imperium* peut exister, par dérogation aux principes généraux pour les décisions arbitrales; que la loi a dû limiter la force et les effets d'une décision dont l'autorité émane de la seule volonté des parties et réserve à un juge délégué le droit d'ordonner l'exécution; que cette distinction qui a raison d'être quand il s'agit d'une juridiction volontaire, ne saurait s'appliquer à une juridiction établie par la loi;

Que ce qui distingue la juridiction des tribunaux et celle des arbitres, c'est que la juridiction des tribunaux est forcée, toutes les fois qu'il n'y a pas d'accord entre les parties; que cette juridiction émane non de la volonté des parties, mais de la puissance publique et que cette souveraineté est déléguée aux tribunaux français; que reconnaître à un tribunal étranger le pouvoir de créer la chose jugée, ce serait en réalité lui déléguer l'*imperium*, c'est-à-dire une portion de la souveraineté;

. . . .

Attendu d'ailleurs que la doctrine du droit de révision est conforme à l'économie de notre législation; que l'art. 14 qui permet au Français de citer l'étranger en France et qui déroge à la règle du droit des gens *actor sequitur forum rei*, est empreinte des défiances déposées dans nos lois sur la justice étrangère, et qu'il est contradictoire d'admettre que, retirant au Français dans l'art. 2123 la protection qu'elle lui accorde dans l'art. 14, la loi a voulu soumettre le national au jugement étranger sans la garantie de la révision; qu'il faut bien reconnaître que dans tous les pays du globe l'organisation judiciaire n'offre pas les garanties complètes qui existent dans la justice française;

Qu'on objecte en vain que la doctrine du droit de révision est une doctrine du passé qui isole la France du progrès du droit public européen sur la question d'extranéité et qui l'enferme dans une jurisprudence exclusive et étroite; que la réponse à cette objection se trouve dans le droit qui appartient au souverain de concéder par des traités basés sur une réciprocité convenue force de chose jugée aux jugements étrangers; que dans le conflit des opinions opposées sur la force des jugements étrangers en France, il faut se décider par cette considération dominante et décisive que l'autorité des jugements étrangers ne peut pas dépasser les frontières de la souveraineté dont ils émanent[1].....

[1] Dans ce sens : Paris, 27 août 1816 (Holker c. Parker), S. 16.2.369; P. 1815-1816, p. 621, D. A. au mot *Droit civil*, n° 422. — Grenoble, 3 janvier 1829 et Cass. rejetant le pourvoi contre cet arrêt; S. 29.2.176, D. A. au mot *Droit civil*, n° 437. — Paris, 17 mai 1836; S. 36.2.309. — Cass. req., 11 janvier 1843, S. 43.1.671; P. 1843, p. 395; D. A. au mot *Droit civil*, n° 473. — Douai, 3 janvier 1845; S. 45.2.513, P. 1848, I, p. 577; D. P. 48. 2.67. — Bordeaux, 6 août 1847; S. 48.2.153; P. 1848, I, p. 343; D. P. 48.2.66; Journ. arr. Bordeaux, 1847, p. 528. — Paris, 22 novembre 1851; S. 51.2.783; P. 52, I, 343. — Cass. civ., 10 mars 1863; S. 63.1.293, D. P. 63.1.93 (entre étrangers) (*suprà*, p. 8). — Douai, 22 décembre 1863; S. 65.2.60, P. 1865, p. 334; D. P. 65.2.111. — Paris, 22 avril 1864; S. 65.2.60 P. 1865, p. 336 D. P. 65.2.110, Bull. cour Paris, 1864, I, p. 661 (entre étrangers). — Paris, 11 février 1865, Bull. cour Paris, 1865, p. 929 (entre étrangers). — Paris, 11 mai 1869; S. 70.2.10; P. 1870, p. 94; D. P. 71.2. 119. — Paris, 7 février 1880; J. D. I. P. 1880, p. 585. — Paris, 19 février 1881; J. D. I. P. 1881, p. 156. — Trib. Seine, 3 nov. 1888, *Droit* du 29 novembre 1888 (entre étrangers). — Paris, 19 décembre 1888; *Droit* du 5 janvier 1889 (entre étrangers), réformant le jugement du Trib. Seine du 4 août 1886 (*eod. loc.*), ne révisant pas une décision étrangère rendue entre étrangers. — V. Demolombe, *Cours de Code Napoléon*, t. I, p. 424, § 263. — Larombière, *Théorie et pratique des obligations*, t. VII, sur l'art. 1351, § 6. — Moreau, *Effets internationaux des jugements*, p. 100 et suiv. et 112 et suiv. — Troplong, *Le droit civil expliqué*, t. II, § 451.

b. **Arrêt qui admet la révision intégrale des jugements étrangers tout en reconnaissant l'existence de l'Ordonnance de 1629.**

Poitiers, 8 prairial an XIII (Hielsm Trom c. Carrier); S. 6.2.40;
D. A. au mot *Droit civil,* nº 423 [1].

Considérant que l'art. 121 de l'Ordonnance de 1629 porte que les jugements rendus, contrats ou obligations reçues dans les royaumes et souverainetés étrangères pour quelque cause que ce soit, n'auront aucune hypothèque ni exécution dans le royaume de France;

Considérant que l'art. 2123 du Code civil porte que l'hypothèque ne peut résulter des jugements rendus en pays étranger qu'autant qu'ils ont été déclarés exécutoires par un tribunal français; *que la mesure prescrite par ledit article, n'est pas une simple formalité et qu'il en résulte que les tribunaux ne doivent déclarer exécutoires les jugements rendus en pays étrangers qu'en connaissance de cause et après un nouveau débat des questions devant eux.*

c. **Arrêt qui, tout en admettant la révision, reconnaît aux jugements étrangers l'autorité de la chose jugée.**

Nous nous bornons à reproduire l'arrêt de cassation suivant : la distinction entre l'autorité de la chose jugée et l'exécution forcée a été d'ailleurs rarement faite avec clarté par la jurisprudence. Cette distinction est pourtant fort importante; nous nous en apercevrons presque à chaque page de notre travail.

Cass. req., 15 novembre 1827 (Delamme c. Heymans); S. 28.1.124;
D. A. au mot *Droit civil,* nº 286.

Attendu que le droit attribué par l'art. 14 C. civ. au Français de traduire un étranger devant les tribunaux de France pour les obligations par lui contractées en pays étranger, est une faculté, un privilège, mais que chacun peut renoncer à un privilège qui lui est personnel; qu'il y renonce en effet, lorsque, comme dans l'espèce, il cite l'étranger devant tous les tribunaux de son pays et qu'il épuise tous les degrés de juridiction;

Attendu que c'est seulement la force exécutoire des jugements étrangers qui leur est déniée en France jusqu'à leur révision par un juge

---

[1] Jugement étranger rendu en faveur d'un Français, dont l'étranger demande la révision en France.

français ainsi qu'il résulte des articles combinés 2123 et 2128 C. civ. et 546 C. proc.; que les dispositions de la loi qui consacrent le droit de souveraineté sur le territoire, ne sont point prises en vue des intérêts privés et que les parties contractantes ou litigantes restent liées par les actes de la juridiction volontaire ou contentieuse à laquelle elles se sont soumises,... rejette.

CHAPITRE II.

PRINCIPES GÉNÉRAUX ADOPTÉS PAR LA JURISPRUDENCE FRANÇAISE
EN MATIÈRE D'EXEQUATUR.

§ I. Quels sont les jugements étrangers soumis à la formalité de l'exequatur?

1° *Jugements civils et commerciaux.*

Toutes les décisions judiciaires, civiles ou commerciales rendues à l'étranger en matière contentieuse et qui contiennent soit une condamnation pécuniaire, soit une obligation, qui créent des droits de propriété ou modifient la situation des personnes, qu'elles aient prononcé entre étrangers ou entre étrangers et Français, peuvent obtenir l'*exequatur* de nos tribunaux. Nous verrons plus loin [1] que certains jugements étrangers, même lorsqu'on adopte la théorie de la révision, produisent des effets en France avant d'y avoir été déclarés exécutoires. Telles sont, par exemple, les sentences d'arbitrage volontaire, les jugements qui régissent l'état et la capacité des personnes, etc. Toutefois, les décisions étrangères ayant un caractère exclusivement politique, ne sont pas susceptibles d'être revêtues en France de la force exécutoire. C'est ce qui a été jugé par la Cour de Paris dans l'affaire du duc de Brunswick.

> Paris, 16 janvier 1836 (de Cambridge c. de Brunswick); S. 36.2.70;
> D. A. au mot *Droit civil*, n° 466.

Considérant que l'acte des 6 février et 14 mars 1833 par sa forme, par l'autorité dont il émane, par la personne à laquelle il s'applique, par les circonstances dans lesquelles il est intervenu, par les motifs

[1] V. *infrà*, ch. IV.

sur lesquels il est fondé, *est un acte essentiellement politique dont les effets ne peuvent se régler par le droit civil;*

Considérant qu'un acte de cette nature ne peut affecter la capacité civile d'un étranger en France et n'y peut recevoir aucune exécution; confirme[1].

Il a été jugé aussi par le tribunal de la Seine, le 15 janvier 1878[2], que l'examen du jugement étranger était impossible quand la sentence dont l'exécution est demandée, n'est pas un jugement prononçant une condamnation, mais une simple décision permettant une saisie en vertu d'un arrêt antérieurement rendu par une Cour étrangère.

Nous citerons, dans le même ordre d'idées, l'arrêt de cassation (civile) du 30 juillet 1810[3], aux termes duquel on ne peut déclarer exécutoire un jugement rendu en pays étranger en exécution ou comme conséquence d'un jugement français, un pareil jugement ayant de plein droit autorité en France.

2° *Jugements étrangers rendus en matière criminelle.*

Les jugements rendus en matière criminelle n'ont aucune autorité extraterritoriale, et leurs effets ne dépassent pas les limites du pays où ils ont été prononcés. C'est une conséquence du principe de l'indépendance des souverainetés.

Certaines questions assez délicates ayant été soulevées sur ce point, nous allons reproduire ou analyser quelques arrêts qui s'y réfèrent.

Paris, 30 novembre 1860 (Nagelmakers c. Giraud); S. 62.2.539; D. P. 61.2.69.

Considérant que Nagelmakers père et fils ayant formé devant le tribunal une demande tendant : 1° à la condamnation de Giraud au paiement de 20,000 fr.; 2° à l'exécution en France d'une décision du tribunal de Liége portant cette condamnation, le jugement dont est appel a admis ce dernier chef des conclusions des demandeurs;

[1] Cet arrêt confirmait un jugement du tribunal de la Seine du 23 janvier 1835.

[2] J. D. I. P. 1878, p. 377.

[3] S. 11.191; D. A. au mot *Droit civil,* n° 457.

Considérant qu'il peut s'élever des doutes graves sur le bien jugé de cette sentence; la poursuite d'un délit commis hors du territoire de la France par un Français, n'est pas admise par nos lois; il est dès lors difficile de penser que de telles poursuites dont n'auraient pu connaître nos tribunaux, soient par ceux-ci rendues exécutoires. La distinction que l'on voudrait établir entre les dispositions principales de ces sentences et les dispositions accessoires semble peu praticable, les unes comme les autres ayant la même origine et se trouvant le résultat des mêmes procédures;

Considérant que si la question tranchée par le jugement dont est appel présente ainsi de sérieuses difficultés, les faits de la cause dispensent de la résoudre; en effet, il résulte des documents du procès et de la conduite de Giraud que les manœuvres articulées par N. père et fils ont été réellement pratiquées à leur préjudice et que le dommage dont ils demandent réparation leur est causé par Giraud;

Infirme et condamne Giraud à payer 20,000 fr. à N. père et fils.

On voit par cet arrêt que la Cour de Paris a évité de résoudre la question qui se posait devant elle; toutefois le principe de l'indivisibilité de la sentence civile et de la sentence criminelle, la fit pencher vers l'opinion que de tels jugements ne peuvent être rendus exécutoires en France. Voici le jugement du tribunal de la Seine dont était appel.

Trib. Seine, 26 novembre 1859 (Giraud c. Nagelmakers);
S. 62.2.539; D. P. 61.2.69.

A l'égard de l'exception d'incompétence fondée sur ce qu'un tribunal en France ne peut rendre exécutoire un jugement correctionnel rendu en pays étranger; attendu qu'il ne s'agit dans la cause que des condamnations civiles prononcées par le tribunal correctionnel de Liége, et que d'ailleurs les tribunaux civils ont seuls qualité pour réviser et rendre exécutoires en France, les jugements étrangers, parce que seuls ils peuvent apprécier les questions de droit public et de souveraineté que cet examen peut soulever;

Attendu que le jugement correctionnel de Liége rendu par défaut le 12 avril contre Giraud et Penaud, leur a été régulièrement signifié à la requête des demandeurs,..... que ce jugement étant devenu définitif et en tous cas exécutoire en Belgique, rien ne s'oppose à ce que le tribunal, en le révisant au fond, ne lui confère le pouvoir d'exécution en France;

Attendu que de documents de la cause, il résulte que la condamnation en 20,000 fr. de restitution avec intérêts de droit prononcée par le tribunal de Liége contre Giraud est bien fondée, et que ce jugement ne porte aucune atteinte aux principes de notre législation [1].....

Les incapacités résultant d'un jugement criminel étranger doivent-elles être admises en France? Le principe de la non-extraterritorialité des sentences criminelles, doit ici recevoir son entière application et les incapacités qui en découlent, ne peuvent avoir aucun effet en pays étranger; cela ressort de l'arrêt suivant.

Cass. req., 14 avril 1868 (Blanchard); D. P. 68.1.262.

Vu les art. 2123 C. civ. et 546 C. proc., l'art. 5 Inst. crim., modifié par la loi du 27 juin 1866, et l'art. 15, § 5 du décret du 2 février 1852;

Attendu qu'aux termes des art. 2123 C. civ. et 546 C. proc., les jugements rendus par les tribunaux étrangers ne peuvent produire d'effet en France; que cette règle qui n'est que la conséquence du principe de la souveraineté de chaque État sur son territoire et de la protection que l'État doit à ses sujets, est applicable aux jugements rendus en matière criminelle et correctionnelle comme aux décisions rendues en matière civile, ce qui a fait juger avec raison que les peines de la récidive ne pouvaient résulter que d'une condamnation antérieure prononcée par un tribunal français;

Attendu que si, d'après l'art. 7 Instr. crim. de 1808, reproduit et étendu aux délits par la loi du 27 juin 1866, aucune poursuite ne peut avoir lieu en France contre un Français, à raison des crimes ou délits commis par lui en pays étranger, lorsque l'inculpé prouve qu'il a été déjà jugé à l'étranger pour le même fait, et si, sous ce rapport, la loi française reconnaît au jugement étranger une certaine valeur en France, cette exception au droit commun uniquement fondée sur des considérations d'humanité qui répugnent à ce qu'un individu puisse être deux fois jugé pour le même fait, ne doit pas être étendue hors du cas spécial en vue duquel elle a été édictée;

Attendu qu'alors même que cet effet purement négatif attribué au jugement rendu à l'étranger pourrait être considéré comme se ratta-

---

[1] Cette opinion a été soutenue par Fœlix, *op. cit.*, t. II, p. 317, n° 605.

chant au principe de la chose jugée ou à la maxime *non bis in idem*,
on ne saurait en induire qu'il dût produire tous les effets de la chose
jugée attachée par nos lois aux décisions des tribunaux français, que
notamment il dût entraîner l'incapacité électorale que l'art. 15 du
décret du 2 février 1852, fait dériver des condamnations qu'il spé-
cifie ;

Que, d'une part, il semble évident que cet art. 15 n'a eu en vue
que les condamnations prononcées par les tribunaux français et non
le cas, tout exceptionnel d'une condamnation prononcée par un tribunal étranger, puisque, lorsque le législateur a voulu que l'incapacité électorale résultât des jugements rendus à l'étranger, il s'en
est formellement expliqué ainsi qu'il l'a fait à l'égard du failli dans
le § 17 du même art. 15, et toutefois sous la condition que le jugement
aura été rendu exécutoire en France, ce qui a fait rentrer l'exception
dans la règle générale ;

Que, d'autre part il serait anormal qu'une autorité étrangère pût
priver un Français de ses droits de citoyen et influer ainsi sur la
composition du corps électoral ;

Que de ce qui précède, il résulte qu'en décidant que la condamnation à quinze jours d'emprisonnement prononcée le 5 novembre 1866,
pour vol par le tribunal belge de Charleroi contre le demandeur en
cassation, entraînait pour celui-ci l'incapacité définie par l'art. 15,
§ 5 du décret du 2 février 1852, et en refusant, en conséquence, son
inscription sur la liste électorale de la commune d'E..., le jugement
attaqué a faussement appliqué ledit article ainsi que l'art. 5 Inst. crim.
et formellement violé le principe de droit public formulé par les art.
546 et 2123..... Casse.

En 1814[1], la Cour de Colmar s'était prononcée en sens contraire ; il s'agissait, dans l'espèce, d'un témoin reproché dans
une enquête civile, parce qu'il avait été condamné à une peine
afflictive en pays étranger. L'arrêt se borne à constater la condamnation et à faire ainsi application de l'art. 283 du Code de
procédure civile.

Une conséquence logique de l'arrêt de cassation du 14 avril
1868 que nous venons de reproduire, c'est, à notre avis,
qu'une condamnation à une peine afflictive et infamante pro-

---

[1] Colmar, 6 août 1814 ; S. 15.2.20.

noncée par un tribunal étranger, ne peut servir de base à une instance en divorce basée sur l'art. 232 C. civ.[1].

§ II. Étendue de la compétence du tribunal français qui statue sur une demande d'exequatur.

Le principe consacré par la jurisprudence relativement à l'étendue de la compétence du tribunal français saisi d'une demande d'*exequatur* c'est, quel que soit d'ailleurs le système général que l'on adopte sur la question de l'exécution en France des jugements étrangers, que le tribunal français doit se borner à l'examen de la demande d'*exequatur* dans les limites de la sentence rendue à l'étranger; aucune demande nouvelle ne peut donc être jointe à la procédure.

1° *Demandes nouvelles.*

Si le juge étranger n'a pas prononcé sur la demande, aucune hésitation n'est possible; le tribunal français est incompétent pour juger une semblable demande.

Trib. Seine, 4 août 1882 (Lévy c. *l'Urbaine*); *France jud.*, 1882, p. 46; J. D. I. P. 1883, p. 391.

Attendu que la demande a pour but de faire déclarer exécutoire en France un jugement du tribunal civil de Metz du 31 mai 1881, aujourd'hui passé en force de chose jugée et qui condamne *l'Urbaine* à payer à Lévy.....

Attendu qu'elle n'est pas contestée par la Cie défenderesse; que d'ailleurs elle est formée dans les conditions prévues par le traité franco-allemand du 18 décembre 1871, et par la convention franco-badoise du 16 avril 1846 à laquelle il se réfère, et que le jugement du 31 mai 1881 ne contient aucune disposition contraire à la loi française ou à l'ordre public en France;

Attendu néanmoins que la Cie défenderesse, tout en se déclarant

---

[1] V. à titre de renseignement un jugement du tribunal de la Seine du 17 juillet 1857 : *Gaz. Trib.* 24 juillet 1857. — Quant à la mort civile, il ne saurait en être question depuis la loi du 31 mai 1854; un jugement étranger qui la prononcerait contreviendrait par là même aux règles de l'ordre public en France, et ne pourrait y être rendu exécutoire.

prête à se libérer envers qui de droit, offre de déposer la somme qu'elle reconnaît devoir, à la Caisse des dépôts, à raison des oppositions formées entre ses mains par Lévy, et à la charge de ces mêmes oppositions;

Que l'offre ainsi faite ne saurait être accueillie *sans ajouter une disposition nouvelle au jugement du 31 mai 1881*[1], alors que par la nature de l'action dont il est saisi, le juge ne peut qu'ordonner ou refuser l'exécution qui lui est demandée; que les droits de la compagnie pourront d'ailleurs être utilement sauvegardés lorsque l'exécution du présent jugement sera poursuivie contre elle, si la main levée des oppositions dont s'agit ne lui est pas préalablement rapportée;

Par ces motifs, déclare exécutoire le jugement de Metz; ordonne que ce jugement sera exécuté selon sa forme et teneur.

Nancy, 6 juillet 1877 (Mathieu c. Didion); S. 78.2.129; P. 1878, p. 577; D. P. 78.2.220; J. D. I. P. 1877, p. 234.

Attendu que si les jugements rendus à l'étranger doivent être déclarés exécutoires par les tribunaux français, cette règle qui est en partie destinée à sauvegarder les intérêts privés, tient davantage encore au droit public; qu'elle a pour but de faire respecter l'indépendance de la souveraineté ainsi que les dispositions des lois françaises qui touchent à l'ordre public; que sous ces derniers rapports, de hautes convenances internationales s'opposent à ce que les arrêts d'une Cour souveraine étrangère soient soumis en France à la censure de tribunaux inférieurs; que plusieurs des traités passés par la France avec les pays étrangers, ont consacré cette règle qui est entièrement conforme à la nature des choses; qu'en suivant une marche contraire et en déférant en France les arrêts d'une Cour étrangère aux tribunaux de première instance, on troublerait l'ordre des juridictions sous prétexte de le respecter; *qu'en effet, devant la justice française la contestation ne se présente plus dans son entier, qu'il ne s'agit plus que d'accorder ou de refuser* l'exequatur *aux condamnations prononcées*, en sorte que si par suite du rejet d'une partie des demandes, l'arrêt de la Cour étrangère ne prononçait une condamnation à une somme au-dessous de l'appel, la décision de cette Cour suprême se trouverait en France soumise à l'appréciation en dernier ressort d'un tribunal de première instance et même d'une justice de paix;

[1] Jugé que le tribunal français, saisi d'une demande d'*exequatur*, n'a pas à prononcer de condamnations nouvelles; Trib. Seine, 16 nov. 1883; J. D. I. P. 1884, p. 291.

Qu'enfin une sentence d'*exequatur* est un acte tout spécial, régi par des principes de droit public et de droit privé qui lui sont exclusivement propres, et non par les règles ordinaires qui gouvernent la matière du double droit de juridiction;

Que le juge français *ne peut plus ressaisir la contestation dans son premier état, ni accorder les demandes rejetées à l'étranger, qu'il ne peut même prononcer ou modérer des condamnations; qu'il doit se borner à déclarer si les condamnations prononcées seront ou non exécutoires en France,* en consultant pour cela la législation du pays étranger, les règles de compétence qui y sont admises, et en même temps la législation française en ce qu'elle pourrait avoir d'incompatible avec l'application des lois d'une autre nation; que ces principes qui tendent à ne pas faire réviser par un juge inférieur la décision souveraine d'un tribunal plus élevé, sont d'ailleurs conformes à la bonne administration de la justice puisqu'en déférant les arrêts étrangers seulement aux Cours d'appel qui ont la plénitude de juridiction, ils préviennent des procédures et des frais inutiles, en même temps qu'ils assurent une célérité de décisions qui est surtout nécessaire quand il s'agit d'assurer l'exécution d'arrêts souverains et passés en force de chose jugée, qu'il y a donc lieu de rejeter le déclinatoire proposé [1].

Dans le cas où la demande formulée dans l'instance en *exequatur* porterait sur un point qui n'a pas été jugé par le tribunal étranger, *mais qui est en quelque sorte l'accessoire ou la conséquence nécessaire de sa sentence,* la jurisprudence française admet qu'il pourra être fait droit dans une certaine mesure à cette demande; voici une application de cette idée.

Paris, 8 août 1866 (Chemins de fer argentins c. Stanley); S. 67.2.101; P. 1867, p. 453; *Bull. Cour Paris,* 1866, p. 708.

Considérant que si les jugements rendus à l'étranger contre des étrangers, n'ont d'exécution en France qu'après y avoir été rendus

---

[1] Bien que cet arrêt, comme le précédent, ne se rapporte que par quelques-uns de ses motifs à la question qui nous occupe en ce moment, nous n'hésitons pas à le reproduire intégralement dans un but de clarté; nous y renverrons lorsque nous traiterons du traité franco-badois de 1846. — V. dans le même sens : Angers, 23 avril 1869 ; D. P. 69.2.218. — Jugé que le tribunal français ne peut modérer la condamnation prononcée à l'étranger; Trib. Seine, 4 juillet 1883, *France jud.,* 1884-1885, p. 202.

exécutoires, et si les tribunaux français *n'y peuvent rien ajouter, il appartient cependant à la juridiction de qui émane le* pareatis *de dégager de ces jugements les conséquences juridiques qu'ils renferment,* à moins qu'elles ne soient contraires à des principes d'ordre public consacrés par la loi française, et de donner à chaque décision la formule dont ses différents modes d'exécution ont besoin pour leur exercice; que ce n'est là ni une addition ni une rectification, mais seulement une modification de forme qui tient à des différences de statut local et qui, loin d'altérer la sentence, n'en est au contraire qu'une stricte et fidèle application, lorsque cette modification n'a d'autre but et d'autre effet que d'en assurer l'exécution en France par les mêmes voies qu'à l'étranger;

Considérant que la sentence anglaise reconnaît Stanley débiteur envers le chemin de fer argentin et le condamne à payer les causes de la demande;

Qu'il est constant que la dette est commerciale puisqu'elle résulte d'une souscription d'actions dans une société de commerce, et qu'il est certain, d'après les lois anglaises, qu'en matière commerciale, le jugement de condamnation entraîne la contrainte par corps sans que le juge ait à la prononcer;

Met le jugement dont est appel à néant en ce que les premiers juges n'ont pas ordonné l'exécution par corps [1].

2° *Compensation, imputation des paiements partiels.*

On reconnaît au défendeur à *l'exequatur* le droit d'opposer la compensation légale; mais il ne pourrait opposer la compensation sous forme de demande reconventionnelle [2], car il s'agirait alors d'une véritable demande nouvelle.

En ce qui concerne l'imputation des paiements partiels, la jurisprudence n'est pas fixée d'une façon certaine. Un arrêt de Paris du 28 janvier 1837, que nous reproduisons ci-dessous admet que nos tribunaux saisis d'une demande d'*exequatur* peuvent imputer sur la condamnation prononcée à l'étranger,

---

[1] Nous ferons remarquer que cet arrêt est antérieur à la loi du 22 juillet 1867, abolitive de la contrainte par corps, V. *infrà*, Ordre public. — V. Paris, 26 décembre 1874; J. D. I. P. 1875, p. 435. — Trib. Seine, 2 mars 1877; J. D. I. P. 1878, p. 78.

[2] Moreau, *op. cit.*, p. 135.

les paiements partiels faits *en tous lieux*. Au contraire, le tribunal de la Seine a décidé, le 16 novembre 1883 [1], que l'imputation devait se faire au moment de l'exécution et non dans le jugement.

Paris, 28 janvier 1837 (Sautter c. Perret); S. 37.2.173; P. 1837, II, p. 469;
D. A. au mot *Droit civil*, n° 410.

En ce qui touche l'exécution en Belgique : Attendu que les tribunaux français ne sont compétents pour réviser les jugements rendus en pays étranger qu'au chef de l'exécution en France desdits jugements, et qu'ils n'ont ni droit ni autorité pour empêcher directement ou indirectement l'exécution en pays étranger des décisions émanées des juridictions étrangères, que ce principe n'a pas été méconnu par la Cour royale d'Aix qui l'a, au contraire, formellement proclamé dans son arrêt du 31 août 1834; que par son arrêt du 21 juillet 1823, la Cour, en déclarant exécutoire en France le jugement d'Anvers jusqu'à concurrence de 110,000 fr. seulement, a reconnu, au moins implicitement, que le jugement continuait à subsister en pays étranger avec tous ses effets;

Qu'il demeure donc constant, et qu'il est même jugé souverainement entre les parties que la révision n'enlève à Perret aucun de ses droits à l'exécution du jugement belge en pays étranger;

Attendu que ce principe étant reconnu et que les tribunaux français n'ayant juridiction qu'au chef de l'exécution en France, il est évident que le tribunal ne peut imposer à Perret l'obligation de ne pas exécuter en Belgique les jugements et arrêts intervenus en Belgique; qu'il est encore évident et qu'il résulte du même principe que la quittance ne doit être exigée que de la dette fixée en France, et qu'on ne peut imposer l'obligation de donner quittance de la créance telle qu'elle peut résulter des condamnations prononcées en Belgique;

En ce qui touche la quotité des offres : Attendu que Sautter justifie avoir payé à D..., à Anvers, pour le compte de Perret, la somme de 2,000 fr., etc. : *que cette somme qui forme un total de..... à distraire des condamnations prononcées par la Cour d'Aix, quel que soit le lieu où le paiement ait été fait, s'impute nécessairement sur la seule*

---

[1] Cité *suprà*, p. 25. Nous devons faire observer que cette décision a été rendue sous l'empire des traités diplomatiques; mais la question était entière sur le sujet que nous traitons et nous semble résolue d'après les principes acceptés en matière d'*exequatur*. Dans le même sens, Paris, 26 juin 1863; *Gaz. Trib.*, 1er juillet 1863.

dette reconnue en France et que les tribunaux français ne peuvent permettre d'exécution en France que pour le reliquat, déduction faite de tout paiement [1].

3° *Demandes reconventionnelles; demandes en garantie.*

La demande reconventionnelle est une demande nouvelle sur laquelle n'ont point statué les juges étrangers; elle ne pourra donc être produite dans une instance en *exequatur;* c'est ainsi, nous l'avons vu plus haut[2]; qu'il ne serait pas possible d'opposer la compensation qu'il faudrait judiciairement établir. Un arrêt de la Cour de Paris du 20 avril 1872 (Levasseur c. Whinney)[3], a décidé que les tribunaux français ne pouvaient admettre une demande reconventionnelle, parce que ce serait substituer un jugement nouveau à celui qui a été rendu.

Quant à la demande en garantie, la jurisprudence de la Cour de cassation s'est fixée en ce sens, que le tribunal français saisi d'une action en *exequatur,* peut la juger, bien qu'elle ne se soit produite que devant les juges français. C'est, dit-on, un moyen de défense en même temps que la stricte application de l'art. 181 C. proc., aux termes duquel : « Ceux qui seront assignés en garantie seront tenus de procéder devant le tribunal où la demande en garantie sera pendante, encore qu'ils dénient être garants; mais s'il paraît par écrit ou par l'évidence du fait que la demande originaire n'a été formée que pour les traduire hors de leur tribunal, ils y seront renvoyés. »

Cass. civ., 20 août 1872 (Leroux de Villers et autres c. van der Heydt); S. 72.1.327, P. 1872, p. 857; Bull. Cass., 1872, n° 132, p. 238.

Attendu qu'en cet état du litige (révision au fond d'un jugement étranger), l'appel en garantie de Sassenay était pour Leroux de Villers, un moyen de défense que la connexité des condamnations prononcées contre eux, rendait légitime et nécessaire, et qui devait avoir pour conséquence légale de mettre de Sassenay en demeure de pré-

[1] V. sur les redressements de compte, Paris, 12 mai 1866, *infrà*, p. 38, note 1.

[2] V. *suprà*, p. 27.

[3] J. D. I. P. 1874, p. 125.

senter ses moyens de défense devant les tribunaux français, ou d'obtenir contre lui une condamnation en garantie exécutoire en France, si, révision faite du litige dans son entier, l'arrêt de la Cour de Cologne devait être déclaré exécutoire en France contre Leroux de Villers;

Que cet appel en garantie présentait ainsi toutes les conditions exigées par l'art. 181 C. proc.;

Attendu qu'il suit de là que l'arrêt attaqué qui a débouté Leroux de Villers de sa demande en garantie, par le motif que le litige actuel ne mettait plus en présence devant le même tribunal la demande originaire et la demande en garantie pour y recevoir une solution simultanée et qui s'est borné à vérifier la condamnation prononcée contre Leroux de Villers, sans étendre son examen à celle prononcée contre de Sassenay (Violation des art. 181 et 546 C. proc.),... Casse.

Cass. req., 21 août 1882 (Betzold c. Werner Panmure et Cie); S. 84.1.425; P. 1884, p. 1052; D. P. 83.1.259; J. D. I. P. 1883, p. 286, *France jud.*, 82-83, p. 538.

Sur le premier moyen pris de la violation de l'art. 546 C. proc. :

Attendu que Panmure et Cie ont obtenu de la Haute-Cour de justice de Londres, deux arrêts condamnant Werner à leur payer.....; qu'ils se sont adressés au tribunal civil de la Seine pour faire déclarer ces arrêts exécutoires en France; que Werner a mis en cause Betzold et a demandé que celui-ci fût tenu de prendre son fait et cause et subsidiairement de le garantir des condamnations qui pourraient être prononcées contre lui; que Betzold a tout d'abord conclu au fond sur la demande dirigée contre lui et qu'ensuite, devant la Cour d'appel, il a prétendu que cette demande était non-recevable, par le motif qu'il n'avait pas été mis en cause devant les tribunaux anglais;

Attendu qu'en concluant au fond devant les premiers juges, comme il est dit ci-dessus, Betzold s'était lui-même rendu non-recevable à critiquer en appel la procédure suivie contre lui; que d'ailleurs les juges, saisis d'une demande d'*exequatur*, ont une compétence générale à l'effet de réviser la sentence rendue par les juges étrangers; qu'ainsi en repoussant la fin de non-recevoir proposée, l'arrêt attaqué n'a point violé l'art. 546 C. proc.

Cette jurisprudence de la Cour suprême a été vivement critiquée par M. Labbé[1] : « Nous n'hésitons pas sur ce point, écrit l'éminent professeur de la Faculté de Paris : la demande

---

[1] Note sous l'arrêt de Cass. du 21 août 1882.

en garantie devait être déclarée non-recevable. Elle provoquait une condamnation nouvelle. Elle était tout à fait en dehors de la question de l'exécution forcée du jugement étranger. Cette solution est logique et elle est juste. Le garant peut être distrait du juge de son domicile pour aller plaider devant le juge compétent à l'effet de statuer sur le litige qui donne lieu à la garantie (C. proc., 181). C'est déjà une dérogation au principe du *forum rei;* il ne faut pas l'exagérer. Quand l'affaire s'est traitée en pays étranger, quand le débiteur garanti et le garant sont des étrangers domiciliés hors de France, le garant a intérêt à ce que, distrait du juge de son domicile, il ne soit pas distrait de son juge national. » Cette opinion nous semble juste; elle doit surtout être adoptée par les auteurs qui soutiennent, comme M. Labbé[1], que les sentences étrangères ne doivent pas être révisées au fond.

4° *Abandon de l'instance en* exequatur *pour intenter une demande en condamnation pure et simple.*

Il est certain que l'abandon de l'instance en *exequatur* dans le but d'intenter une demande en condamnation pure et simple ne peut avoir lieu en appel; cela résulte nettement de l'art. 464 C. proc., aux termes duquel : « Il ne sera formé, en cause d'appel, aucune nouvelle demande, à moins qu'il ne s'agisse de compensation ou que la demande nouvelle ne soit la défense à l'action principale. »

L'arrêt de la Cour de Rennes a appliqué ces principes; mais il nous semble ressortir de cette décision que l'abandon d'instance aurait pu être fait, et la condamnation directement demandée en première instance.

Rennes, 26 décembre 1879 (Liquidateur de la *Company limited la General Floating* c. Cézard frères); S. 81.2.81; P. 1881, p. 449; D. P. 80.2.52; J. D. I. P. 1880, p. 105 ; *Droit* des 19 et 20 janvier 1880.

Attendu que devant la Cour pour la première fois Fitch Kemps soulève d'une manière principale et distincte la question du fond en

---

[1] Note sous un arrêt, S. 65.2.60.

demandant directement condamnation des intimés à 24,000 fr. chacun, même abstraction faite de la sentence anglaise soumise au contrôle de la justice française;

Attendu qu'une telle demande constitue une demande nouvelle; qu'elle n'a pas été posée ni discutée dans ces conditions par les premiers juges; que les premiers juges *n'ont pu en connaître principalement et directement, puisqu'ils n'ont pas été saisis dans ces termes;* qu'ils n'en ont pas dû connaître indirectement et au point de vue spécial de la demande en exécution de la sentence étrangère, puisqu'à ce point de vue, la solution donnée sur le moyen tiré de l'incompétence du juge anglais, rendait inutile l'examen tiré du fond; qu'on ne peut pas ainsi transformer devant la Cour en une demande principale et directe, ce qui, devant les premiers juges, n'était qu'un des moyens invoqués à l'appui d'une autre demande, celle de l'exécution d'un jugement étranger; que la demande nouvelle présentée à la Cour par Fitch Kemps, en ce qui touche la condamnation directe des intimés, n'est point recevable pour la première fois en appel; qu'elle doit être préalablement soumise au premier degré de juridiction,.... Confirme[1].

5° *Litispendance.*

L'art. 171 C. proc. civ. s'exprime ainsi : « S'il a été formé précédemment, en un autre tribunal, une demande pour le même objet, ou si la contestation est annexe à une cause déjà pendante en un autre tribunal, le renvoi pourra être demandé et ordonné. » Cette règle, dont le but est d'éviter des conflits préjudiciables à la bonne administration de la justice, ne s'applique qu'aux rapports des tribunaux français entre eux; la jurisprudence française décide fort sagement qu'il ne saurait y

---

[1] Jugé que celui qui a obtenu un jugement de condamnation à l'étranger et qui en demande l'*exequatur* devant le tribunal civil n'est pas recevable à introduire en même temps devant le tribunal de commerce une nouvelle action en condamnation, par la raison qu'un plaideur ne peut sans violer la maxime : « *non bis in idem* » tendre à obtenir une condamnation contre le même débiteur pour les mêmes causes et à propos des mêmes faits. (Trib. com. Hâvre, 7 mai 1884; *Journ. de jurispr. com. d'Aix et Marseille,* t. LXIV, 1886, 2ᵉ part., p. 63.) — Jugé que le tribunal français n'a pas à donner acte de la renonciation au bénéfice d'un jugement étranger qui n'a aucune valeur pour lui. Trib. Corbeil, 30 novembre 1888; *La Loi* du 15 décembre 1888.

avoir litispendance entre un tribunal français et un tribunal étranger; de même un sursis dont le but serait de retarder l'instance pendante ne pourrait être obtenu dans le cas où deux litiges semblables existeraient l'un en France, l'autre à l'étranger. Adopter une doctrine contraire ce serait admettre l'immixtion d'une souveraineté étrangère dans l'administration de la justice de notre pays [1].

> Trib. Dreux, 20 juin 1877 (Shaffauser c. Waddington et autres);
> J. D. I. P. 1881, p. 256.

Le tribunal, en ce qui touche la demande de sursis : *Attendu qu'un tribunal français ne saurait être tenu en échec par une demande introduite devant un tribunal étranger,* et que l'exception de litispendance ne peut s'appliquer qu'au cas seul où une mème question est déjà posée entre les mèmes personnes devant un tribunal français.

> Trib. com. Seine, 26 septembre 1859 (Bassanoc Aimé); P. 1860, p. 449.

Sur la compétence à raison de litispendance :

Attendu que l'art. 171 C. proc. donne faculté aux juges d'apprécier si cette exception doit être admise ou refusée ;

Attendu que dans l'espèce, encore bien que l'on justifie d'une action créée par les demandeurs en condamnation de la même somme et par les mèmes causes devant le tribunal civil de Bruxelles à l'occasion d'une saisie conservatoire formée dans leur intérêt, cette action n'est point un obstacle à ce que le tribunal puisse retenir la cause utilement; que le débat s'agitant entre Français pour une obligation contractée en France, le tribunal étranger saisi d'abord peut être considéré comme le moins compétent pour connaître du litige; qu'un intérêt d'ordre public s'oppose même à ce que les nationaux ne puissent revenir à leur juridiction naturelle qu'ils auraient déclinée à un moment donné et pour quelque cause que ce soit.

En confirmant ce jugement, le 24 décembre 1859, la Cour de Paris ajoutait le considérant suivant :

Et, considérant que l'action pendante au tribunal de Bruxelles n'a déféré à ce tribunal la connaissance du litige qu'accessoirement à la

---

[1] Trib. com. Marseille, 5 juillet 1824; *Journ. jurispr. com. d'Aix et Marseille,* t. V, 1824, p. 188. — Cass. civ., 12 février 1842; S. 42.1.717. — Cass. req., 11 décembre 1860; S. 61.1.331; P. 1861, p. 735; D. P. 61.1.169.

demande en validité d'une saisie dont il était le juge nécessaire et
qu'une telle action ne peut être considérée comme impliquant de la
part du demandeur une renonciation au bénéfice de la juridiction
française.

6° *Des sursis.*

Le jugement étranger qui accorde un sursis doit, pour produire effet en France, y avoir été déclaré exécutoire conformément aux règles ordinaires.

> Bordeaux, 5 février 1813 (Beneke et Cᶦᵉ c. A. L. Mulk et Cᶦᵉ);
> S. 15.2.111; D. A., au mot *Droit civil*, n. 467.

Attendu que les actes émanés des autorités étrangères ne peuvent
être invoqués devant les tribunaux français, qu'autant qu'ils ont été
déclarés exécutoires par les autorités françaises; que lors même que
l'acte du Sénat de Dantzick pourrait être employé en France selon sa
teneur, il n'en résulterait pas que le sursis qu'il prononce s'appliquât
aux actes conservatoires qu'un créancier peut exercer.....

Si le sursis accordé par un jugement étranger était contraire
à l'ordre public, les tribunaux français ne pourraient accorder
l'*exequatur* à cette décision [1].

**§ III. De la valeur que peuvent avoir en France les déclarations,
les enquêtes, et autres actes d'instruction contenus dans un
jugement étranger.**

Quel que soit le système que l'on adopte sur la question
générale de l'exécution en France des sentences rendues en
pays étrangers, tout le monde est d'accord pour reconnaître
une certaine valeur à ces documents juridiques, soit que l'*exequatur* de ces jugements soit poursuivi, soit qu'on se borne à
en tirer des preuves utiles, à un autre litige.

M. Larombière, dans son *Traité des obligations*[2], a fort bien

---

[1] Trib. Seine, 21 novembre 1883; J. D. I. P. 1883, p. 620 (Refus d'*exequatur* à un jugement suisse, qui accordait un sursis contre toutes poursuites,
à un commerçant suisse en état de cessation de paiements).

[2] Sous l'art. 1351 C. civ.

résumé. la jurisprudence française en cette matière. « Mais dans le cas même, écrit-il, où les tribunaux sont autorisés à rejuger après examen nouveau ce qui a été l'objet d'une décision de la part d'une juridiction étrangère, les enquêtes, interrogatoires et autres actes d'instruction qui auront eu lieu pour préparer le jugement subsistent et sont admis, avec tous leurs effets devant la juridiction française. Bien que la décision, au fond, n'ait pas l'autorité de la chose jugée, cependant, les moyens de preuve en conséquence desquels elle a été rendue, considérés comme documents juridiques et par rapport à la force probante qui y est attachée conservent toute leur autorité, à moins que l'enquête n'ait été ordonnée dans un cas où la loi française prohibe la preuve testimoniale, ou que les témoins entendus ne soient de ceux dont elle défend de recevoir le témoignage. A plus forte raison subsistent les aveux, déclarations, acquiescements, renonciations et désistements de la partie. La considération en laquelle ils sont pris, sans que d'ailleurs il y ait chose jugée, ne viole en rien le principe politique de la souveraineté nationale, et se rattache exclusivement aux principes généraux et de droit commun qui régissent les contrats. »

Nous allons reproduire un certain nombre d'espèces dans lesquelles les règles ci-dessus ont été appliquées.

Cass. req., 21 février 1826 (de Grelle c. Caraman); S. 26.1.322;
D. A., au mot *Droit civil*, n. 474.

Attendu..... que le comte de Caraman en avait la possession, et qu'encore bien que la sentence de ce juge de paix (de Chimay), ne fût pas susceptible de recevoir son exécution en France, *le fait de la possession allégué par le comte de Caraman n'était pas moins certain.*

Cass. req., 11 janvier 1843 (Schwartz c. de Barrante); S. 43.1.671
P. 1843, II, p. 395; D. A., au mot *Droit civil*, n. 473.

Attendu sur la violation des art. 2123, 2128, 1355 C. civ. et 546 C. proc., que s'il est vrai que les jugements rendus en pays étrangers ne peuvent servir de base à un acte d'exécution en France, qu'autant

qu'ils ont été déclarés exécutoires en France après examen et révision
de la cause, cette condition se trouve accomplie dans l'espèce, puisque
l'arrêt constate d'une part que la créance résultant de l'arrêt du Conseil royal de Pampelune, *a été formellement reconnue par le demandeur en cassation;* de l'autre, que la discussion a porté *sur l'extinction
de la dette,* soit par l'exécution de la sentence de Pampelune, soit par
la compensation ; que de ce débat contradictoire ressort la preuve que
la Cour royale n'a point donné force à ladite sentence sans avoir
apprécié les moyens du fond invoqués de part et d'autre, rejette... [1].

Cass. req., 6 janvier 1841 (Wenger c. Thiriet); P. 1841, I, p. 43;
D. A., au mot *Droit civil,* n. 472.

Considérant que la cause de l'éviction soufferte par les époux Thiriet
est antérieure à la vente que leur a passée Wenger ;

Considérant qu'en supposant que les autorités bavaroises appelées
à statuer sur la position de Wenger et de ses auteurs se seraient
trompées dans leur décision, ce serait à Wenger à supporter en sa
qualité de vendeur les conséquences de leur erreur; qu'en vain il pré-
texterait de leur incompétence, car il est constaté en fait, que c'est lui
qui les a saisies en vertu de deux jugements rendus par le tribunal de
Metz sur sa demande, et acquiescés par lui, que d'ailleurs le point
préjudiciel tranché par les tribunaux de Bavière n'était qu'un litige
entre un Français et le domaine bavarois sur un immeuble sis en Bavière et régi par la loi de la situation; que dès lors le litige était de la
compétence des tribunaux bavarois ;

Considérant que dans cet état le demandeur ne peut nullement se
prévaloir du principe qui veut que les jugements rendus par les tribunaux étrangers ne puissent être exécutés en France sans connaissance
de cause ; que la question portée devant la Cour de Nancy était tout
autre; *que la décision des juges bavarois a été exécutée sur des biens
sis en Bavière; que c'est là un fait accompli dont il ne s'agissait plus*

---

[1] V. dans ce sens : Massé, *Le droit commercial dans ses rapports avec le
droit civil des gens et le droit* (3ᵉ édition), t. II, p. 66, § 798. — La Cour de
cassation (Civ., 12 décembre 1826 ; S. 27.1.255), a décidé qu'un arrêt basé
sur un fait résultant de jugements rendus en pays étrangers, mais non déclarés exécutoires en France, ne viole pas la règle qui défend de donner
effet à de tels jugements en France, lorsque le fait pris pour base n'a d'ailleurs pas été contesté dans l'instance.

que de tirer des conséquences légales, en empêchant ce fait de rejaillir sur les époux Thiriet que Wenger a promis de garantir;

Rejette le pourvoi contre l'arrêt de Nancy du 11 juillet 1839.

Cass., 6 janvier 1875 (de Mot c. Liebig); S. 75.1.308; P. 1875, p. 737.

Attendu que vainement les demandeurs objectent qu'elle (cette appréciation) est contraire aux déclarations d'une sentence intervenue à Londres en Cour de chancellerie le 19 novembre 1867; que la sentence dont il s'agit, non-exécutoire en France, dont aucune expédition authentique n'est produite et à laquelle les demandeurs en cassation ne paraissent pas avoir été parties n'était pas opposable comme ayant dans la cause l'autorité de la chose jugée;

Qu'elle pouvait sans doute être invoquée à titre de simple renseignement pour prouver que le nom de Liebig était dans le domaine public en Angleterre, mais qu'il appartenait à la Cour de Paris de vérifier l'existence et le caractère des faits sur lesquels le juge anglais fondait la solution par lui adoptée et de se prononcer après examen soit dans le même sens, soit comme elle l'a fait, dans un sens opposé;

Que sa décision sur ce point est suffisamment motivée; rejette.

Cass. civ., 12 avril 1858 (Borelli c. Bouquet);
S. 58.2.721; D. P. 58.1.122.

Attendu que le dol se prouve par tous les moyens qui peuvent en faire connaître la réalité et que si l'autorité juridique de l'arrêt de Lucques ne pouvait suffire seule, le jugement attaqué a pu néanmoins *réunir ce document comme grave présomption* aux autres circonstances de la cause, pour en déduire que, sinon pour le faux, au moins pour le dol, la preuve était acquise à la justice.

Douai, 5 mai 1836 (Lacroix c. Mercier); S. 36.2.428.

Un jugement du tribunal civil de Tournay avait déclaré l'absence de Mercier et prononcé l'envoi en possession provisoire de Mercier et Wilbaux ses héritiers présomptifs. Ceux-ci poursuivirent en France les époux Lacroix débiteurs de l'absent déclaré. Les époux Lacroix soutiennent qu'on ne peut faire usage en France d'un jugement étranger non déclaré exécutoire, encore que ce jugement se borne à constater un fait; le 9 décembre 1835, le tribunal de Valenciennes repoussa cette prétention. En appel, la Cour de Douai confirma la décision des premiers juges.

Considérant, dit l'arrêt du 5 mai 1836, que le jugement étranger n'est point invoqué dans la cause à titre d'exécution parée, *mais comme preuve uniquement de la qualité des demandeurs*; que les art. 546 C. proc. et 2123 C. civ. sont dès lors inapplicables; considérant que la qualité des demandeurs une fois établie, le titre qu'ils présentent étant authentique, il y avait lieu d'ordonner que le jugement de première instance serait exécutoire par provision; considérant que le cautionnement n'est requis que dans l'intérêt de l'absent, que les appelants sont de ce chef sans qualité pour attaquer le jugement étranger dont il s'agit[1].

Aix, 28 mars 1822 (N... c. Gazzano); S. 39.2.307; D. P. 58.1.179.

D'après cet arrêt, la constatation judiciaire de la découverte de pièces fausses qui crée un moyen *de requête civile* peut résulter d'un jugement étranger non rendu exécutoire en France.

Attendu que l'arrêt de Naples (déclarant la fausseté) n'est point ici considéré par la Cour comme décision judiciaire obligatoire pour les tribunaux français, *mais seulement comme un acte déclaratif d'un fait* duquel résulte nécessairement la fausseté des pièces dont s'agit; qu'ainsi se trouve rempli le vœu de l'art. 480, § 9, C. proc., d'après lequel les pièces qui ont déterminé l'arrêt attaqué doivent avoir été déclarées fausses, sans que la loi ait prescrit ni limité les formes possibles de la déclaration; qu'en effet il serait contraire à l'intérêt du

---

[1] V. en ce sens que les jugements étrangers font foi des faits qu'ils contiennent sans *exequatur* : Aix, 8 juillet 1880, *Journ. jurispr. comm. et mar. d'Aix et Marseille*, t. XIX (1840), p. 239. Il a été jugé par la Cour de Paris, le 12 mai 1866 (*Bull. Cour Paris*, 1866, p. 397), précité, p. 29, note 1, que celui qui demande en France le redressement d'un compte pour y faire figurer des sommes omises et payées en exécution de jugements étrangers ne poursuit pas l'exécution de ces jugements; les paiements n'étant pas contestés, il peut obtenir le redressement du compte sans qu'il y ait lieu de demander l'*exequatur* des jugements étrangers. Jugé aussi que les tribunaux français peuvent puiser dans un jugement étranger, quoiqu'il n'ait pas été rendu exécutoire en France et que l'*exequatur* n'en ait pas été réclamé, des éléments d'appréciation pour trancher une action en dommages-intérêts qui se lie intimement aux faits sur lesquels le jugement étranger s'est basé. — Paris, 7 décembre 1885 : *Gaz. Pal.*, 86.1, supp. 158.

commerce dont les relations s'étendent naturellement à l'étranger,
qu'on dût s'interdire de prendre des preuves déclaratives de la fausseté de semblables pièces dans les actes ou titres qui les contiennent
par cela seul que ces actes seraient émanés d'un juge étranger [1].

§ IV. Quelle loi le juge français doit-il appliquer, et à quelles preuves doit-il se référer lorsqu'il prononce sur une demande à fin d'exequatur?

La question de la loi à appliquer par le juge français ne
peut guère se poser que pour ceux qui reconnaissent à nos
tribunaux, soit d'une façon absolue, soit dans certaines hypothèses spéciales, le droit de réviser au fond les jugements
étrangers dont on leur demande l'*exequatur*. Le juge français
doit examiner l'affaire comme s'il se trouvait en présence d'une
demande principale ; mais, le tribunal étranger ayant statué
complètement d'après les lois du pays auquel il appartient, le
juge français est tenu de s'éclairer sur ces lois et de les appliquer, sauf le cas où elles contreviendraient aux règles de l'ordre
public tel qu'il est reconnu en France [2].

Paris, 22 novembre 1851 (Baudon c. Tedesco) ; S. 51.2.783 ; P. 1852. I. 343.

En ce qui concerne la fin de non-recevoir tirée de la chose jugée :
Considérant, en droit, qu'aux termes des art. 2123 et 2128 C. civ.
et 546 C. proc., les jugements rendus à l'étranger ne peuvent produire un effet en France qu'autant qu'ils ont été déclarés exécutoires
par les tribunaux français ; que le pouvoir d'examen et de révision
consacré par ces articles et fondé sur un principe d'ordre public et de
souveraineté nationale, implique le droit d'apprécier non seulement *la
régularité des jugements,* mais encore le mérite et le caractère de leurs
dispositions qui doivent être en tout conformes aux maximes de notre
législation et de nos institutions politiques ; qu'ainsi privés d'effets et
d'exécution, ces jugements ne sauraient avoir l'autorité de la chose
jugée tant qu'ils n'ont pas été sanctionnés par les tribunaux français.

---

[1] *Sic*, Trib. com. Aix, 22 mai 1856 et Cass. civ., 12 avril 1858 ; S. 58.1.
351 ; D. P. 58.1.179.

[2] V. *suprà*, p. 25, l'arrêt de la Cour de Nancy, du 6 juillet 1877.

§ V. Mesures conservatoires qui peuvent être prises en France en vertu d'un jugement étranger non revêtu de l'exequatur.

Des mesures conservatoires peuvent être prises en France en vertu de jugements étrangers. Cela résulte pour nous de cette idée que les tribunaux français qui ne peuvent, en principe, juger les contestations entre étrangers (opinion générale de la jurisprudence, d'ailleurs très vivement combattue par la doctrine), ont le droit d'autoriser ou de maintenir des mesures provisoires ou conservatoires dans l'intérêt de ces derniers. De plus, nous verrons plus loin que les jugements étrangers sont assimilés aux actes authentiques quant à leur valeur juridique en France.

La question délicate est de savoir ce qu'il faut entendre par mesures conservatoires et par mesures d'exécution; car, pour ces dernières, il n'y a pas de doute possible, elles ne peuvent être prises en vertu d'un jugement étranger qui n'a pas encore été revêtu de l'*exequatur*.

Observons, tout d'abord, en ce qui concerne la saisie-arrêt, et nous le verrons dans le paragraphe spécial consacré à cette matière, que d'après la jurisprudence, le jugement étranger non-exécutoire ne peut autoriser une semblable mesure. La sentence étrangère n'a donc pas, dans ce cas, la valeur d'un acte authentique, ni même d'un acte sous-seing privé.

Quant à l'hypothèque judiciaire, bien qu'il ait été jugé que ce soit un acte conservatoire[1], elle ne pourra non plus être inscrite avant l'*exequatur;* cela résulte des termes formels de l'art. 2133 C. civ. Signalons, à ce propos, une difficulté. Pour que le jugement étranger puisse emporter hypothèque judiciaire, faut-il que cette mesure soit admise dans le pays où la sentence aura été prononcée. Oui, disent les uns, car l'art. 2123 C. civ. n'établit aucune distinction. Non, répond-on, car il convient de respecter le jugement étranger dans ses conséquences admises par la législation du pays où il a été rendu. En agissant

---

[1] Bordeaux, 22 août 1854; D. P. 55.2.122.

autrement, on substituerait d'ailleurs un véritable jugement français au jugement étranger [1].

En résumé, les mesures conservatoires permises en France en vertu d'un jugement étranger non revêtu de *l'exequatur* seront donc : l'intervention à un partage (art. 882 C. civ.); la demande en séparation de patrimoines (art. 878 C. civ.); l'exercice des droits et actions d'un débiteur (art. 1166 C. civ.); l'intervention dans une demande en séparation de biens (art. 1447 C. civ.), etc.

Au contraire, nous classerons dans la catégorie des actes d'exécution, la saisie immobilière, la saisie-gagerie, la saisie-brandon, la saisie revendication, la saisie foraine, l'apposition des scellés dans le cas de l'art. 909, § 2, C. proc., le droit de requérir l'inventaire (art. 941 C. proc.), etc.

§ VI. Peut-on renoncer à réclamer en France la révision d'un jugement étranger ?

La renonciation à la révision n'est pas possible. Nous nous trouvons, en effet, ici, en présence non plus d'intérêts privés, mais bien d'une question d'ordre public. Quand bien même nous aurions avec une puissance étrangère un traité donnant à nos nationaux libre accès près des tribunaux de ce pays, et *vice versâ*, la décision étrangère n'en resterait pas moins soumise à la révision [2]. Il en serait de même dans le cas où la législation du pays dont émane le jugement n'admettrait pas la révision des sentences étrangères [3].

Toulouse, 29 janvier 1872 (Danton et Hall c. Bouillon);
S. 73.2.18; P. 1873, p. 193, D. P. 72.2.236; J. D. I. P., 1874, p. 77.

Attendu que lors même que le contrat se serait formé et que les époux Bouillon se seraient soumis volontairement à la juridiction étrangère, *il n'en serait pas moins vrai que le jugement rendu par la Cour de l'Echiquier ne serait exécutoire qu'après révision;* que l'exécution en France des jugements étrangers emportant l'exercice d'actes

[1] Moreau, *op. cit.*, p. 127.
[2] Trib. Seine, 15 janvier 1878; J. D. I. P. 1878, p. 376.
[3] Cass. req., 24 février 1846, S. 46.1.474; P. 1846, II, 360; D. P. 46.1.150.

juridictionnels et coërcitifs sur le territoire se rattache à la souveraineté et que les conventions des parties ne peuvent y porter atteinte;

Que le Français peut renoncer au privilège établi par les art. 15 et
14 C. civ., parce que ce privilège rentre dans le domaine du droit
privé et individuel, *mais qu'il ne peut renoncer au droit de révision*,
soit comme défendeur soit comme demandeur, parce que ce droit est
du domaine public[1].

Toutefois, il peut y avoir renonciation de fait à la révision
lorsque le Français a volontairement exécuté le jugement étranger[2].

§ VII. Autorité du jugement français qui a admis ou repoussé une demande en exequatur.

Dans le cas où la sentence des juges français a refusé l'*exequatur* à un jugement étranger, le tribunal français qui a
statué a rendu une décision qui n'a aucune autorité sur le fond
du litige. Aussi la Cour de Paris a-t-elle jugé, le 1er avril 1865[3],
que l'arrêt qui refuse de déclarer exécutoire en France la décision d'un tribunal étranger, ne statue pas sur le fond du droit.
Le Français qui a obtenu cet arrêt ne peut en tirer une exception contre une demande nouvelle portée par les demandeurs
devant le juge français[4].

Si au contraire l'*exequatur* a été accordé par les juges français au jugement étranger, on peut dire que celui-ci a été
revêtu par nos tribunaux d'une sorte de naturalisation. On se
trouve en présence d'une sentence définitive qui doit être res-
pectée. Les précautions prises, quel que soit d'ailleurs le système général qu'on adopte sur la question de l'*exequatur*, pour

---

[1] Cet arrêt a été reproduit en partie *suprà*, p. 14.

[2] Cass., 6 janvier 1841, précité, p. 36. Jugé, que s'il résulte du jugement
étranger que la partie avait renoncé à son action, cette dernière serait irre-
cevable à demander l'*exequatur*. Paris, 14 juillet 1809; S. 12.2.359.

[3] *Bull. Cour Paris*, t. II, 1865, p. 358.

[4] L'*exequatur* peut être demandé une seconde fois lorsque, ayant été
refusé par le juge français, la juridiction étrangère a de nouveau statué
et a couvert les vices du premier jugement. Trib. Seine, 7 mai 1885, *Le
Droit* du 13 mai 1885.

accorder la force exécutoire au jugement étranger, donnent autorité de chose jugée à ce jugement, comme à la décision française qui a accordé l'*exequatur*. On ne saurait aller contre cette chose jugée, et nos tribunaux ne pourraient valablement revêtir de leur *pareatis* une décision étrangère qui lui serait contraire [1].

La jurisprudence semble vouloir établir une distinction que nous allons indiquer.

Si le jugement étranger est révisé au fond, et en l'absence de traité diplomatique, la décision française qui a accordé l'*exequatur* et la sentence étrangère qui l'a obtenu ont l'une et l'autre en France autorité de chose jugée.

> Aix, 16 juin 1858; P. 1859, p. 309. *Gaz. Trib.* du 22 juillet 1858.
> *Journ. jurisp. com. d'Aix,* 1859, p. 59.

Le 26 août 1857, un jugement génois, rendu par défaut à la requête du sieur Carlo Valle, condamnait André et Anselmi à garder la marchandise par eux achetée. Le 7 octobre 1857, André et Anselmi assignent à Marseille Carlo Valle, pour se voir débouter de ses prétentions. Celui-ci oppose un arrêt de la Cour d'Aix du 14 janvier 1858, déclarant exécutoire le jugement de Gênes et demande au tribunal de Marseille de se déclarer incompétent. Le tribunal de Marseille déboute Carlo Valle de sa demande, tant sur l'exception qu'au fond. Appel par Carlo Valle de ce jugement et opposition formée par André et Anselmi à l'arrêt de la Cour d'Aix du 14 janvier 1858.

Il est fait droit à l'opposition d'André et Anselmi, parce que le jugement du tribunal de Gênes avait statué sur un marché intervenu entre un Sarde et un Français, et que d'après la loi française, la connaissance du litige appartenait à un tribunal français.

> En ce qui concerne la compétence du tribunal de Marseille, attendu que, en présence de l'arrêt de la Cour qui déclare le jugement du tribunal de Gênes exécutoire en France, le tribunal de Marseille ne pouvait passer outre au jugement de l'affaire *et remettre ainsi en question*

---

[1] Moreau, *op. cit.,* p. 136; Massé, *op. cit.,* t. II, n° 801.

*ce qui se trouvait déjà jugé par une décision non attaquée et exécu-
toire dans le ressort,* tant que la décision elle-même ou l'arrêt de la
Cour subsistait, que ce jugement se trouve dès lors frappé de nullité[1].

Dans le cas où le jugement étranger aurait été revêtu de
l'*exequatur* en vertu d'un traité diplomatique, il a été jugé que
nos tribunaux ne s'appropriaient nullement la décision étrangère. Force exécutoire peut donc être accordée à un autre jugement étranger rendu en sens contraire.

Paris, 17 mars 1883 (Dupuy c. Bonacini, Guastalla et Cie);
Droit du 28 septembre 1883. J. D. I. P., 1883, p. 515.

Considérant que d'après les traités internationaux de 1760 et de
1860, les juges saisis d'une demande d'*exequatur* d'une sentence française ou italienne, ne doivent pas examiner le fond du litige; qu'ils
ont seulement à vérifier : 1° Si la décision émane d'une juridiction
compétente; 2° Si les parties ont été appelées et légalement représentées; 3° Si les règles du droit public et les intérêts de l'ordre public
du pays où l'exécution est demandée ne s'opposent pas à ce qu'elle
soit accordée;

Considérant que l'arrêt de la Cour de Gênes du 28 décembre 1881,
confirmé par la Cour de cassation de Turin, ne renferme rien de contraire aux prescriptions des traités;

Considérant qu'on oppose en vain que cet arrêt porterait atteinte à
la chose jugée, résultant de deux arrêts de la Cour de céans, relatifs
à l'exécution d'un arrêt de la Cour de Modène du 15 mars 1880, et
qu'il violerait ainsi un principe d'ordre public;

*Que les arrêts d'exequatur auxquels l'examen du fond est interdit,
ne s'approprient nullement la décision étrangère et ne peuvent constituer la chose jugée;*

Qu'ils ne sont rendus d'ailleurs qu'en l'état actuel des faits et sous
la réserve implicite des décisions ultérieures de la juridiction étrangère; — Par ces motifs, déclare exécutoire.

La décision que nous venons de reproduire se comprendrait
si le jugement étranger était susceptible de recours à l'é-
tranger; mais nous ne saurions admettre les termes généraux

---

[1] Jugé, que l'*exequatur* doit, dans l'intérêt de l'ordre public, être refusé
au jugement étranger diamétralement opposé à un jugement français précédemment rendu. — Paris, 1er février 1883; *France jud.*, 1883-84, p. 269.

que nous avons soulignés. La valeur d'un jugement étranger rendu exécutoire en vertu d'un traité diplomatique est la même à nos yeux que celle des sentences étrangères rendues exécutoires d'après les règles du droit commun. Le jugement français accordant l'*exequatur* aux uns comme aux autres a également autorité de chose jugée et s'approprie la décision étrangère. Nos tribunaux ne peuvent, par suite, déclarer exécutoire un jugement étranger contraire à un autre jugement étranger déjà revêtu du *pareatis*. Nous ne voyons pas pourquoi, dans le cas de convention diplomatique, la sentence des juges étrangers serait traitée plus défavorablement qu'un jugement étranger ordinaire [1].

§ VIII. Jugements étrangers adressant des commissions rogatoires aux tribunaux français.

Les commissions rogatoires sont, *en matière civile,* de véritables jugements qui, pour être exécutés en France, ont besoin d'y avoir été déclarés exécutoires. Il existe un certain nombre de documents administratifs relatifs à l'exécution de ces commissions.

1° *Circulaire du garde des sceaux* du 5 avril 1841 (*Rec. des instr. et circ. du min. de la Justice*, t. II, p. 1; D. A. au mot *Instr. civ.*, n° 83).

Les magistrats ne doivent déférer aux commissions rogatoires en matière civile qui viennent de l'étranger, qu'autant qu'elles leur sont transmises par le ministère de la justice qui les reçoit du ministère des affaires étrangères, avec les traductions, s'il y a lieu, après examen. Ces commissions ont ordinairement pour objet : 1° un interrogatoire à subir; 2° un serment à recevoir; 3° une enquête à faire;

---

[1] Lorsqu'on produit deux jugements étrangers en sens contraire émanant de deux pays différents et qu'on en demande l'*exequatur* en France, le juge français peut, d'après les éléments de la cause, choisir lequel des deux sera exécuté en France à l'exclusion de l'autre. — Paris, 12 mai 1874; J. D. I. P., 1875, p. 188. — L'*exequatur* ne peut être accordé au jugement étranger qui aurait déclaré non valable une décision française passée en force de chose jugée. — Cass., 14 juillet 1825; S. 26.1.379; P. 1825, p. 701.

4° une remise de pièces; 5° une assignation à donner; 6° une décision définitive à exécuter. Quand la commission rogatoire doit, pour son exécution, être suivie d'un acte du ministère du juge, elle doit être déposée au greffe et annexée à cet acte, parce qu'elle constitue le mandat du tribunal français, qu'elle appartient à celui-ci et qu'il ne doit pas s'en dessaisir. On doit, en général, suivre les lois et la procédure du royaume sur le cas dont il est question pour l'exécution des commissions rogatoires.

Dans les cas rares qui peuvent exiger une exception à cette règle, il en est donné avis par une lettre spéciale d'envoi.

Les commissions rogatoires en matière civile, ou pour des faits qui pourraient donner lieu à une action civile, doivent être exécutées par les magistrats sans intervention nécessaire des parties intéressées.

Toutefois, les parties sont libres d'intervenir, et alors, pour motiver leurs diligences, elles peuvent demander au greffier une expédition de la commission rogatoire. Hors le cas de l'intervention spontanée des parties ou de l'une d'elles, les commissions rogatoires sont exécutoires à la requête du ministère public.

Les actes qui constatent l'exécution d'une commission rogatoire sont envoyés par le parquet au ministère de la justice avec un état de frais visé, les pièces sont ensuite transmises au ministère des affaires étrangères.

2° Lettre du ministre de la justice au ministre des affaires étrangères du 22 août 1876 (Bull. off. du min. de la justice, 1876, p. 197).

Le gouvernement ne peut se charger de l'exécution d'une commission rogatoire provenant de l'étranger, lorsque les parties intéressées peuvent, sans difficulté, procéder à leurs frais, et sans l'intervention de la justice française, aux formalités requises par les tribunaux étrangers, exemple, lorsque la commission rogatoire a pour objet la publication de documents judiciaires dans un journal français.

3° Lettre du garde des sceaux au procureur de Vienne du 6 juillet 1876 (Bull. off. du min. de la justice, 1876, p. 125).

Les actes nécessaires à l'exécution des commissions rogatoires émanant des gouvernements étrangers doivent être rédigés sur papier libre et enregistrés gratis, conformément à la décision du ministre des Finances du 27 mars 1829. Le Trésor prend ces frais à sa charge; il doit, en conséquence, conformément aux art. 41 et suiv. du décret du 18 juin 1811, acquitter les droits réclamés par les officiers de l'état civil pour les expéditions fournies par eux en exécution des commissions rogatoires.

Trib. Bayonne; 17 mars 1874, J. D. I. P. 1875, p. 271.

Le tribunal estime que les lettres rogatoires, émanées d'une juridiction étrangère (Espagne), constituent un véritable jugement qu'il convient de rendre exécutoire, que, dans l'espèce, le juge étranger était incompétent, puisqu'il demandait la prestation d'un serment qui, s'il n'était pas contraire à l'ordre public, était préjudiciable à des Français pour des engagements contractés en France au profit d'étrangers; que les dépens de l'instance doivent être avancés par le Trésor pour être supportés plus tard par qui de droit, le ministère public ne pouvant être condamné aux dépens, non plus que le plaideur qui a obtenu gain de cause (Décret du 18 juin 1811 et circulaire du ministre de la Justice du 5 avril 1841)[1].

Cass. req., 18 août 1836 (Tête c. Germain); D. A. au mot *Enquête,* n° 108.

Sur le moyen tiré d'un prétendu excès de pouvoir résultant de ce que l'arrêt n'a pas délégué le consul de France pour faire les enquêtes; attendu que si les consuls de France en pays étranger ont le droit de procéder aux enquêtes dans les affaires de leur juridiction, aucune loi n'impose aux cours royales, ni aux autres tribunaux français, le devoir de les déléguer pour les enquêtes que ces tribunaux ordonnent dans l'exercice de leur propre juridiction, et qui, devant être faites en pays étranger, nécessitent le plus souvent l'audition de témoins qui ne seraient pas sujets français et pour lesquels le consul de France lui-même pourrait être forcé de recourir à d'autres autorités;

Qu'ainsi, en ordonnant que l'enquête et la contre-enquête seraient faites devant le chef de l'autorité judiciaire supérieure de la Vera-

---

[1] Jugé, que la commission rogatoire donnée à un juge étranger doit être exécutée selon les formes du pays dans lequel il y est procédé. C'est ainsi que la commission rogatoire est bien exécutée, quoique la partie n'ait pas été citée à l'enquête si, d'après la loi du pays, cette citation n'était pas exigée pour les enquêtes faites par commission rogatoire. — Pau, 29 avril 1861; D. P. 62.2.75. — V. Dijon, 17 janvier 1869; D. P. 69.2.106. — Fœlix et Demangeat, *op. cit.,* t. I, p. 246. — Pardessus, *Droit com.,* t. VI, n° 1489. — Chauveau, sur Carré, *Proc. civ.,* t. II, quest. 988.

Cruz, et en cas d'empêchement devant son dévolutaire, commis à cet effet par l'arrêt, la Cour de Montpellier n'a commis aucun excès de pouvoir et n'a fait qu'user du droit de délégation qui résulte des art. 255 et 1035 C. proc., rejette[1].

[1] Nous signalons cet arrêt comme une application de l'exécution des commissions rogatoires adressées par les tribunaux français aux juges étrangers.

CHAPITRE III.

DES CONDITIONS GÉNÉRALES QUE DOIVENT REMPLIR LES JUGEMENTS ÉTRANGERS POUR ÊTRE RENDUS EXÉCUTOIRES EN FRANCE.

Quel que soit le système que l'on adopte sur la question de l'exécution en France des jugements étrangers, tout le monde est d'accord pour exiger que ces sentences satisfassent à un minimum de garanties dont nous avons déjà parlé plus haut[1]. La théorie de la révision adoptée par la jurisprudence et d'après laquelle le jugement étranger doit être examiné quant au fond et quant à la forme, réclame nécessairement ce minimum de garanties.

§ I. *a.* Compétence du tribunal étranger qui a prononcé la décision dont on demande l'exequatur.

Le tribunal étranger qui a rendu le jugement dont on poursuit l'*exequatur* doit-il être seulement compétent d'après sa loi nationale, ou doit-il être aussi d'après la loi française?

La jurisprudence s'est assez nettement prononcée dans le sens de la double compétence; il est, en effet, difficile d'admettre qu'un tribunal puisse autoriser l'exécution d'une décision d'après lui incompétemment rendue[2].

Il y a fort peu d'arrêts qui admettent que le tribunal étranger doive être compétent au seul point de vue des lois de son pays. Nous trouvons cependant, mais simplement cité dans le J. D. I. P. (1875, p. 188), un arrêt de la Cour d'Aix du 13 mai 1874, aux termes duquel la compétence du tribunal étranger, seule, serait suffisante, les règles de la compétence étant essentiellement territoriales.

[1] *Suprà*, p. 9.
[2] V. Trib. Bayonne, 17 mars 1874; J. D. I. P. 1875, p. 271, *suprà*, p. 47.
— Nancy, 6 juillet 1877; S. 78.2.129, reproduit *suprà*, p. 25.

b. **L'exequatur peut-il être accordé en France à des jugements étrangers rendus contrairement aux dispositions des art. 14 et 15 C. civ., et pour lesquels le juge étranger était compétent d'après sa loi nationale?**

1° Art. 14.

La question de la compétence exceptionnelle de l'art. 14 C. civ. est une des plus délicates et des plus controversées qui aient été discutées dans notre droit.

Voici le texte de cet article : « L'étranger même non résidant en France, pourra être cité devant les tribunaux français pour l'exécution des obligations par lui contractées en France avec un français; il pourra être traduit devant les tribunaux de France pour les obligations par lui contractées en pays étranger envers des français. »

Il semble résulter de ce texte que les tribunaux français sont presque toujours seuls compétents pour juger les litiges entre français et étrangers. Ces règles souffrent cependant des exceptions. C'est ainsi, qu'en dehors des actions immobilières qui doivent être portées devant le juge de la situation des biens (art. 3 C. civ., § 2), tous les différends entre français et étrangers qui rentrent dans la compétence *ratione personæ* seront valablement jugés à l'étranger, si le français a renoncé *expressément ou tacitement* au bénéfice de l'art. 14. Il ne s'agit, en effet, ici que d'intérêts purement privés; l'ordre public n'étant pas engagé, il n'y a aucun inconvénient à déroger aux dispositions de l'art. 14. Quant à la question de savoir de quelles circonstances on pourra conclure que le français a renoncé au bénéfice de l'art. 14, la jurisprudence est généralement d'accord pour reconnaître qu'il faut sur ce point laisser aux tribunaux un large pouvoir d'appréciation[1].

[1] V. dans ce sens, que le français peut renoncer au bénéfice de l'art. 14 : —Cass., 15 novembre 1827 (*suprà*, p. 17). — Cass., 14 février 1837; S. 37. 1.251; P. 1837, t. I, p. 162; D. A., au mot *Droit civil*, n° 286. — Cass. req., 31 décembre 1844; D. P. 45.1.77. — Cass. req., 24 février 1846; S. 46.1.474; P. 1846, II, p. 360; D. P. 46.1.153 (*suprà*, p. 41, note 3). — Cass., 28 mars 1859; D. P. 59.1.266. — Cass. req., 9 décembre 1878; D. P. 79.1.176. — Cass., 13 février 1882; S. 82.1.341; P. 1882, p. 839. — Cass. req., 16 mars 1885; S. 85.1.313; P. 1885, p. 762.

Lors donc qu'on présentera à l'*exequatur* de nos tribunaux un jugement étranger, ceux-ci devront, avant d'accorder leur *pareatis,* rechercher si la sentence qui leur est soumise n'a pas été rendue contrairement aux règles de compétence établies par l'art. 14 C. civ., et si le français avait renoncé au bénéfice qui lui est conféré par cet article.

Trib. Seine, 10 avril 1885 (Hawkins c. Peltier et Paillard);
J. D. I. P. 1886, p. 87.

Attendu que la demande de Montagu Hawkins a pour objet de faire déclarer exécutoires en France deux jugements de la Haute-Cour de justice d'Angleterre en date des 23 septembre et 15 décembre 1881, qui ont condamné Peltier et Paillard à lui payer cent quarante-trois livres quatre schellings deux pences, pour solde de frais et honoraires, plus dix livres six schellings deux pence pour frais desdits jugements, soit au total 3,870 fr. 63 cent. en monnaie française;

Attendu que si ces décisions ont été rendues par défaut, il résulte d'un certificat de coutume produit par le demandeur qu'elles ont acquis en Angleterre l'autorité de la chose jugée;

Attendu que Moreau, agissant au nom et comme liquidateur de la société Peltier et Paillard oppose à la demande qu'à raison de la nature purement personnelle et mobilière de la créance, l'action eût dû être portée devant le tribunal de la Seine, dans le ressort duquel les défendeurs sont domiciliés, et duquel seul ils sont justiciables;

Mais attendu que les art. 14 et 15 C. civ., s'ils ont pour objet de régler la compétence des tribunaux français dans les contestations entre français et étrangers, n'ont pas pour effet d'enlever aux tribunaux étrangers toute juridiction dans les litiges où figurent des citoyens français;

Qu'en donnant à Montagu Hawkins, sollicitor à Londres, mandat de la représenter dans un procès qu'elle engageait devant la juridiction anglaise, contre Fourcheux et autres, la société Peltier et Paillard *s'est implicitement soumise à cette juridiction* pour ce qui était une conséquence de ladite instance et notamment pour le paiement des frais;

Que la décision dont s'agit n'a d'ailleurs rien de contraire à l'ordre public en France;

Et attendu que les frais réclamés ont été taxés préalablement par le magistrat anglais, et qu'il n'est pas établi que son appréciation fasse grief au défendeur ès-noms;

Qu'il y a lieu, dès lors, d'admettre la demande d'*exequatur* soumise au tribunal;

Mais attendu qu'il n'échet de fixer à nouveau le chiffre de la condamnation ni d'allouer dommages-intérêts, ainsi que le requérait le demandeur, le tribunal n'ayant rien à ajouter à la décision du juge étranger.

Par ces motifs, déclare que les jugements de la Haute-Cour d'Angleterre en date des 23 septembre et 15 décembre 1881 seront exécutoires en France contre la société Peltier et Paillard, déclare le demandeur non-recevable dans le surplus de sa demande, l'en déboute, et condamne Moreau ès-noms aux dépens[1].

Trib. Seine, 4 février 1880 (Howe c. Bernheim); Le Droit du 15 février 1880;
J. D. I. P. 1880, p. 110.

Attendu que la demande de Howe a pour objet de faire déclarer exécutoire en France une décision de la Haute-Cour de justice d'Angleterre, division de l'Échiquier, du 4 décembre 1877, rendue par défaut, aux termes de laquelle les sieurs Bernheim, sujets français, ont été condamnés à lui payer une somme de...; attendu que les sieurs Bernheim opposent à bon droit que la sentence dont s'agit a été incompétemment rendue à leur égard, le juge anglais n'ayant à aucun titre juridiction sur eux dans une contestation purement personnelle et mobilière où ils étaient appelés comme défendeurs;

Attendu, en effet, que la règle *actor sequitur forum rei* s'impose en matière personnelle et mobilière dans tout litige qui s'élève entre un étranger et un français, ce dernier ne pouvant être distrait de ses juges naturels *contre sa propre volonté*, à moins d'une disposition formelle de la loi française ou d'un traité international.

Que si par exception à ce principe et dans l'intérêt particulier des nationaux, l'art. 14 C. civ. autorise le français à citer un étranger devant les tribunaux de France pour l'exécution d'obligations contractées en France ou à l'étranger, la réciproque ne saurait être admise sans faire échec aux droits de souveraineté sur lesquels repose la règle *actor sequitur forum rei.*

Que de même si aux termes de l'art. 15 un étranger peut traduire un français devant les tribunaux de France pour des obligations contractées à l'étranger, la loi n'a pas entendu lui conférer une simple faculté impliquant le pouvoir d'appeler le Français devant la juridic-

---

[1] Ce jugement a été confirmé par la Cour de Paris le 27 juillet 1886; J. D. I. P. 1886, p. 712.

tion étrangère, mais lui reconnaître le droit, bien qu'il soit étranger, de saisir la justice française;

Qu'enfin, il n'y a lieu de s'arrêter davantage à la disposition de l'art. 420 C. proc. spéciale en matière de commerce;

Attendu que le respect de la règle *actor sequitur forum rei,* intéressant à la fois les droits de la souveraineté et les garanties de la défense, la décision dont Howe entend se prévaloir ne saurait être rendue exécutoire en France[1].

En résumé, voici quelques règles générales admises par la jurisprudence de nos cours et tribunaux sur la question de la compétence exceptionnelle de l'art. 14 C. civ.

1° Le français doit être considéré comme s'étant soumis à la juridiction des tribunaux étrangers, notamment lorsqu'il existe dans les statuts d'une société étrangère dont il est souscripteur une clause par laquelle les actionnaires élisent domicile dans une ville étrangère et se reconnaissent justiciables de son tribunal pour toutes les contestations sociales[2].

2° Le français renonce encore à se prévaloir du bénéfice de l'art. 14 C. civ. lorsqu'il est souscripteur d'une société dans les statuts de laquelle une clause compromissoire a été insérée portant que les parties se soumettent à un arbitrage à l'étranger[3].

3° Le fait de citer un étranger devant un tribunal étranger n'implique pas de la part du français demandeur l'intention de renoncer à son droit, de faire juger son procès par les tribunaux français. Il a pu être nécessaire, pour le français par exemple, d'agir à l'étranger là où se trouvaient les biens de

---

[1] Jugé que, même en matière de société, les français défendeurs ne peuvent être soustraits à leurs juges nationaux; leur renonciation doit être certaine et explicite et ne saurait résulter notamment de leur souscription à une société étrangère dont les statuts sont muets à cet égard. Paris, 28 janvier 1885 (Yung, liquidateur, c. Allaire et Maas); *Droit* du 7 février 1885.

[2] Cass. req., 24 août 1869; D. P. 69.1.500.

[3] Chambéry, 1er décembre 1866; S. 67.2.182; P. 1867, p. 702; D. P. 66.2.247. — *Contrà,* Paris, 8 novembre 1865; S.66.2.118; P. 1866, p. 476. — Mais il n'y aurait pas renonciation au bénéfice de l'art. 14 dans le seul fait de souscrire des actions d'une société étrangère. Paris, 29 avril 1876; S. 77.2.260; P. 1877, p. 657. — Rennes, 26 décembre 1879; reproduit *suprà,* p. 31 et *infrà,* p. 61. — Paris, 28 janvier 1885; précité note 1.

son adversaire; plus tard celui-ci venant à acquérir des biens en France, il semble juste que son créancier puisse le poursuivre à nouveau devant les magistrats de notre pays[1].

4° Certains arrêts, qui d'ailleurs ne semblent pas devoir faire jurisprudence, décident que, dès lors que le français a accepté la juridiction des tribunaux étrangers il renonce par là même au bénéfice de l'art. 14, et perd le droit de se faire juger par les tribunaux français[2].

2° Art. 15.

L'art. 15 C. civ. est ainsi conçu : « Un français pourra être traduit devant un tribunal de France pour des obligations contractées par lui en pays étranger même avec un étranger. »

Ce texte, on le voit, donne à l'étranger demandeur une faculté dont il usera au mieux de ses intérêts; mais une fois qu'il aura fait son option et qu'il aura porté l'affaire devant les juges de son pays, il ne pourra plus invoquer l'art. 15 et demander aux tribunaux français de statuer à nouveau. Cela résulte clairement du récent jugement de Corbeil que nous reproduisons.

Corbeil, 30 novembre 1888; *La Loi* du 15 décembre 1888.

Attendu que Decauville prétend que l'instance ainsi terminée en Belgique ne saurait être réitérée en France; qu'il invoque le jugement du 4 mai 1886 (jugement par défaut du tribunal d'Anvers signifié à Decauville), non pas comme constituant la chose jugée, mais comme étant la manifestation la plus évidente de la volonté libre et spontanée de ses adversaires de soumettre le litige aux juges de leur pays et d'en enlever la connaissance aux différents tribunaux de commerce français;

Attendu que d'après la doctrine et d'après une jurisprudence nettement établie aujourd'hui par les arrêts de la Cour de cassation du 24 février 1846 et du 27 décembre 1852, le français est libre de renoncer au bénéfice de la disposition exceptionnelle de l'art. 14 et que l'existence de cette renonciation dépend des circonstances;

---

[1] Rouen, 19 juillet 1842; S. 42.2.389; P. 1842, II, p. 151. — Lyon, 1er juin 1872; S. 72.2.174; P. 1872, p. 780; D. P. 73.5.242.

[2] Douai, 3 avril 1848; D. P. 48.2.187. — Paris, 26 juin 1866; *Bull. Cour Paris,* t. III, 1866, p. 392.

Attendu que, par une juste réciprocité, l'étranger demandeur peut renoncer au bénéfice de l'art. 15, qui n'est qu'une application des principes du droit commun, *et au bénéfice des art. 59 et 420 C. proc. pour traduire ses adversaires suivant son intérêt devant ses juges naturels; que son choix fait, il ne saurait être admis à y revenir;* que la loi l'autorise seulement à poursuivre en France l'inexécution de la décision obtenue en la soumettant à l'examen des tribunaux français; — attendu qu'au moment où P. et Cie ont introduit leur action devant le tribunal de commerce d'Anvers à raison des conventions intervenues à Paris le... ils savaient que Decauville était un grand industriel...; qu'ils ont évidemment voulu, en saisissant les juges de leur pays par suite d'actes spontanés et réfléchis, se procurer la ressource d'une double exécution en Belgique..., puis en France au moyen de la demande d'un *exequatur;*

Attendu que le jugement du 4 mai 1886 ayant été exécuté et n'ayant été frappé par Decauville, ni d'opposition, ni d'appel a formé entre les parties un véritable lien, tel que ni l'une ni l'autre ne pouvait plus revenir devant aucune juridiction belge sur le contrat ainsi intervenu; qu'on doit supposer que par son silence Decauville l'a accepté, *et qu'il a compté que ses adversaires s'interdisaient la faculté de l'amener devant les tribunaux français,* si ce n'est pour demander l'exécution de ce même jugement, qu'il y a donc là un droit acquis ou au moins un fait accompli dont il importe de conserver le bénéfice au défendeur en raison de l'intérêt sensible et légitime qu'il a à ne pas être traduit de tribunal en tribunal pour la même cause et à ce qu'il soit procédé contre lui par la voie de demande d'*exequatur.*

Qu'il ne peut plus être en effet appelé que devant le tribunal civil de son domicile seul compétent pour réviser le jugement d'Anvers et qu'il lui sera loisible d'exiger la caution *judicatum solvi.*

§ II. Le jugement étranger doit-il être définitif et non susceptible de recours dans le pays où il a été rendu?

Des opinions diverses se sont produites sur cette question. D'après l'une d'elles, le jugement étranger ne peut être rendu exécutoire en France, qu'autant qu'il a définitivement acquis à l'étranger l'autorité de la chose jugée. C'est ce qui a été décidé par la Cour de cassation le 24 mars 1862 [1].

---

[1] *Gaz. trib.* du 25 mars 1862.

Paris, 17 août 1877, *Bull. Cour Paris*, t. XIV-XV, 1877-1878, p. 288 [1].

Considérant enfin que le jugement a été rendu par défaut, et que par conséquent la voie de l'opposition reste ouverte, dit qu'il n'y a pas lieu de le déclarer exécutoire en France.

Trib. Seine, 8 février 1881 (Bullock c. Norris); J. D. I. P. 1881, p. 430.

Le tribunal, attendu que le jugement dont Bullock veut obtenir l'exécution en France a été rendu en Angleterre par un tribunal qui s'est reconnu compétent, suivant la loi anglaise, pour statuer sur la cause engagée entre le demandeur anglais et le défendeur américain; que peu importe que le défendeur Norris ait fait défaut devant le tribunal, *qu'en Angleterre les jugements par défaut comme les jugements contradictoires sont considérés comme définitifs dès qu'ils sont signés par le magistrat et qu'il est établi que le défendeur a reçu la sommation de comparaître; qu'il y a donc chose jugée entre les parties* sans qu'il y ait dans le jugement rien de contraire aux lois d'ordre public en France; par ces motifs, ordonne l'exécution pure et simple en France, etc. [2].

On peut toutefois adresser à ce système une objection assez sérieuse, c'est que les tribunaux français permettent, dans certains cas, d'exécuter des jugements français qui n'ont point encore un caractère définitif (art. 456 et 457 C. proc.) [3].

Aussi une autre théorie s'est-elle fait jour, appuyée de nombreux arrêts, qui décide qu'il n'est pas nécessaire que le jugement étranger ait acquis l'autorité de la chose jugée et soit à l'abri de tout recours à l'étranger pour pouvoir être déclaré exécutoire en France. Il suffit que ce jugement *soit définitif et susceptible d'exécution* dans le pays où il a été rendu. Cependant l'*exequatur* n'est accordé que dans l'état où est la sen-

---

[1] Sur appel d'un jugement du tribunal de Versailles du 8 mai 1877, précité, p. 11.

[2] V. trib. Seine, 10 avril 1885 (*suprà*, p. 51). — Boulogne-sur-Mer, 10 février 1881; J. D. I. P. 1882, p. 81.

[3] Un arrêt de la Cour de Paris a décidé que les tribunaux français pouvaient ordonner l'*exequatur* de décisions de justice étrangères, alors même que le défendeur prétendrait qu'elles ne sont pas définitives, si celui-ci ne justifie d'aucune diligence pour les attaquer. Paris, 19 décembre 1888, *Gaz. Pal.* du 6 février 1889.

tence étrangère et sans préjudice des voies de recours qui
pourraient l'atteindre dans la suite.

Cass. req., 28 juin 1881 (Smith and Sons c. l'*Atlantique,* etc.); S. 82.1.33;
P. 1882, p. 51; D. P. 81.1.337, *Rec. arr. Rouen,* t. XLVI, 1882, p. 55 [1].

Attendu qu'il est constaté par l'arrêt attaqué (Rouen, 20 avril 1880)
que le jugement étranger dont on demandait l'exécution en France
avait autorité de la chose jugée en Portugal, et que dès lors le moyen
tiré de ce que le jugement n'aurait pas été définitif manquant en fait,
il est inutile de rechercher quelle pouvait être sa portée en droit.

Paris, 11 mai 1869 (Spada c. Beauvau); S. 70.2.10; P. 1870, p. 94;
D. P. 71.2.119; *Bull. Cour Paris,* t. VI, 1869, p. 167 [2].

Sur l'exception prise de ce que le jugement du tribunal civil de
Rouen n'avait pas la force de chose jugée;
Considérant que la loi permet de déclarer exécutoires en France les
jugements étrangers sans distinguer entre ceux qui ont ou qui n'ont
pas la force de chose jugée; que la faculté d'exécution n'est alors con-
férée que dans l'état où est le jugement, et *sans préjudicier aux voies
de recours dont il est susceptible;* que d'ailleurs il est justifié que le
jugement de Rome a acquis aujourd'hui l'autorité définitive de la
chose jugée, l'appel émis par le comte Spada contre cette sentence
ayant été déclaré périmé.

Trib. Seine, 5 juillet 1881 (Lambert et Cie c. Trant);
J. D. I. P. 1882, p. 530.

Le tribunal, *sur la compétence :* Attendu qu'en ne donnant force
exécutoire en France aux jugements rendus par les tribunaux étrangers qu'à la condition d'être déclarés exécutoires par les tribunaux
français, les art. 2123 C. civ. et 546 C. proc. n'ont pas distingué
entre les jugements rendus entre français et étrangers, et ceux rendus
entre étrangers; attendu au surplus que l'exception d'incompétence
élevée par Trant a été couverte par des conclusions au fond;
Sur la prétendue irrégularité de la citation : Attendu que le *writt*
décerné en due forme le 10 novembre 1880 a été, conformément à la
règle suivie dans la procédure anglaise au cas où le défendeur réside
hors du sol britannique, remis en copie le 14 décembre 1880 par
Pratt à Dillon Trant, « en mains propres » suivant son affirmation

---

[1] Cité *suprà*, p. 14, note 1, sous l'arrêt de Rouen.
[2] Cité *suprà*, p. 16, note 1.

fournie devant le consul britannique à Paris le 15 décembre 1880; que cette affirmation, seule requise par la loi anglaise, fait preuve complète de ladite remise; qu'au surplus, Pratt s'est conformé aux dispositions complémentaires de ladite loi en inscrivant sur le *writt* original la date de remise;

Sur le caractère provisoire attribué par le défendeur au jugement du 29 décembre 1880 : *Attendu qu'au point de vue de l'exequatur le caractère du jugement est absolument indifférent;* attendu, en effet, qu'en ordonnant l'exécution d'un jugement étranger, la justice française n'entend ni ne peut lui attribuer d'autre autorité que celle qui est attachée par la loi étrangère; que c'est à cette loi qu'il faut se référer pour apprécier la nature dudit jugement auquel le tribunal français se borne à décerner une sorte de naturalisation sans en modifier d'ailleurs les conditions intrinsèques; — au fond : attendu que le jugement dont s'agit aux présents n'a rien de contraire au droit public ou privé de la France; — par ces motifs ordonne l'exécution pure et simple en France de l'arrêt rendu par la Haute-Cour de justice, etc.

Trib. Versailles, 17 août 1883 (Walker c. Martin); J. D. I. P. 1885, p. 87.

..... Attendu que Walker conteste que ledit jugement remplisse les conditions nécessaires pour pouvoir être déclaré exécutoire en France; attendu qu'un jugement rendu à l'étranger réunit ces conditions lorsque, d'une part il ne porte rien de contraire au droit français, et que d'autre part *il est susceptible de recevoir, dans le pays où il a été rendu, l'exécution qu'on réclame pour lui en France;* attendu que le jugement dont s'agit ne porte rien de contraire à la loi française; attendu que pour qu'un jugement soit rendu exécutoire en Angleterre comme en tous pays, *il n'est pas nécessaire qu'il ait acquis l'autorité souveraine de la chose jugée et qu'il soit à l'abri de tout recours; qu'il suffit qu'il ait le caractère de jugement définitif;* que les sentences émanées de la Cour de justice dite « Banc de la Reine » ont un caractère définitif sans qu'il y ait à distinguer si elles sont contradictoires ou par défaut; que le jugement dont s'agit dans l'instance portant condamnation au paiement d'une somme est exécutoire pour la raison qu'il a été rendu par la Cour de la Reine et bien qu'il ne soit pas contradictoire, etc...[1].

[1] Ce jugement a été confirmé par la Cour de Paris le 19 août 1884; J. D. I. P. 1885, p. 87. — V. Bordeaux, 30 novembre 1869; D. P. 71.2.121. — Trib. Seine, 9 juillet 1880; J. D. I. P. 1881, p. 255. — Paris, 8 juin 1881; D. P. 82.2.66. — Trib. Seine, 7 juillet 1885; J. D. I. P. 1886, p. 447.

Toutes les décisions que nous venons de rapporter s'accordent à reconnaître que nos tribunaux doivent examiner *d'après la loi étrangère* si le jugement qui leur est présenté est définitif, exécutoire, et le cas échéant sans recours possible.

Observons qu'avant d'accorder l'*exequatur* à une sentence étrangère, le juge français doit rechercher si cette sentence n'est pas frappée de déchéance dans le pays où elle a été rendue. C'est ainsi qu'il a été jugé que la libération de dettes par voie de cession de biens accomplie judiciairement par un commerçant, en conformité de la loi du pays où la créance est née, doit produire effet en France entre le créancier et le débiteur, encore que la loi française ne reconnaisse pas ce mode de libération pour un commerçant (Co., art. 541)[1]. De même, la prescription qui peut être encourue par le jugement étranger doit être déterminée d'après la loi du pays où la sentence a été prononcée[2].

§ III. Les parties doivent avoir été dûment citées et légalement représentées ou défaillantes.

L'assignation qui a introduit l'instance terminée par le jugement étranger dont on demande l'*exequatur*, doit avoir été régulière et conforme à la loi du pays où le jugement a été rendu. Ajoutons que la régularité de cette assignation est une des plus sûres garanties des droits de la défense.

Aix, 8 décembre 1858 (Isnard-Blanc c. Fezzalis); S. 59.2.606.

Sur le troisième moyen : Considérant que chez toutes les nations policées, le droit de défense, tant en matière civile qu'en matière commerciale a été placé justement au premier rang des choses qui tiennent au droit public; considérant qu'après un premier jugement de défaut profit joint rendu par le tribunal de Gênes, et portant réassignation à huitaine, la veuve Isnard et fils d'Arles, ont été de nouveau assignés à huitaine devant le tribunal de commerce de Gênes, *délai tout à fait illégal et insuffisant;* qu'en effet, l'art. 73 C. proc. de France, et l'art.

---

[1] Toulouse, 4 février 1886, J. D. I. P. 1886, p. 332.

[2] Même arrêt. — *Sic,* Chambéry, 12 février 1869, S. 70.2.9 ; P. 1870, p. 91. — Besançon, 1er août 1859 ; D. P. 59.2.211.

149 C. proc. de Sardaigne portent également que le délai de l'ajournement pour ceux qui demeurent dans les États limitrophes doit être
de deux mois; que c'est là un délai fixe et invariable, calculé non
seulement à raison des distances, mais encore à raison de la forme
diplomatique et ministérielle à employer pour faire arriver la copie à
sa destination;

Que déposée au parquet du tribunal civil de Gènes, passant dans
les bureaux de l'ambassade, des ministères des affaires étrangères et
de la justice, du procureur général ou du procureur impérial dans
l'arrondissement duquel est établie la maison de commerce de la veuve
Isnard-Blanc, il était matériellement impossible que ladite maison pût
recevoir dans la huitaine ladite copie et comparaître devant le tribunal
de Gènes;

Considérant en droit que si l'on ne consulte que le Code sarde, on
n'y trouve nulle part l'autorisation d'abréger même les délais ordinaires, *à fortiori* ceux des distances; qu'on ne peut dès lors ni admettre, ni même supposer qu'en indiquant dans son premier jugement de défaut profit joint le délai de huitaine, le tribunal de Gènes
ait voulu réduire à cet unique délai le temps donné à la maison d'Arles
pour comparaître à Gènes, et qu'il n'ait pas sous-entendu de plein
droit l'augmentation de la loi à raison des distances; que s'il en était
autrement, le tribunal aurait violé tout à la fois les principes de son
Code de procédure et le principe tutélaire de la défense;

Que si d'autre part on consulte le Code de procédure français, on
voit bien dans l'art. 72 la faculté donnée au président d'abréger les
délais dans les cas qui requièrent célérité, mais qu'on ne retrouve
plus la même faculté dans l'art. 73 relatif aux distances, ce que le
législateur n'eût pas manqué de dire si telle avait été son intention;

Qu'il y a un motif de plus de ne pas admettre l'abréviation des
délais de distance quand il s'agit d'un ajournement donné pour comparaître devant un tribunal étranger, c'est que, dans ce cas, il ne peut
d'une partie, ni même des tribunaux d'assurer l'envoi successif et
immédiat de la copie d'ajournement (Cass., 17 novembre 1840; S. 40.
1.935), ni moins encore d'imposer à ces divers et hauts fonctionnaires
l'obligation d'abréger leurs délais de distance; considérant qu'il résulte
de ce qui précède que le jugement définitif rendu par le tribunal de
commerce de Gènes le 6 avril 1856, sur une citation donnée à la maison d'Arles le 19 mars précédent, l'a été en dehors des délais légaux,
qu'il viole donc le droit naturel de défense qui tient essentiellement
au droit public; par ces motifs, faisant droit à l'opposition de la veuve

Isnard à l'arrêt de défaut de la Cour de Gênes, rétracte ledit arrêt, et de même suite déclare qu'il n'y a lieu d'ordonner l'exécution en France du jugement rendu par le tribunal de commerce de Gênes, le 8 avril 1856.

Rennes, 26 décembre 1879 (Liquidateur de la *Company limited la General Floating* c. Cézard frères); S. 81.2.81; P. 1881, p. 449; D. P. 80.2.52; J. D. I. P. 1880, p. 105. *Droit* des 19 et 20 janvier 1880 [1].

... Attendu en tous cas qu'il est démontré par les actes de la procédure que les intéressés n'ont pas été régulièrement appelés devant le juge anglais; *qu'ils n'ont pas été assignés devant lui par un officier public institué en France à cet effet; qu'ils n'ont pas été mis en mesure de se défendre devant la juridiction anglaise; qu'ils n'ont pas obtenu devant le maître des rôles les légitimes garanties d'une défense sérieuse;* qu'il a été ainsi contrevenu aux principes fondamentaux sur lesquels notre législation repose...

Nous avons dit que les parties devaient être « légalement représentées ou défaillantes. » Le jugement par défaut pourra donc être rendu exécutoire en France, tout comme celui où la défense a été complète.

La Cour de Paris a décidé, par arrêt en date du 8 février 1864 [2], que l'*exequatur* pouvait être refusé au jugement étranger qui avait été rendu sans entendre le défendeur, et au jugement qui, rendu sur réassignation, n'a pas adjugé le profit du défaut.

Paris, 22 avril 1864; S. 65.2.60; P. 1865, p. 336; D. P. 65.2.110; *Bull. Cour Paris,* 1864, I, p. 661; *Gaz. trib.* du 30 avril 1864 [3].

Considérant que dans l'espèce, R. n'a pas été défendu devant la Cour de l'Échiquier d'Angleterre par les intimés; que le sollicitor qui a comparu en son nom devant le juge anglais, n'a produit que des formules générales de défense, sans aucun rapport avec la véritable difficulté, et que d'un autre côté la question du procès reposant tout entière sur une appréciation de fait a été résolue par le jury en l'absence de R.; considérant qu'en cet état le jugement de la Cour de

---

[1] Arrêt reproduit en partie *suprà,* p. 31.

[2] *Bull. Cour Paris,* 1864, p. 661.

[3] Précité p. 16, note 1.

l'Échiquier n'a point apprécié le point réel de la contestation qui divisait les parties, infirme et repousse la demande d'*exequatur*[1].

§ IV. Le jugement étranger ne doit pas être contraire à l'ordre public en France.

Tout le monde est d'accord sur ce point; mais la difficulté apparaît lorsqu'il s'agit de déterminer exactement ce qu'il convient d'entendre par ordre public. Nous empruntons la définition suivante à M. Mancini[2] : « L'ordre public, écrivait il y a treize ans l'ancien ministre de Victor-Emmanuel, dans tout pays comprend aussi, dans la large acception du mot, le respect des principes supérieurs de la morale humaine et sociale, tels qu'ils sont professés dans ce pays, les bonnes mœurs, les droits primitifs inhérents à la nature humaine, et les libertés auxquelles ni les institutions positives d'aucun gouvernement, ni les actes de la volonté humaine ne pourraient apporter de dérogations valables et obligatoires pour ces États. Si les lois positives d'un État, un jugement étranger ou les actes et contrats faits à l'étranger violaient ces principes ou ces droits, chaque souveraineté, loin d'accepter ces outrages à la nature et à la moralité humaine, pourrait à juste titre leur refuser tout effet et toute exécution sur son territoire. »

Toutefois, à côté de cet ordre public général qui découle en quelque sorte des principes mêmes du droit naturel, il existe un autre ordre public, dont les règles sont écrites dans les lois positives de chaque pays, ce qui nous amène forcément à établir une sous-distinction entre l'ordre public absolu et l'ordre public relatif. Certaines dispositions de nos lois peuvent en effet constituer une mesure d'ordre public lorsqu'il s'agit d'actes accomplis sur notre territoire, et perdre ce caractère quand les actes en question ont été faits à l'étranger.

Nous nous bornerons à signaler quelques espèces, le juge

---

[1] Paris, 21 mai 1884; *France jud.*, 1883-1884, p. 399 et *Loi* du 27 octobre 1884. — Trib. Seine, 7 mai 1885; *Droit* du 13 mai 1885 précité *suprà*, p. 42, note 4. — Chambéry, 9 janvier 1872; S. 73.2.266; P. 1873, p. 1092.

[2] *Revue de droit international*, 1875, p. 353.

ayant en cette matière un pouvoir d'appréciation très étendu. C'est ainsi que certains arrêts reconnaissent aux tribunaux français le droit de retrancher d'un jugement étranger les parties qui sont contraires aux principes de l'ordre public, tout en maintenant celles qui ne sont pas atteintes du même vice [1].

Cass., 14 juillet 1825 (Lantosca c. Lantosca); S. 26.1.379; P. 1825, p. 701; D. A., au mot *Droit civil*, n° 438 [2].

Attendu que par jugement du tribunal de Port-Maurice, alors tribunal français, en date du 8 octobre 1807, la dame Capel avait obtenu sa séparation de corps et de biens avec le comte Lantosca son mari;

Attendu que ce jugement qui lui avait été signifié, dont il n'avait point interjeté appel dans les trois mois et auquel il avait déclaré acquiescer était passé en force de chose jugée;

Attendu qu'un des effets de ce jugement était de lui donner le droit de se choisir une habitation séparée de celle de son mari et de jouir de tous les droits que les lois françaises accordent à une femme séparée de corps et de biens;

Attendu que le Sénat de Nice en faisant cesser par son arrêt les effets de cette séparation, irrévocablement acquis à la dame Lantosca, avait violé le droit public de la France, et que la Cour royale d'Aix, en refusant d'ordonner l'exécution en France de cet arrêt, s'était conformé aux principes et aux maximes du droit français, rejette [3].

La Cour de Paris, par un arrêt en date du 2 mars 1868 [4], a décidé que les tribunaux français ne peuvent se refuser à rendre exécutoires les décisions étrangères en matière de statut personnel, alors même que ces décisions admettent des règles opposées à celles de notre droit civil, *si d'ailleurs elles ne portent pas atteinte aux intérêts de l'ordre public.* Il en est

---

[1] V. *suprà*, p. 24 et suiv.

[2] Précité p. 45, note 1.

[3] Jugé que les tribunaux français sont tenus de respecter les lois d'ordre public et général, et qu'une loi relative à la capacité des personnes a ce caractère au premier chef; le tribunal français saisi d'une demande d'*exequatur* doit donc examiner si l'étranger condamné par une juridiction étrangère a été défendu devant cette juridiction, conformément aux règles qui régissent sa capacité; Trib. Seine, 19 janvier 1889; *Droit* du 3 février 1889.

[4] S. 68.2.312; P. 1868, p. 1210.

ainsi du jugement italien qui déclare nul le mariage d'un sujet modenais célébré en France devant l'officier de l'état civil, la loi modenaise ne reconnaissant comme valable que le mariage célébré religieusement, conformément aux prescriptions du concile de Trente.

Il a été jugé aussi qu'un jugement étranger constatant une filiation naturelle, jugement rendu dans un pays où la recherche de la paternité est admise, permet à l'enfant d'exercer en France ses droits d'enfant naturel[1].

En matière de divorce, avant la loi du 27 juillet 1884, la Cour de cassation, d'ailleurs en désaccord sur ce point avec beaucoup de Cours d'appel, avait décidé[2] que la sentence de divorce prononcée à l'étranger, *entre étrangers,* ne portait pas atteinte aux principes d'ordre public en France. Aujourd'hui la question ne se pose même plus[3].

Toutefois, la contrainte par corps prononcée par un jugement étranger ne saurait être exécutée en France sans porter atteinte aux règles de l'ordre public[4].

Nous reproduisons, en terminant, une partie d'un très intéressant arrêt de Cassation d'après lequel la substitution faite à l'étranger ne porte pas atteinte à l'ordre public en France.

Cass., 27 avril 1870 (Spada c. Beauvau et autres); S. 71.1.91; P. 1871, p. 229; D. P. 72.1.15.

Sur la troisième branche : Attendu que le jugement du tribunal de Rome, en date du 9 janvier 1867, a décidé : 1° qu'il était pleinement prouvé par les documents émanés, soit de la comtesse Spada, soit de son mari, et par les dépositions des témoins, que la dernière volonté de Nathalie Komar, comtesse Lavinio Spada, a été de laisser son hé-

---

[1] Paris, 2 août 1866; S. 66.2.342; P. 1866, p. 1245; D. P. 67.2.41, reproduit *infrà*, p. 83. — Pau, 17 janvier 1872; S. 72.2.233; P. 1872, p. 936; D. P. 75.2.193; J. D. I. P. 1874, p. 77.

[2] Cass., 28 février 1860; S. 60.1.210; D. P. 60.1.57. — Jugé que l'étranger, légalement divorcé dans son pays, ne peut contracter un nouveau mariage en France du vivant de son conjoint; Paris, 4 juillet 1859; S. 59.2. 401. — Douai, 8 janvier 1877; S. 77.2.45; P. 1877, p. 227.

[3] V. *infrà*, ch. IV, § 3.

[4] Chambéry, 29 janvier 1873; S. 73.2.266; P. 1873, p. 1092.

rédité en pur usufruit à son mari, le comte Lavinio, et en propriété
à sa sœur la princesse de Beauvau; 2º que la preuve de la fiducie
de l'héritier institué peut, d'après le droit pontifical, les docteurs et
la Sacrée-Rote, résulter de présomptions et de dépositions de témoins,
ce qui d'ailleurs n'est pas contesté par le demandeur en Cassation;
*qu'une telle sentence, conforme aux principes du droit pontifical ro-
main, ne blesse aucune des maximes de notre droit public;* qu'elle ne
consacre pas l'existence d'une substitution fidéicommissaire prohibée
par l'art. 896 C. civ.; qu'elle se borne à valider une disposition permise par l'art. 899 C. civ.; qu'en déclarant exécutoire en France le
jugement du tribunal de Rome, l'arrêt attaqué n'a pas violé l'art. 896,
et fait une juste application des art. 2123..., 2128 C. civ. et 546 C.
proc.

Il a été jugé aussi qu'une décision étrangère qui emporte
intérêts d'après la loi étrangère, pourra, bien que les intérêts
ne soient pas énoncés dans le jugement, être déclarée exécutoire en France en ce qui concerne les intérêts[1].

[1] Paris, 6 mars 1888; *Gaz. Pal.*, 88.2.520.

CHAPITRE IV.

JUGEMENTS ÉTRANGERS SOUMIS A DES RÈGLES SPÉCIALES AU POINT DE VUE
DE L'EXEQUATUR.

§ I. Observations sur l'exécution en France des actes passés en pays étrangers.

L'art. 546 C. proc. assimile, pour l'obtention de l'*exequatur*, les jugements étrangers aux actes reçus par les officiers étrangers. Nous avons vu plus haut[1] que les défenseurs du système de la non-révision des sentences étrangères tiraient de cette assimilation d'importantes conséquences. Quant au système de la révision que nous étudions toujours de plus près, comme généralement admis par la jurisprudence, il s'empare aussi de ce texte pour arriver à traiter une certaine catégorie de jugements étrangers de la même manière que les actes passés à l'étranger. D'où il suit, comme nous allons le voir, que certaines décisions émanées de tribunaux étrangers pourront produire effet en France sans avoir été préalablement révisées par nos juges nationaux.

Nous avons cru utile, avant d'aborder la matière qui fait l'objet de ce chapitre, de dire un mot de l'autorité et de l'exécution en France des actes authentiques ou sous-seing privé passés en pays étrangers.

L'art. 121 de l'Ordonnance de 1629 s'était déjà occupé de cette question. En se reportant à son texte[2] qui, d'ailleurs, n'établissait aucune distinction entre les actes authentiques et les actes sous-seing privé, on verra qu'elle n'accordait aux

---

[1] *Suprà*, p. 9.
[2] V. *suprà*, Introduction.

actes passés en pays étranger que la valeur de simples promesses.

Aujourd'hui, voici brièvement exposés, les principes généraux qui régissent la matière.

La forme des actes passés à l'étranger est soumise à la règle « *locus regit actum* », qu'il s'agisse d'actes authentiques, ou d'actes sous-signature privée. Quels qu'ils soient, ces actes doivent être rédigés suivant les formes admises par les lois du lieu où ils ont été passés. L'acte authentique passé en pays étranger ne peut faire foi en France qu'autant qu'il a été légalisé par un agent diplomatique[1]; cette règle ne s'applique pas aux actes sous-seing privé qui restent soumis au droit commun.

Quant aux conventions contenues dans les actes authentiques passés en pays étranger, elles doivent être tenues pour valables et obligatoires en France, dès qu'elles ne portent pas atteinte aux principes essentiels de notre ordre public. Ces conventions font foi sur notre territoire comme tous les actes français rédigés dans la même forme, mais leur exécution en France est subordonnée à l'obtention d'un jugement d'*exequatur;* cela résulte du principe de la souveraineté des États dans leurs propres limites, principe en vertu duquel on ne saurait permettre à un gouvernement d'ordonner des mesures d'exécution sur le territoire d'un autre gouvernement.

Trib. Seine, 11 août 1885 (Pirson c. Colson et Nauche);
Droit du 16 novembre 1887.

En ce qui touche le chef de demande de Pirson tendant : 1° à ce que l'*exequatur* soit ordonné de deux obligations en date des... reçues par Muller, notaire à Bruxelles, par lesquelles Colson s'est reconnu débiteur envers Pirson de 20,000 fr.; 2° en condamnation dudit Colson au profit de Pirson au paiement tant de la somme de 40,000 fr., que de celle de 5,000 fr., montant d'une reconnaissance sous-seing privé du.....;

Attendu que Colson et Nauche son conseil judiciaire, opposent tout d'abord que les deux obligations ci-dessus ayant été passées devant

---

[1] Ordonnance de 1681 (sur la Marine), art. 23. — Ordonnance du 25 octobre 1833, T. II, art. 6 et 7. — V. Colmar, 1er avril 1862; S. 62.2.447.

un notaire de pays étranger, ne sauraient être considérées comme constituant des actes authentiques au regard de la loi française;

Mais attendu que l'acte fait en pays étranger, s'il a été rédigé dans les formes usitées dans ledit pays, fait foi en France ; que le Code civil l'a reconnu dans les art. 47, 170 et 999, pour les actes y dénommés et qu'il y a lieu d'appliquer les mêmes principes aux autres actes régulièrement passés en pays étranger.

§ II. Jugements étrangers statuant en matière de juridiction volontaire ou gracieuse.

Fœlix[1] définit de la façon suivante, d'après Glück, la juridiction contentieuse et la juridiction gracieuse : « La juridiction contentieuse, écrit-il, a pour objet l'examen et la décision des causes litigieuses, ainsi que l'exécution des décisions; tandis que la juridiction volontaire s'exerce dans les affaires qui n'offrent point de contestation, et dans lesquelles la personne chargée de l'exercice de cette juridiction, n'a qu'à accorder une confirmation ou une attestation publique. »

Parmi les actes de juridiction gracieuse, nous citerons : les nominations de tuteurs ou de curateurs, l'homologation des délibérations d'un conseil de famille, les sentences étrangères statuant sur les envois en possession en matière de succession et d'absence, les nominations d'administrateurs et de liquidateurs, etc.

Voici brièvement résumé le système suivi par la jurisprudence française relativement aux effets des actes étrangers de juridiction gracieuse sur notre territoire. Si le jugement étranger n'est produit que pour établir la constatation d'un fait, d'une qualité donnée à une personne, il jouit en France de l'autorité de la chose jugée sans qu'il soit nécessaire de le faire revêtir du *pareatis* de nos tribunaux. Au contraire, si la sentence étrangère est appelée à servir de base à une exécution sur les biens, il faudra, avant d'en faire usage, en obtenir préalablement l'*exequatur*. Toute la difficulté consistera à déterminer exactement où commence l'exécution.

---

[1] Fœlix, *op. cit.*, t. II, § 316, p. 37.

Presque tous nos tribunaux sont d'accord pour reconnaître que la constatation d'un fait, d'une qualité résultant d'une décision étrangère, doit être admise en France, encore que cette décision n'y ait pas été rendue exécutoire. Mais certains tribunaux vont plus loin et admettent les tuteurs, curateurs, etc., lorsque leur qualité n'est pas contestée par les parties, à accomplir tous les actes de leurs fonctions en France, avant d'avoir obtenu l'*exequatur* du jugement qui les a nommés. Voici quelques arrêts et jugements dans ce sens.

Trib. Nancy, 17 mars 1884 (Catiran c. Winckel); D. P. 86.2.131.

Sur la fin de non-recevoir : Attendu que les actes de juridiction volontaire ou gracieuse, aussi bien que ceux de juridiction contentieuse, tirent leur origine uniquement du pouvoir souverain de l'État, par l'effet de la nomination faite par ce pouvoir des magistrats chargés d'exercer cette juridiction; mais qu'il s'est formé entre les nations un usage général d'admettre réciproquement l'autorité des actes de juridiction volontaire dans la catégorie desquels rentre nécessairement la nomination d'un tuteur; qu'au surplus, cette règle implicitement reconnue par l'art. 3 C. civ., se trouve formellement consacrée par les art. 546 C. proc., par les art. 2123 et 2128 C. civ., et enfin par la convention diplomatique du 11 décembre 1871, qui ne soumettent à la formalité de l'*exequatur* que les jugements ou actes de juridiction contentieuse, que le tuteur étranger, investi dans son pays de l'administration des biens d'un mineur lui-même étranger, a dès lors qualité pour agir en France même contre des Français sans être tenu de faire préalablement déclarer exécutoire la délibération du conseil de famille qui lui a conféré ses fonctions[1].

Paris, 13 mars 1850 (Brown Lynch c. Martin Lynch);
S. 51.2.791; D. P. 52.2.79.

En ce qui touche la demande en compte d'administration dirigée contre Franquin, *administrateur provisoire,* nommé par ordonnance de référé :

Attendu que Martin Lynch, a obtenu le 3 janvier 1846 de l'archevêque d'Armagh, président de la Cour des prérogatives d'Irlande, des

[1] Jugé dans le même sens, pour le curateur nommé à un absent; Douai, 20 juin 1820; P. 1819-1820, p. 1056.

lettres qui lui confèrent l'administration la plus absolue des biens composant la succession de Francis Lynch;

Attendu que la teneur de ces lettres est générale, et comprend sans distinction tous et chacun des biens meubles, créances et châtels du défunt; attendu qu'au surplus, fussent-elles spéciales aux biens d'Irlande, elles seraient encore applicables aux valeurs composant la succession de Lynch, qui sont irlandaises, puisqu'elles participent de la qualité du défunt en raison de leur nature mobilière;

Attendu que ces lettres d'administrateur ne peuvent être contestées que devant l'autorité dont elles émanent, et ne l'ont pas été; qu'il n'y a donc pas lieu de s'arrêter aux allégations dirigées contre la solvabilité de Martin Lynch; — Attendu que lesdites lettres ne contiennent rien de contraire aux principes du droit français; que l'administrateur institué par la justice française ne l'a été que *temporairement, par mesure d'urgence*, et que, dès lors, ses pouvoirs doivent prendre fin devant ceux de l'administrateur nommé par le juge du lieu de l'ouverture de la succession.

En ce qui touche la vente de quelques-unes des valeurs dépendantes de la succession : — Attendu que John Brown Lynch est sans qualité pour former une pareille demande, *que le droit de disposer des valeurs de la succession n'appartient qu'à celui qui a obtenu les lettres d'administration sus-relatées;* qu'il y est dit, en effet, que tous pouvoirs lui sont conférés, non seulement pour administrer les biens de F. Lynch, mais encore pour en disposer; se déclare incompétent sur la demande à fin de compte, liquidation et partage de la succession de F. Lynch; ordonne que dans le mois de la signification du présent jugement, Franquin rendra compte à Martin Lynch de l'administration qu'il a eue des biens et affaires de la succession de F. Lynch.

La doctrine contraire a été adoptée par plusieurs cours et tribunaux, qui exigent que les jugements étrangers, alors même qu'ils ont statué en matière gracieuse, soient revêtus de l'*exequatur* dès qu'il peut être question d'une exécution quelconque.

Trib. Seine, 6 août 1885 (Buxton c. Moreau); J. D. I. P. 1885, p. 683.

Attendu que la décision de la Haute-Cour de justice d'Angleterre du..., qui a nommé le demandeur gardien des mineurs pouvant donner lieu à des actes d'exécution, notamment en ce qui concerne le compte d'administration réclamé, *Buxton est fondé à demander qu'elle soit déclarée exécutoire en France;* que cette décision n'a rien de contraire à l'ordre public français; que Moreau (tuteur français nommé provisoirement) déclare d'ailleurs être prêt à se démettre de ses fonctions de tuteur et à rendre son compte d'administration.

Paris, 2 février 1869; *Bull. Cour Paris,* 1869, p. 86.

Considérant, d'une part, *que l'ordonnance d'envoi en possession étant une décision judiciaire, l'exécution en France de celle qui est émanée d'un juge étranger est subordonnée au préalable* exequatur *du juge français,* et d'autre part, que la compétence du juge français quant à l'*exequatur* est déterminée par la nature de la décision rendue à l'étranger; que d'après ces principes, l'ordonnance dont s'agit étant un acte de juridiction exclusivement attribué au président du tribunal civil, c'est à la juridiction du président et non pas à celle de la chambre du conseil qu'il appartient de statuer : infirme[1].

On voit par la dernière partie de cet arrêt que la jurisprudence décide qu'il faut s'adresser tantôt au président seul, tantôt au tribunal tout entier pour obtenir l'*exequatur* d'une décision étrangère rendue en matière de juridiction gracieuse.

Cette distinction nous semble mauvaise; outre, que dans la pratique elle conduit à des complications et à des subtilités regrettables, elle est absolument en contradiction avec les termes, très précis sur ce point, de l'art. 2123 C. civ. On sait, en effet, que ce texte confie au tribunal tout entier la mission de revêtir de l'*exequatur* les sentences prononcées en pays étranger.

§ III. Jugements étrangers statuant sur des questions d'état et de capacité.

Par questions d'état on entend les questions relatives à la capacité ou à l'incapacité juridique d'une personne. On désigne aussi cette capacité sous le nom de statut personnel qu'on oppose au statut réel réglant les droits et les actions relatifs

---

[1] Jugé que l'ordonnance rendue par un magistrat étranger doit être soumise à la révision en France si elle constitue une décision et non une simple constatation de faits rentrant dans le domaine des actes de la juridiction gracieuse. — Rennes, 26 novembre 1873; J. D. I. P. 1876, p. 105.

aux biens. L'art. 3 C. civ. s'exprime ainsi : « Les immeubles, même ceux possédés par des étrangers sont régis par la loi française (statut réel); les lois concernant l'état et la capacité des personnes régissent les français même résidant en pays étranger (statut personnel).

La distinction entre les deux statuts a été très nettement établie par un arrêt de Cassation (req.), du 4 mars 1829[1].

Attendu en droit, que si le statut personnel suit la personne dans quelque lieu qu'elle passe, les biens immeubles sont toujours régis par le statut réel du lieu où ils sont situés; que ce sont les dispositions propres de chaque statut, et nullement les actes des particuliers, soit entre-vifs, soit à cause de mort, soit à titre gratuit, soit à titre onéreux qui en déterminent la nature; que le statut est personnel lorsqu'il règle directement et indirectement la capacité ou l'incapacité générale et absolue des personnes pour contracter; que le statut est réel lorsqu'il a principalement et directement les biens pour objet.

Une première question se pose. L'étranger est-il soumis en France à son statut personnel étranger comme le français l'est au sien propre, même en pays étranger?

Dans un premier système, on décide que l'étranger est toujours comme le français soumis à sa loi personnelle[2].

Une autre thèse consiste à dire qu'en présence du silence de l'art. 3 C. civ., l'étranger doit être soumis à la loi française, lorsqu'il réside en France.

Enfin, dans une troisième opinion à laquelle s'est ralliée la jurisprudence, on admet que l'étranger est soumis à la loi de son pays quant à son état et à sa capacité, mais que ce principe ne saurait être appliqué dans les cas où cet état et cette capacité seraient contraires à l'ordre public français.

Quant aux effets sur notre territoire des jugements étrangers statuant sur des questions d'état ou de capacité, la jurisprudence est loin de se montrer uniforme sur ce point, malgré les

---

[1] D. A., au mot *Lois*, n° 389.

[2] V. Fœlix, *op. cit.*, t. II, § 365 et la note de M. Demangeat. — V. aussi Marcadé sur l'art. 3. — Weiss, *op. cit.*, p. 959.

paroles que prononçait en 1860 le procureur général Dupin lors de la célèbre affaire du divorce (Buckley c. Defresne)[1] : « Les auteurs, disait-il, et la jurisprudence sont d'accord pour reconnaître que les jugements rendus sur des questions d'état concernant la personne de leurs nationaux n'ont pas besoin, pour produire leur effet, d'être rendus exécutoires par les tribunaux français. » Nous allons voir, en étudiant la jurisprudence en cette matière, qu'une semblable unanimité est encore loin d'exister.

a. Jugements de divorce.

Depuis la loi du 8 mai 1816, qui abrogea le titre VI du livre premier du Code civil, jusqu'à la loi du 27 juillet 1884, qui rétablit le divorce, plusieurs arrêts, au nom de l'ordre public, ont décidé, surtout dans la période qui s'étend de 1816 à 1860, que le jugement étranger de divorce n'a aucune autorité en France et que l'époux divorcé à l'étranger ne peut se remarier sur notre territoire[2].

La Cour de cassation, par son arrêt du 28 février 1860, a modifié avec beaucoup de raison, selon nous, cette jurisprudence.

Cass. civ., 28 février 1860 (Buckley c. Defresne); S. 60.1.210; D. P. 60.1.57; *Bull. Cass.*

Attendu que le mariage en France est un contrat civil; qu'il ne peut être interdit qu'à ceux qui ont en eux un motif d'empêchement établi par la loi civile; — Attendu que si l'art. 147 C. civ., défend de contracter un second mariage avant la dissolution du premier, cette défense n'existe pas toutes les fois que la preuve de la dissolution du premier mariage est rapportée, que cette preuve est faite de la part de l'étranger marié à l'étranger, lorsqu'il établit que son mariage a été dissous dans les formes et selon les lois du pays dont il était sujet, que telle est la conséquence du principe reconnu par l'art. 3 C. civ. de la distinction des lois réelles et des lois personnelles; *que celles-ci qui régissent l'état et la capacité des personnes suivent le français*

---

[1] S. 60.1.210.

[2] Paris, 30 août 1824; S. 25.2.204. — Paris, 4 juillet 1859; S. 59.2.401, cité *suprà*, p. 64, note 2. Nous citerons dans le même sens, postérieurement à 1860, l'arrêt de Douai du 8 janvier 1877; S. 77.2.45 *suprà*, p. 64, note 2.

même résidant à l'étranger et suivent également en France l'étranger qui y réside; que c'est donc par les lois de son pays, par les faits accomplis dans ce pays, conformément à ses lois que doit être appréciée la capacité de l'étranger pour contracter mariage en France; qu'ainsi l'étranger dont le premier mariage a été légalement dissous dans son pays, soit par le divorce, soit par toute autre cause, a acquis définitivement sa liberté partout où il lui plaira de résider[1].

Voici maintenant une décision postérieure à la loi du 27 juillet 1884.

Trib. Seine, 4 décembre 1886; J. D. I. P. 1886, p. 712.

Le tribunal, attendu que par jugement contradictoire, en date du 14 mai 1886, le tribunal civil de la République et canton de Genève a prononcé, au profit de la dame X., son divorce d'entre elle et le sieur X. son mari; que des documents produits, il résulte que ce jugement n'est pas susceptible d'appel; que dans cet état la dame X. demande que ce jugement soit rendu exécutoire en France; *mais attendu que l'état de l'étranger en France étant régi par son statut personnel, il s'ensuit que les décisions des tribunaux de son pays, seuls compétents pour fixer ou pour modifier cet état, sont applicables de plein droit en France,* comme la loi même en vertu de laquelle elles ont été rendues; que d'ailleurs la décision dont s'agit, eu égard à sa teneur, n'est pas de nature à donner lieu à des actes d'exécution dans le sens de l'art. 546 du Code de procédure civile; que dans ces conditions il n'y a lieu à *exequatur;* par ces motifs, dit n'y avoir lieu à *exequatur* et condamne la dame X. aux dépens.

Remarquons toutefois que si le jugement étranger qui a prononcé le divorce doit aboutir à des actes d'exécution, il faudra en obtenir *l'exequatur* des tribunaux français. C'est ce qui arrivera notamment quand il s'agira de liquider les droits des époux[2], ou lorsqu'il sera nécessaire de poursuivre le paiement des frais de justice. Dans ces hypothèses, il n'est pas seulement question de la simple constatation d'une qualité par un tribunal étranger, mais bien d'une exécution sur les biens.

---

[1] Jugé que l'étrangère divorcée ne peut se remarier que dix mois seulement après le divorce. — Paris, 3 février 1872; D. P. 73.2.160.

[2] Trib. Seine, 25 janvier 1882; J. D. I. P. 1882, p. 74.

b. Règles communes au divorce et à la séparation de corps.

Ce que nous venons de dire au sujet du divorce s'applique également aux jugements étrangers qui prononcent la séparation de corps.

On peut se demander ce qui arrivera lorsque le jugement étranger aura prononcé le divorce ou la séparation de corps en suivant des principes contraires à la loi française, par exemple en admettant le divorce par consentement mutuel. La jurisprudence ayant, nous l'avons vu plus haut, une tendance marquée à admettre que le statut personnel de l'étranger le suit sur notre territoire, doit nécessairement reconnaître à un pareil jugement autorité en France, pourvu qu'il ne soit pas contraire à l'ordre public français.

Ce principe a été consacré par la Cour de Paris dans son arrêt du 2 mars 1868[1]. La Cour a décidé que les tribunaux français devaient rendre exécutoires les sentences étrangères relatives à une question de statut personnel, alors même que cette sentence serait basée sur des règles contraires à celles de notre droit civil, si aucune atteinte n'est portée à l'ordre public[2].

c. Séparations de biens prononcées entre étrangers à l'étranger.

La jurisprudence applique aux jugements qui ont prononcé la séparation de biens entre étrangers à l'étranger les mêmes règles qu'aux sentences étrangères de divorce ou de séparation de corps.

Paris, 23 février 1888 (Ep. de Bari c. Mouillet); *Gaz. Pal.,* 88.2.484.

Considérant qu'il est de principe que l'état et la capacité des personnes sont régis par la loi de leur nationalité, et que, en ce qui touche l'état et la capacité les jugements rendus à l'étranger peuvent être invoqués en France sans qu'il y ait lieu de demander une décision d'exequatur;

Considérant qu'il est nécessaire de recourir à l'*exequatur* lorsqu'une partie veut poursuivre l'exécution forcée d'une décision prononcée à l'étranger; que l'autorité française ne pourrait pas être mise en de-

[1] S. 68.2.312; P. 1868, p. 1210, cité *suprà*, p. 63.
[2] *Sic,* Trib. Seine, 18 août 1882; J. D. I. P. 1882, p. 620.

meure d'agir en vertu d'un jugement pris à l'étranger, sans qu'au préalable il eût été rendu exécutoire en France par l'*exequatur; mais que cette décision n'est pas utile lorsqu'il ne s'agit que de l'application ou de l'exécution volontaire d'un jugement rendu à l'étranger;* qu'en l'espèce le comte de Bari, sujet italien ayant domicile à Naples, a pu régulièrement être assigné devant le tribunal de cette ville pour voir prononcer la séparation de biens au profit et dans l'intérêt de sa femme devenue italienne elle-même par son mariage;

Considérant que cette décision est applicable en France et a modifié la capacité des époux en ce sens qu'après le procès-verbal dressé par Mᵉ Lorentino, notaire à Naples, et les reprises de sa femme séparée de biens étant dûment déterminées, le comte de Bari a pu exécuter volontairement ses obligations envers sa femme, en lui cédant ses objets mobiliers pour la remplir de ses droits régulièrement constatés; qu'en agissant ainsi qu'il l'a fait le comte de Bari n'a pas outrepassé son droit et n'a violé aucune disposition de loi; qu'en effet, si avant la séparation de biens prononcée à l'étranger, la comtesse de Bari a pu être en droit de poursuivre judiciairement son mari pour le forcer à lui payer le montant de ce qui lui était dû, sans obtenir auparavant l'*exequatur*, rien ne peut s'opposer à ce que le comte de Bari, faisant application du jugement de séparation de biens, ait réglé sa situation vis-à-vis de sa femme en s'exécutant volontairement et en donnant à celle-ci en paiement des objets mobiliers dont il avait la libre disposition;

Considérant, au surplus, qu'il n'est pas établi contre les époux de Bari des faits de fraude, pouvant faire tomber ou rendre inefficaces les dispositions, actes ou décisions invoqués dans la cause... [1].

d. Garde des enfants.

A notre avis, la décision étrangère qui confie la garde d'enfants mineurs à telle ou telle personne doit avoir autorité en France, sans *exequatur* préalable. Il ne s'agit, en effet, dans l'espèce que d'une question d'état, voire même d'un acte de juridiction gracieuse offrant beaucoup d'analogie avec la nomination d'un tuteur ou d'un curateur. Cependant si le gardien des enfants veut procéder à des actes d'exécution, par exemple, intenter une demande en dommages-intérêts pour non-remise

---

[1] Cet arrêt a infirmé un jugement du tribunal de la Seine en date du 3 août 1887, aux termes duquel la séparation de biens et les actes qui en dérivent ne peuvent faire obstacle à l'exercice des droits des créanciers qui ne connaissent pas ces actes.

desdits enfants, il sera tenu de faire rendre exécutoire en France le jugement étranger qui l'a nommé[1].

La Cour de Pau a cependant décidé, le 6 janvier 1868[2], qu'une sentence de la chancellerie anglaise relative à des mesures provisoires à prendre dans l'intérêt d'un mineur anglais, présentait tous les caractères d'un jugement et qu'il y avait lieu de la réviser.

e. Conversion en divorce devant les tribunaux français de la séparation de corps prononcée entre étrangers par un jugement étranger.

Les tribunaux français pourront juger la demande en conversion de la séparation de corps, s'ils sont compétents pour statuer sur la demande principale. Nous ne pouvons entrer ici dans le détail des règles de la compétence des tribunaux français à l'égard des étrangers; disons seulement, d'une manière générale, que nos tribunaux doivent appliquer la *lex fori* pour la procédure, et à la fois la *lex fori* et la *lex patriæ* (statut personnel), en ce qui concerne le fond de la demande. Ils ne pourront en outre convertir en divorce que les séparations qui n'auront pas été prononcées contrairement aux principes de notre ordre public.

Lyon, 23 février 1887 (Fritsch c. dame Fritsch); *le Droit* du 7 mai 1887.

Sur le droit à appliquer : Considérant que Fritsch en sa qualité prétendue d'étranger revendique l'application de son statut personnel; qu'il veut bien reconnaître que le divorce a été rétabli en Alsace-Lorraine, mais seulement par le retour aux dispositions du Code civil de 1804 qui régirait actuellement les pays annexés, et soutient que l'art. 310 de ce Code, édictant que la conversion en divorce de la séparation de corps peut être demandée seulement par l'époux contre lequel elle a été prononcée, il s'ensuit que la dame Fritsch doit être déclarée non-recevable à la poursuivre; *considérant que les tribunaux français prononçant sur des contestations entre étrangers, même en leur appliquant leur loi nationale, n'en conservent pas moins le droit absolu d'astreindre ces litiges aux règles de procédure prescrites*

---

[1] Cette distinction a été très nettement établie par la Cour d'appel de Bruxelles, le 5 août 1880, dans l'affaire de Bauffremont; *Pasicrisie belge*, 1880.2.319; J. D. I. P. 1880, p. 508.

[2] S. 68.2.100; P. 1868, p. 457.

par nos Codes; qu'il n'y a pas de raison pour décider autrement au regard des modes spéciaux à notre législation et par l'emploi desquels le but final auquel tend l'action peut être atteint, sous la condition seule que le résultat définitif ne soit pas interdit par le droit national de l'étranger plaidant, ou en flagrant désaccord avec lui;

Considérant que la demande de conversion de la séparation de corps en divorce, et dont l'initiative est accordée par la loi française aux deux époux, n'est en réalité qu'un mode particulier d'obtenir la rupture complète du lien conjugal;

Qu'il ne diffère de l'action directe en divorce dont l'exercice serait, sans conteste, acquis à la dame Fritsch que par sa simplicité; qu'il abrège les délais, qu'il supprime les formalités, rend inutiles de nouvelles productions de preuves en prenant pour point de départ une décision antérieure rendue pour les mêmes causes, et qui, par l'autorité de la chose jugée les fait considérer comme accomplies ou définitivement acquises; considérant d'ailleurs que le divorce est de droit privé et non public, puisqu'il ne concerne que les droits des conjoints; que rompant complètement les liens du mariage, il opère dans la condition civile des époux des modifications qui produisent un véritable changement d'état; qu'à ce titre il rentre essentiellement dans le statut personnel, mais que sous un autre rapport, comme il intéresse la morale publique et l'ordre social, qu'il touche aux mœurs nationales, le divorce doit au moins dans une certaine mesure tomber sous le coup de la loi territoriale;

Considérant qu'il en a été décidé en Allemagne, où il est de doctrine et de jurisprudence que le seul juge compétent pour prononcer le divorce est le juge du domicile et qu'il ne peut appliquer que sa propre loi (*lex fori*).

Considérant, en conséquence, que soit en vertu de la *lex fori*, soit en vertu de la *lex patriæ*, la demande de la dame Fritsch est recevable.

f. Divorce ou séparation prononcés à l'étranger entre français.
Autorité du jugement étranger.

Dans un premier système on soutient qu'en matière d'état et de capacité les français étant uniquement justiciables des tribunaux de notre pays, les jugements étrangers qui prononcent à l'étranger le divorce ou la séparation de corps entre français doivent être considérés comme non avenus en France [1].

----

[1] Rouen, 25 mai 1813; S. 13.2.233.

Trib. Seine, 30 juin 1876 (Stremel c. Mairesse); J. D. I. P. 1877, p. 146.

Attendu que Mairesse était français, qu'il n'apparaît d'aucun acte qu'il ait perdu sa nationalité; qu'Amélie Fobler, en contractant avec lui un mariage dont la régularité, quant à la forme extérieure, n'est pas contestée, est devenue française ; *que les deux époux étant français, les tribunaux français étaient seuls compétents pour statuer sur leur statut personnel;* que l'incompétence à cet égard du tribunal étranger étant absolue, il n'y a pas lieu de tenir compte de l'arrêt du 20 septembre 1862 [1].

Une jurisprudence récente et qui ne compte que de rares décisions, tend, au contraire, à reconnaître aux tribunaux étrangers le pouvoir de prononcer le divorce entre français, pourvu que nos principes d'ordre public soient respectés.

Trib. Seine, 2 août 1887 (Lafont c. Rouquet); J. D. I. P. 1888, p. 87.

Attendu que suivant jugement du tribunal civil de Bruxelles, en date du 17 avril 1886, dûment public, signifié et exécuté en Belgique, le divorce a été prononcé entre les époux Lafont à la requête du mari et aux torts de la femme, avec condamnation de celle-ci aux dépens; attendu que Lafont demande à ce que la décision dont s'agit soit rendue exécutoire en France et à ce que, au vu du présent jugement, M. le Maire du 18e arrondissement de Paris procède à la célébration du mariage projeté entre le demandeur et la dame veuve Legendre; *attendu que le jugement dont s'agit n'a rien de contraire à l'ordre public et aux bonnes mœurs en France; qu'il convient d'en autoriser l'exécution ;* mais attendu que la cause n'est pas, en l'état de la procédure, susceptible de recevoir solution sur le surplus des conclusions prises au nom du demandeur à l'encontre du maire du 18e arrondissement de Paris, du moins jusqu'à ce que le présent jugement soit passé en force de chose jugée; qu'il y a lieu dès lors à disjoindre ce chef de la demande ;

Par ces motifs, disjoint les deux chefs de la cause; renvoie après

---

[1] Dans une note sous ce jugement, on fait observer que la doctrine du tribunal de la Seine est quelque peu exclusive; le législateur français, qui reconnaît à nos nationaux le droit de se marier à l'étranger en se conformant aux lois étrangères, devrait, pour être logique, admettre la dissolution du mariage d'après la loi étrangère. — V. sur cette question, Paris, 28 mai 1884; J. D. I. P. 1884, p. 622.

vacation pour être statué sur la demande suivie contre le maire du 18e arrondissement de Paris, *mais dès à présent déclare exécutoire en France le jugement par défaut rendu le 17 avril 1886 par la 3e chambre du tribunal civil de Bruxelles qui a prononcé le divorce entre les époux Lafont avec condamnation de la dame Lafont aux frais;* autorise en conséquence le demandeur à faire procéder aux publications et transcriptions prescrites par la loi; à poursuivre par toutes les voies de droit le montant desdits frais.....

Le jugement suivant admet un moyen terme; il décide, en effet, que les tribunaux étrangers peuvent régler le statut personnel de nationaux français, pourvu que ceux-ci aient accepté leur juridiction.

Trib. Seine, 4 juin 1885 (Moupion c. Moupion); *Gaz. Trib.,* 5 juin 1885.

Attendu qu'en admettant qu'un litige entre époux français, relatif à leur état et qui doit se résoudre par l'application du statut personnel, puisse, au regard de la loi française, être valablement déféré par l'un d'eux à l'examen d'une juridiction étrangère, il n'en saurait être ainsi qu'autant que la compétence de cette juridiction serait acceptée par le défendeur;

Qu'en effet, en principe, tout Français ne relève que des juges de son pays, que cette garantie ne saurait lui être enlevée par le fait du demandeur;

Que devant les juges anglais, Moupion ayant fait défaut ne peut être considéré comme ayant accepté leur juridiction; que, dès lors, les décisions dont se prévaut la demanderesse ne sont pas opposables au défendeur. Déclare la dame Moupion mal fondée en sa demande d'*exequatur.*

g. Jugements étrangers prononçant entre français la séparation de corps ou le divorce en vertu de traités de « libre accès » ou de traités accordant « le traitement de la nation la plus favorisée. »

Les traités diplomatiques dits de « libre accès » ou qui accordent aux français le traitement de la nation la plus favorisée sont de véritables lois devant lesquelles les tribunaux français doivent s'incliner en les appliquant.

Cass., 3 juin 1885 (Corchon c. Corchon); D. P. 85.1.411; J. D. I. P. 1885, p. 547.

Sur le deuxième moyen (tiré de la fausse application et violation des art. 13, 14 et 19 C. civ. et des règles de compétence, fausse application et violation du traité international du 7 janvier 1862 conclu entre la France et l'Espagne) :

Attendu qu'aux termes de l'art. 2 de la convention entre la France et l'Espagne du 7 janvier 1862 et de l'art. 3 de la convention du 6 février 1882 entre les mêmes puissances, cette dernière, sanctionnée par la loi du 11 mai 1882 et promulguée par décret du 13 mai 1882, les espagnols en France ont les mêmes droits, à l'exception seulement des droits politiques, et les mêmes privilèges que ceux qui sont accordés aux français, et notamment le libre et facile accès de tous tribunaux soit en demandant soit en défendant; attendu qu'il est constaté par l'arrêt attaqué que les époux Corchon sont depuis trente ans résidant en France avec leur famille, après avoir quitté l'Espagne sans esprit de retour, que Corchon est à Caen à la tête d'une importante maison de commerce; que, dès lors, leur présence en France ne peut être considérée comme un moyen dont l'un des membres de cette famille abuserait pour se soustraire à la juridiction des tribunaux espagnols; que c'est, par suite, avec raison que la dame Corchon, usant en France de l'exercice des droits civils que lui assurent les conventions internationales a investi les tribunaux français de sa demande en séparation de corps, et que l'arrêt attaqué, en affirmant sa compétence, n'a point violé les dispositions des lois et actes précités; — Rejette [1].

L'arrêt que nous venons de citer a fait application en France d'un traité de libre accès, nous l'avons reproduit comme type de ces sortes de décisions. Il ne nous semble pas douteux qu'une sentence rendue en Espagne dans des termes analogues doive jouir en France de l'autorité de la chose jugée, sauf le cas où il sera nécessaire d'en obtenir l'*exequatur* pour procéder à des actes d'exécution. Nous le répétons, l'arrêt de Cassation du 3 juin 1885 ne figure ici qu'à titre d'exemple.

h. Conseil judiciaire. Interdiction. Filiation. Légitimation.

Nous appliquerons aux jugements statuant sur ces sortes de questions d'état les principes que nous avons énoncés plus haut. Nous déciderons donc que les sentences étrangères rendues en matière d'interdiction, de filiation, etc., jouiront en France de

[1] *Sic,* Cass., 22 juillet 1886; J. D. I. P. 1886, p. 583.

l'autorité de la chose jugée et qu'il n'y aura lieu de les faire
revêtir du *pareatis* de nos tribunaux qu'autant qu'il s'agira
de procéder à de véritables actes d'exécution.

1° *Conseil judiciaire. Interdiction.*

Paris, 21 mai 1885 (Call c. Oppenheim); *Droit* du 17 juin 1885;
J. D. I. P. 1885, p. 542.

Au fond : considérant que les lois concernant l'état et la capacité
des personnes les suivent en pays étrangers; qu'Oppenheim, de nationalité allemande, a été pourvu d'un conseil judiciaire par un jugement du tribunal de Bergheim en date du..., lequel est passé en force
de chose jugée;

*Que ce jugement, en tant qu'il régit l'état et la capacité d'Oppenheim,
doit produire ses effets en France indépendamment de toute publicité
spéciale et de tout ordre d'exécution émané d'un tribunal français.*

Que le statut personnel d'Oppenheim contenant les mêmes dispositions que la loi française sur l'incapacité du prodigue, il en résulte
que depuis le 10 janvier 1881, il n'a pu contracter d'emprunt sans
l'assistance de son conseil judiciaire.

Trib. Seine, 26 décembre 1882 (Drake del Castillo); J. D. I. P. 1883, p. 51.

Attendu que suivant ordonnance rendue par le consul d'Espagne
à Paris, le 7 juin 1882, Drake del Castillo, de nationalité espagnole,
a été pourvu d'un *curateur exemplaire* pour cause de prodigalité;
qu'il en résulte pour lui, aux termes de la décision, incapacité d'administrer ses biens et de faire tous actes pouvant compromettre sa for-
tune; que la veuve Drake del Castillo nommée par l'ordonnance *cura-
trice exemplaire* de son fils, demande l'*exequatur* de la sentence par
application de l'art. 546 C. proc. civ.; — Attendu qu'en vertu du principe posé par l'art. 3, § 3 C. civ., l'état de l'étranger en France est
régi par son statut personnel; que, par suite, sa capacité ne peut
être sur le territoire français différente de celle qui a été fixée par la
juridiction de la nation à laquelle il appartient, et qui, seule d'ailleurs, a compétence pour statuer à cet égard; *que, dès lors, les décisions des juges dont il relève, qui modifient sa capacité lui sont nécessairement et de plein droit applicables en France, comme le serait
la loi en vertu de laquelle elles ont été rendues;* que, d'autre part,
ces décisions ne sont pas de nature par elles-mêmes à donner lieu à
des actes d'exécution dans le sens de l'art. 546 susvisé; qu'ainsi dans

l'espèce, l'ordonnance du consul d'Espagne..... ne fait qu'établir une situation légale qui s'impose au prodigue par l'effet seul de la sentence, et devient par cela même la règle de tous ceux qui voudraient contracter avec lui ; *que dans ces conditions, il n'y a lieu à exequatur de l'ordonnance susdatée*, et que la demande formée à ce sujet par la veuve Drake del Castillo doit être rejetée[1].

2° *Filiation.*

Dans l'espèce que nous reproduisons, la Cour de Paris a décidé implicitement que, si elle ne pouvait autoriser une demande principale en recherche de paternité, elle déclarerait exécutoire la sentence étrangère qui aurait admis cette recherche.

Paris, 2 août 1866 (Civry c. de Brunswick); S. 66.2.342; P. 1866, p. 1245; D. P. 66.2.41 [2].

Considérant que le droit qui appartient aux tribunaux français d'appliquer les lois d'un pays étranger dans certaines contestations où les Français sont intéressés, s'arrête devant un principe d'ordre public édicté par la loi française et auquel porterait atteinte l'application d'un statut étranger;

Que tel est le caractère de l'art. 340 C. civ. qui a interdit la recherche de la paternité dans l'intérêt des bonnes mœurs et pour mettre fin aux débats scandaleux que, sous l'ancien droit, les actions de cette nature faisaient naître devant les tribunaux; que cette recherche permise par la loi du Brunswick ne peut être en France la base d'une action et d'une décision de justice; que l'on ne peut assimiler la demande de la dame de Civry, qui nécessiterait l'application par les juges français d'une loi étrangère contraire à la loi française *à l'action d'un étranger qui, après avoir fait fixer par les tribunaux et les lois de son pays un état que la loi française ne lui aurait pas reconnu, ne demanderait à la justice française que d'apprécier les conséquences de cet état, ainsi judiciairement reconnu*[3].

---

[1] *Sic*, Trib. Seine, 3 avril 1883; J. D. I. P. 1883, p. 515. — Annecy, 7 mai 1884; J. D. I. P. 1885, p. 438. — V. Aubry et Rau, *op. cit.*, t. I, § 31, 2° d. (p. 96) et t. VIII, § 769 *ter* (p. 418); Demangeat sur Fœlix, *op. cit.*, t. II, p. 108, note *a;* Demolombe, *op. cit.*, t. I, § 103 (p. 124); Laurent, *op. cit.*, t. VI, p. 167.

[2] Cité *suprà*, p. 64, note 1.

[3] Jugé que la sentence étrangère qui constate une paternité naturelle,

3° *Légitimation.*

Nous n'avons rien à ajouter à ce que nous avons dit plus haut relativement à l'exécution en France des jugements étrangers statuant sur des questions d'état. Peu importe qu'il s'agisse de divorce ou de séparation de corps, de filiation ou de légitimation, les règles presqu'unanimement adoptées en cette matière, restent toujours les mêmes.

§ IV. Jugements étrangers rendus en matière de faillite.

a. Notions générales.

Certains auteurs [1] soutiennent que le jugement étranger déclaratif de faillite constitue pour le failli un état nouveau qui intéresse surtout son statut personnel. Ce jugement doit donc être assimilé, quant à ses effets en France, aux sentences étrangères qui règlent l'état et la capacité des personnes, et traité de la même manière. Il suffira par conséquent de lui appliquer les principes que nous avons exposés dans le paragraphe précédent.

Une autre théorie envisageant le jugement déclaratif de faillite comme un acte de juridiction gracieuse qui doit avoir pleine autorité en France sans *exequatur;* si toutefois l'existence même de la faillite ou l'époque de son ouverture étaient contestées, il faudrait recourir à la procédure d'*exequatur* [2].

Dans un troisième système, dit de l'universalité de la faillite, on considère le jugement déclaratif comme un jugement ordinaire rendu en matière contentieuse, il ne saurait être question, en effet, d'une simple constatation d'état, puisqu'il y

---

prouvée par une reconnaissance non authentique émanée du père réclamé ne porte aucune atteinte à nos principes d'ordre public et peut être déclarée exécutoire en France. — Pau, 17 janvier 1872 ; S. 72.2.233 ; P. 1872, p. 936 ; J. D. I. P. 1874, p. 76.

[1] Demangeat (sur Bravard-Veyrières), t. V, p. 10 ; Aubry et Rau, *op. cit.,* t. VIII, § 769.

[2] Fœlix, *op. cit.,* t. II, n° 468 ; Massé, *op. cit.,* t. II, n° 809 ; Bonfils, *op. cit.,* n° 243.

a lieu de se préoccuper des biens du failli et de l'annulation de certains de ses actes. Dans ce système, on fait une seule masse de l'actif du failli, en quelque pays qu'il se trouve, masse qu'on partage ensuite entre ses créanciers [1].

Une quatrième opinion a été présentée [2], qui se préoccupe plutôt des biens que de la personne du failli; on se borne alors à appliquer au jugement étranger déclaratif de faillite les mêmes règles qu'aux jugements ordinaires dont on poursuit l'exécution en France.

Nous ne faisons que signaler ces quatre systèmes qui ont donné lieu en doctrine à de très vives discussions. La jurisprudence française en cette matière est assez confuse; empruntant à toutes les théories, elle n'a produit de la sorte qu'un mélange indécis. Nous ne croyons pas toutefois que nos tribunaux aient jamais admis la thèse de l'universalité de la faillite, thèse séduisante s'il en fût, mais en opposition évidente avec les principes de notre législation.

b. Jugements déclaratifs de faillite rendus en pays étrangers; leurs effets en France.

Voici, d'abord, quelques décisions qui assimilent le jugement étranger déclaratif de faillite à un jugement ordinaire qui ne peut produire aucun effet en France tant qu'il n'y a pas été déclaré exécutoire. Le failli étranger, avant l'*exequatur*, n'est donc pas dessaisi de ses biens, ses créanciers peuvent le poursuivre individuellement et les syndics nommés à l'étranger n'ont aucun pouvoir en France.

Cass. req., 29 août 1826 (Bethfort c. Sicard); S. 36.1.673 (le texte; S. 36.2.428 en note); D. A., au mot *Droit civil*, n° 467.

Attendu que Sicard et consorts, cessionnaires de Meiffredy en vertu de lettres de change, avaient évidemment, ainsi que l'a jugé l'arrêt attaqué, qualité personnelle pour exercer les actions du cédant; attendu que, l'état de faillite de Meiffredy n'a point paru suffisamment constaté à la Cour d'Aix par le jugement du tribunal d'Odessa, *parce*

---

[1] Dubois, sur Carle, *op. cit., passim;* Weiss, *op. cit.,* p. 964 ; Gerbaut, *De la compétence des tribunaux français à l'égard des étrangers,* p. 346.

[2] Demolombe, *op. cit.,* t. I, n° 263.

qu'ayant été rendu par des juges étrangers, il ne pouvait être utile-
ment invoqué en France, qu'autant qu'il aurait été sanctionné par un
juge français;

Attendu qu'en jugeant ainsi, l'arrêt attaqué a fait à l'espèce une juste application de l'art. 546 C. proc. et des dispositions du C. civ. sur la matière, lesquels ne distinguent point entre les jugements rendus en point de droit et ceux rendus en fait..., rejette.

Paris, 18 août 1875 (Howard Vyse c. Givry); *Bull. Cour Paris,* 1877-78, p. 634.

Considérant que Howard Vyse prétendant avoir été déclaré à Londres en état de faillite, soutient que le fait de la faillite a eu pour effet de le frapper d'une incapacité absolue et de substituer à sa personne celle de son syndic; que c'est contre le syndic que l'action de Givry eût dû être intentée; *considérant que le jugement de faillite dont excipe Vyse ayant été rendu par des juges étrangers, ne pouvait être utile-ment invoqué en France qu'autant qu'il aurait été sanctionné par un juge français;* que, d'ailleurs, il est de principe que l'étranger déclaré en état de faillite dans son pays, n'est pas réputé failli en France; qu'en conséquence des français peuvent l'assigner personnellement devant un tribunal français; que le syndic de Howard Vyse serait sans qualité pour le représenter en France et ne pourrait intervenir..., Con-firme [1].

La jurisprudence qui prédomine en France n'est pas aussi radicale que celle que nous venons d'exposer. La tendance assez générale de nos tribunaux est de traiter les jugements étrangers déclaratifs de faillite comme des sentences étrangères statuant sur des questions d'état ou rendues en matière gra-cieuse; toutefois ils exigent dans certains cas l'*exequatur* préa-lable. Nous verrons notamment que la constatation par les juges étrangers de la cessation des paiements et la nomination des syndics sont considérés comme des faits judiciaires qui doivent être acceptés sans qu'il soit nécessaire de faire déclarer exécu-toire la sentence étrangère d'où ils résultent.

[1] *Sic*, Aix, 10 décembre 1861; *Journ. jur. com. Aix et Marseille,* 1862, p. 83. Jugé que le failli étranger n'est pas failli en France; d'où il suit que l'étranger qui est interdit dans son pays pour fait de faillite n'est pas réputé interdit en France, qu'en conséquence des syndics étrangers sont inadmis-sibles et sans qualité pour l'y représenter. — Colmar, 11 mars 1820; P. 1819-1820, p. 852; D. A. au mot *Droit civil,* n° 467.

Mais la jurisprudence ne va pas plus loin et ne tire pas de ces prémisses les conclusions auxquelles on pourrait s'attendre. C'est ainsi que le failli qui est en état de cessation de paiements, et auquel un syndic a été nommé par jugement étranger, ne sera pas dessaisi en France de l'administration de ses biens et pourra être poursuivi individuellement par ses créanciers sans que le syndic étranger soit même mis en cause [1]. Pour obtenir le dessaisissement du failli, la cessation des poursuites individuelles et la confirmation des pouvoirs du syndic, il faudra que le jugement étranger soit déclaré exécutoire.

En résumé, la jurisprudence envisage sous un double aspect le jugement étranger déclaratif de faillite ; elle accepte les constatations du juge étranger relatives à la cessation des paiements et à la nomination des syndics quand ces faits ne sont pas contestés, mais elle exige l'*exequatur* pour que les effets du dessaisissement du failli puissent se produire en France. Nous allons reproduire un certain nombre d'arrêts et de jugements, en les classant aussi méthodiquement que possible.

Cass., 21 juin 1870; D. P. 71.1.292.

Les sieurs Nelin et A..., syndics de la faillite Rosycki, déclarée en Suède, avaient assigné devant le tribunal de la Seine le liquidateur de la société Friedlander, dont Rosycki était associé et co-gérant, pour voir dire qu'une somme attribuée à un sieur de Jeanson dans la liquidation de la société Friedlander devait appartenir à la faillite Rosycki; de Jeanson opposa la non-qualité des syndics demandeurs et la non-révision en France du jugement suédois dont on poursuivait contre lui l'exécution. De Jeanson fut débouté de sa demande par arrêt de la Cour de Paris en date du 23 mars 1868, et voici la solution que la Cour suprême donna au pourvoi par lui formé contre cette décision.

Sur le premier moyen : Attendu qu'il ne s'agissait point au procès d'exécuter en France la décision du tribunal suédois, *mais de constater un fait résultant de cette décision, à savoir que Rosycki avait été dé-*

______

[1] Bordeaux, 2 juin 1874; V. *infrà,* p. 95. — Trib. Seine, 29 juin 1881; J. D. I. P. 1883, p. 50.

claré en faillite et que Nelin et A.... avaient *été nommés syndics,* et comme tels chargés de représenter les créanciers du failli; attendu que ce fait de la déclaration de faillite et de la nomination des syndics *n'a été contesté ni en première instance ni en appel...,* Rejette.

Trib. Seine, 5 février 1870 (Debbeld c. Matuska); S. 72.2.90; P. 1872, p. 460; D. P. 72.2.107; *Journ. jur. com. Aix et Marseille,* 1873, p. 78.

Attendu qu'il résulte des art. 546 C. proc., 2123 et 2128 C. civ., que l'*exequatur* n'est exigé que pour les jugements et actes étrangers dont l'effet peut entraîner en France des mesures d'exécution et de contrainte affectant la personne ou les biens, et qui commandent obéissance aux fonctionnaires et agents français; attendu que cette règle est fondée sur le principe que l'exécution forcée des jugements et contrats est un acte de puissance exécutive et que cette puissance ne saurait s'exercer en France au nom d'une souveraineté étrangère;

. *Attendu que le jugement déclaratif de faillite ne prononce aucune décision, et ne comporte en lui-même aucune mesure d'exécution en France,* soit contre les personnes, soit contre les biens; qu'il n'a d'autre effet que de dessaisir le failli étranger de l'administration personnelle de ses biens, et de lui substituer un mandataire légal chargé de le représenter dans toutes les actions actives et passives qui peuvent l'intéresser;

Qu'il suit de là que le syndic peut, en vertu de son mandat, exercer devant les tribunaux français toutes les actions qui auraient appartenu au failli lui-même, et que le jugement déclaratif n'a pas plus besoin pour l'exercice de ces actions de l'exequatur français, que n'en aurait besoin un acte reçu par un officier public étranger, qui constituerait un fondé de pouvoir ou un mandat privé; attendu, il est vrai, que l'exercice de l'action peut avoir des conséquences d'exécution, affectant la personne ou les biens d'un français, mais que ces conséquences découleraient directement alors du jugement français qui aurait statué sur la contestation.

Sur appel, la Cour de Paris rendit l'arrêt suivant le 22 février 1872.

En ce qui touche la fin de non recevoir tirée de ce que le jugement déclaratif de la faillite de Klein n'a pas été rendu exécutoire en France :

Considérant que l'unique question actuellement soulevée par ladite fin de non-recevoir opposée à Matuska est celle de la qualité de Matuska pour représenter le feu sieur Klein dans l'instance et pour procéder valablement en son lieu et place sur l'assignation qui lui a été donnée;

Qu'il ne s'agit pas quant à présent, de décider ou d'examiner si tels ou tels biens ou valeurs situés en France seront soumis aux effets ou conséquences réglés suivant la loi étrangère, à l'exclusion ou en dehors de l'application de la loi française;

Que ce point est et demeure réservé comme appartenant au fond du droit; confirme.

Paris, 28 février 1881 (Vaugeois c. de Cools); J. D. I. P. 1881, p. 263.

Considérant que le jugement qui a prononcé la faillite du Crédit foncier international a acquis la force de chose jugée; qu'aucun doute ne saurait subsister sur ce point en présence de l'arrêt rendu par la Cour d'appel de Bruxelles.

Qu'il suit de là qu'il est sans utilité dans la cause actuelle de rechercher si cette société était belge ou anglaise, si elle avait été ou non régulièrement constituée, si elle était ou non frappée d'une nullité radicale, puisque, d'une part, il n'appartiendrait pas aux tribunaux français de réviser la décision émanée du tribunal belge, et que d'autre part, cette décision a eu pour effet de créer définitivement tant à la société qu'aux actionnaires et aux créanciers une situation juridique définie, en ce que leurs rapports respectifs sont nécessairement soumis aux règles du droit en matière de faillite; qu'il reste, en outre, judiciairement établi que les curateurs sont légitimement investis des pouvoirs qu'ils exercent; qu'ils ont donc qualité pour poursuivre le recouvrement des créances sociales ce qui implique évidemment de les céder conformément à l'intérêt de la masse passive, si ce mode de réalisation de l'actif lui est avantageux et si, d'ailleurs, elle l'approuve comme dans l'espèce.....

Qu'en droit, il n'est pas exact que les syndics dans l'ensemble de leurs fonctions représentent exclusivement le failli; qu'ils sont en même temps les représentants légaux des créanciers, puisque ceux-ci ne peuvent plus agir individuellement ni contre le failli ni contre ses propres débiteurs; qu'ils ont donc qualité, en vertu même des pouvoirs que la loi leur confère, pour poursuivre les débiteurs du failli, comme les créanciers eux-mêmes pourraient le faire, si la loi, dans un intérêt commun, n'avait pas concentré dans leurs mains l'exercice de tous les droits isolés des créanciers; que sous ce rapport ils échappent aux exceptions qui auraient pu être opposées, en raison de son incapacité légale, à l'être moral en qui se personnifiait la société faillie, jusqu'au jour où, par suite de la faillite, il a cessé d'exister ; qu'à plus forte raison cela est vrai quand ils poursuivent au nom de la masse passive les actionnaires, les associés eux-mêmes individuellement, pour les contraindre à accomplir les obligations contractées par eux en cette qualité, et particulièrement à effectuer le paiement de leur apport social qui est le gage de tous les créanciers.....

Considérant que vainement on objecte encore que le jugement du tribunal de commerce de Bruxelles n'a point été déclaré exécutoire par un tribunal français ; qu'en effet, cette objection repose sur une notion inexacte du jugement déclaratif de la faillite et de l'autorité qui lui appartient ; *qu'il n'emporte ni attribution de droits, ni condamnation et n'a d'autre objet que de constater judiciairement la réalité certaine d'un état de choses particulières* qui consistent dans l'impossibilité pour un commerçant de faire face à ses affaires, et d'un fait qui est celui de la suspension des paiements ; que les syndics désignés par un jugement de ce genre agissent en vertu de pouvoirs déterminés par la loi, *non pour l'exécution de ce jugement, mais pour l'exercice des droits antérieurs et appartenant soit à la masse active, soit à la masse passive ;* que cela est si vrai, que dans la cause actuelle l'action intentée par leur cessionnaire a pour but, non d'obtenir du juge français l'autorisation d'exécuter en France une condamnation déjà prononcée par le juge belge, mais, au contraire, de faire consacrer contre son débiteur par la juridiction française un droit sur lequel ce tribunal n'avait pas statué ; qu'il n'y avait, par conséquent, pas lieu à provoquer l'*exequatur* du jugement du 25 mars 1870 (jugement du tribunal de Bruxelles déclarant la faillite et nommant les syndics).

c. Syndics étrangers ; quels pouvoirs leur donne le jugement déclaratif
de faillite? Quand l'exequatur est-il nécessaire?

Il résulte des arrêts que nous venons de reproduire que la qualité des syndics peut être reconnue en France sans que le jugement étranger qui les a nommés ait été rendu exécutoire par nos tribunaux ; mais si les syndics veulent arriver à une exécution sur les biens ou sur la personne du failli[1] qui n'a pas été mis en faillite en France, ils devront demander l'*exequatur* du jugement étranger qui leur a conféré leurs pouvoirs. Avant cette formalité, le syndic nommé en pays étranger pourra invo-

---

[1] Cass., 6 décembre 1887 ; *La loi* du 8 décembre 1887.

quer la sentence qui l'a nommé au point de vue de l'autorité de la chose jugée, de même qu'on invoque l'autorité du jugement étranger qui a statué sur une question d'état et de capacité et dont on ne veut pas faire usage pour procéder à des actes d'exécution. Nous verrons plus loin que le syndic peut même, antérieurement à tout *pareatis*, faire certains actes d'une nature particulière, tels que les actes purement conservatoires; mais toute exécution sur le patrimoine du failli ou d'un de ses débiteurs lui est interdite tant que la décision des juges étrangers n'a pas été rendue exécutoire par nos tribunaux. L'arrêt suivant a très bien déterminé ces nuances.

Paris, 20 janvier 1877 (Philippart c. syndic Philippart);
D. P. 77.2.67; *Bull. Cour Paris*, 1875-76, p. 19.

Considérant que H. et S. agissent en qualité de curateurs à la faillite Philippart, qui a été déclarée par jugement du tribunal de Bruxelles du 13 janvier 1877; *que cette qualité n'est pas contestée et qu'elle existe indépendamment du caractère exécutoire en France, du jugement qui la leur confère;* que si, en cette qualité et comme représentant la masse des créanciers de Philippart ils ont demandé au président du tribunal de la Seine l'apposition des scellés sur tous les livres, papiers, correspondances, caisses, en un mot sur toutes pièces quelconques pouvant se rattacher directement ou indirectement à Philippart et aux nombreuses sociétés sous sa direction, cette demande n'a été par eux formée ni en exécution du jugement rendu par le tribunal de Bruxelles, ni par application de l'art. 455 C. com.; qu'il importe peu dès lors, que le jugement étranger ait été ou non déclaré exécutoire en France; que cette apposition de scellés a été sollicitée et obtenue par les curateurs de la faillite en conformité de l'art. 909-2° C. pr., qui autorise tous créanciers à la requérir, en se faisant autoriser par une permission du président du tribunal; que dans les circonstances de la cause, vu l'urgence et l'importance des intérêts engagés, le président du tribunal a fait un usage régulier des pouvoirs qui lui étaient attribués; *que toutefois il importe de maintenir à la mesure ordonnée son caractère conservatoire,* absolument en dehors des mesures plus rigoureuses qui sont la conséquence de l'état de faillite, dont elle demeure indépendante.

Dit toutefois que la levée des scellés et l'inventaire auront lieu sans dessaisissement à l'égard de Philippart, et nomme séquestre.....

Voici, rapidement signalées, quelques conséquences du système admis par notre jurisprudence en ce qui concerne les pouvoirs des syndics nommés par une sentence étrangère.

Nous venons de voir que le syndic qui tient ses pouvoirs d'un jugement étranger déclaratif de faillite a le droit, avant tout *exequatur*, d'ester en justice[1]. On reconnaît aussi au syndic la capacité nécessaire pour céder une créance de la faillite dans l'intérêt de la masse des créanciers, et le cessionnaire aura alors, relativement à cette créance, les mêmes pouvoirs que le syndic qui l'a cédée[2].

Si la faillite a été déclarée tout à la fois en France et à l'étranger, le syndic étranger n'en conserve pas moins sa qualité en France. Nous n'avons pas à entrer ici dans le détail de la répartition qui suivra une faillite simultanément déclarée en France et à l'étranger; nous rappellerons seulement que la règle généralement admise en cette matière, est basée sur le principe de l'égalité des dividendes distribués aux créanciers, et qu'un syndic étranger peut être admis dans une faillite française pour y représenter les intérêts des créanciers étrangers[3].

Pour ce qui est de la saisie-arrêt, pratiquée en France par un syndic d'une faillite étrangère, nous renverrons à ce que nous disons plus bas dans le paragraphe spécialement consacré à la question de la saisie-arrêt[4].

d. **Cas où les tribunaux français refusent l'exequatur à des jugements étrangers rendus en matière de faillite.**

Lorsque les tribunaux français ont déclaré la faillite d'un français ou d'un étranger, il est certain qu'ils n'accorderont plus l'*exequatur* à un jugement étranger qui aurait déclaré la faillite des mêmes personnes. Il en sera surtout ainsi lorsque la faillite aura été déclarée d'office comme dans l'espèce suivante.

---

[1] V. les arrêts précités.

[2] Paris, 28 février 1881, reproduit *suprà*, p. 89.

[3] Trib. Seine, 28 mai 1881; J. D. I. P. 1881, p. 362. — Montpellier, 12 juin 1884; J. D. I. P. 1885, p. 82.

[4] V. *infrà*, même chap., § 6.

Paris, 7 mars 1878 (Hoffmann); S. 79.2.167; P. 1879, p. 704;
J. D. I. P. 1878, p. 606.

Le 21 mars 1876, sur la demande de créanciers anglais, la
Cour des faillites de Londres prononça la déclaration de la faillite d'Hoffmann et nomma White administrateur des biens de
ce dernier. Le 22 mars 1876, le tribunal de commerce de la
Seine *déclara d'office* la faillite d'Hoffmann pour les opérations
de la succursale qu'il avait à Paris (Syndic Lamoureux). Le
24 mars, tierce-opposition de la part de White qui soutenait
que la faillite anglaise était seule valable et devait englober tout
l'actif. Lamoureux résiste, disant notamment que White ne peut
agir en France en qualité de syndic avant d'avoir obtenu l'*exequatur* du jugement anglais par lequel il a été nommé.

Le 13 octobre 1876, le tribunal de commerce de la Seine
rendit son jugement.

Attendu, y est-il dit, qu'il ne s'agit pas de l'exécution d'un arrêt de
la Cour des banqueroutes, qu'il n'importe donc pas de savoir si ledit
arrêt a été déclaré exécutoire en France. Sur la recevabilité de la tierce-
opposition; attendu que l'arrêt de Londres qui a prononcé la faillite,
n'a pas été déclaré exécutoire en France; qu'en conséquence, White
ne saurait y avoir aucune action en sa qualité de syndic de ladite faillite et doit être déclaré non-recevable dans sa tierce-opposition.

White demanda alors l'*exequatur* du jugement anglais du
21 mars 1876 au tribunal de la Seine, qui le lui refusa le 26
juillet 1877 :

Attendu que l'exécution en France de la sentence de la Cour des
faillites de Londres, devant avoir pour conséquence de faire grief aux
droits des créanciers français en ce qui concerne la faillite de leur
débiteur, il en résulte qu'il n'y a lieu d'accorder l'*exequatur*, alors
surtout que Lamoureux a déjà procédé, en sa qualité de syndic, aux
mesures préliminaires de la faillite, mesures que ne pouvait entraver
la sentence étrangère, qui n'ayant pas été rendue exécutoire en France,
était légalement sans efficacité.

Appel des deux jugements fut interjeté devant la Cour d'appel de Paris, qui réforma celui du 13 octobre 1876, mais seu-

lement en ce qu'il avait déclaré la tierce-opposition non recevable, au lieu de la déclarer recevable mais mal fondée, et
confirma le jugement du tribunal de la Seine du 26 juillet 1877
(7 mars 1878).

Considérant en premier lieu que les premiers juges, après avoir
constaté à bon droit que White justifie de sa qualité de syndic de la
faillite Hoffmann, ont omis de déclarer dans le dispositif de leur jugement qu'ils recevaient White intervenant en ladite qualité; qu'il y a
lieu de réparer cette omission; considérant en dernier lieu que la qualité de White étant ainsi justifiée et constatée, il appartenait aux premiers juges de statuer non sur la recevabilité, mais sur le bien-fondé
de la tierce-opposition, et que c'est à tort qu'ils ont déclaré la tierce-
opposition de White non-recevable; qu'il y a lieu de rectifier sur ce
point les motifs et le dispositif du jugement dont est appel; adoptant,
au surplus, les motifs des premiers juges en ce qu'ils ont refusé de
statuer sur l'exécution de l'arrêt de la Cour des banqueroutes.....

Rappelons, en terminant sur ce point, qu'il a été jugé par la
Cour de Nancy [1], que lorsque l'individu déclaré en état de faillite à l'étranger, avait son principal établissement en France,
c'était à bon droit que le tribunal français, dans le ressort duquel se trouvait ledit établissement, avait refusé l'*exequatur* au
jugement étranger déclaratif de faillite.

c. Faillite d'un français déclarée par un tribunal étranger.

Les tribunaux français refusent l'*exequatur* au jugement
étranger qui a déclaré en faillite un français, lorsque ce dernier s'est adressé à la juridiction étrangère dans le but de frus-
trer ses créanciers français.

L'arrêt de Bordeaux, que nous reproduisons à ce sujet, malgré sa rédaction confuse, fait allusion à la théorie du *contrat
judiciaire* qui, d'après certains auteurs, n'oblige pas toujours
les parties qui se sont présentées devant un tribunal.

---

[1] Nancy, 8 mai 1875; J. D. I. P. 1877, p. 144.

Bordeaux, 2 juin 1874 (Héritiers Changeur c. Brulatour); S. 75.2.37; P. 1875,
p. 211; D. P. 75.2.209; *Journ. arr. Bordeaux,* 1874, p. 258; J. D. I. P. 1875,
p. 269 [1].

Attendu que Brulatour, pour faire repousser l'appel interjeté par
les demandeurs, soutient que la maison Lataste et Brulatour, établie
à la Nouvelle-Orléans et dont il était membre a été, le 10 avril 18...,
déclarée en état de faillite et a fait à ses créanciers l'abandon de tous
les biens qu'elle possédait; que le syndic en a provoqué la vente, et
qu'un arrêt rendu le 14 août 1850 par la 3e cour du district de la
Nouvelle-Orléans a ordonné la distribution des fonds en provenant
conformément à l'état qui en avait été dressé; que Changeur-Moneron
a pris part aux opérations de cette faillite; qu'il s'y est même fait
admettre comme créancier privilégié pour 3,000 dollars; que ses
héritiers doivent donc en subir les effets et ne peuvent réclamer qu'au
syndic, s'ils ne l'ont déjà touché, le solde qui leur resterait dû; qu'enfin et dans tous les cas, Eugène Changeur, l'un des appelants, serait
non-recevable et mal fondé dans sa demande comme ayant été désin-
téressé; attendu que si un jugement rendu en pays étranger et déclarant une faillite fait preuve suffisante de la qualité des syndics
qu'il a nommés et leur permet d'exercer en France le droit appartenant à la masse, sans qu'il soit nécessaire de le faire préalablement
déclarer exécutoire, il ne saurait en être ainsi, lorsque, comme dans
l'espèce, *le failli lui-même invoque l'autorité de la chose jugée à l'é-
tranger, pour se soustraire aux poursuites individuelles exercées contre
lui par ses créanciers; qu'on doit surtout décider ainsi lorsque c'est
un français qui oppose à des créanciers également français, et pour
échapper à leur action, un jugement rendu sur sa demande en pays
étranger et déclarant sa faillite en lui accordant le bénéfice de la
cession de biens;* qu'aux termes des articles 546 C. proc. et 2123 C.
civ., les jugements rendus par les tribunaux étrangers ne sont susceptibles d'exécution en France qu'autant qu'ils ont été déclarés exécutoires par un tribunal français; que cette règle s'applique aux
jugements qui accordent à une maison de commerce des sursis aux
poursuites dirigées contre elle, comme à ceux qui l'admettent à faire
l'abandon de ses biens ou la déclarent en faillite; que même lorsque
le défendeur ne fait que les opposer par voie d'exception pour s'affranchir des réclamations dont il est en France l'objet de la part des
créanciers français, il est manifeste qu'il en réclame l'exécution et

____

[1] Cité *suprà,* p. 87.

veut leur faire produire tout l'effet qu'il en obtiendrait dans le pays où ils ont été rendus; *attendu qu'on objecte vainement la part qu'aurait prise Changeur-Moneron aux opérations de la faillite pour en conclure qu'il s'est formé entre lui et son débiteur un contrat judiciaire qui le soumet à la loi de la Louisiane et aux décisions émanées de la Nouvelle-Orléans;* qu'en effet, le français qui traduit volontairement son débiteur devant un juge étranger, peut faire supposer qu'il accepte la compétence de ce juge et se soumet à sa juridiction; mais que cette présomption est inadmissible lorsqu'un débiteur français qui ne possède aucun bien en France se déclare lui-même en faillite en pays étranger et force ainsi ses créanciers français à se présenter dans sa faillite pour y faire valoir leurs droits, sous peine de la perte totale de leurs créances; que ces créanciers subissent alors une nécessité à laquelle ils sont contraints d'obéir et qu'on ne saurait induire de ce fait une renonciation de leur part à actionner leur débiteur devant les tribunaux français [1].

***f.* Jugements étrangers déclaratifs de faillite qui ont toujours besoin de l'exequatur pour pouvoir être invoqués en France.**

Lorsqu'il y a contestation sur quelque point important visé dans le jugement étranger déclaratif de faillite, par exemple sur la date de la cessation des paiements, sur la qualité des syndics, sur la compétence du tribunal, ce jugement ne peut être utilement invoqué en France, qu'autant qu'il y a été déclaré exécutoire.

Trib. Seine, 21 décembre 1877; le Droit du 29 mai 1878.

Qu'en effet, sans avoir à résoudre la question de savoir si, en principe, un syndic nommé par un tribunal étranger a qualité pour procéder en France aux mêmes actes qu'il aurait le droit de faire dans le pays où la faillite a été déclarée, alors même que le jugement qui a déclaré la faillite et nommé le syndic n'a pas été déclaré exécutoire par un tribunal français, *le défaut de qualité est certain lorsqu'il y a contestation sur le fait de la déclaration de faillite ou sur le fait de la nomination du syndic,* et que, par suite, il doit en être de même lorsqu'il y a contestation sur les conditions du report de la faillite;

Que ce défaut de qualité est également certain jusqu'à l'*exequatur*, lorsqu'il s'agit d'examiner ou de décider si tels ou tels biens ou valeurs

---

[1] V. la note sous l'arrêt dans le Dalloz. — Aubry et Rau, *op. cit.* (4ᶜ édit.), t. I, § 34, p. 96.

situés en France seront soumis aux effets et conséquences de la déclaration de faillite prononcée à l'étranger ou du report de cette faillite
à une date antérieure à celle qui avait été provisoirement fixée ; qu'en
effet, dans l'un et l'autre cas, le fait attesté par le jugement étranger
et dont les conséquences juridiques sont poursuivies en France sont
mises en échec et qu'il ne peut devenir constant en France qu'autant
que le tribunal français a rendu exécutoire le jugement étranger (art.
546 C. proc., 2123 et 2128 C. civ.) [1].

g. Concordat intervenu à l'étranger dans une faillite étrangère. — Sursis.

Le concordat intervenu à l'étranger dans une faillite étrangère, est opposable à tous les créanciers français ou étrangers
qui y ont volontairement adhéré, c'est l'application du principe
du contrat judiciaire [2].

Trib. Seine, 18 juillet 1884 (Chouquet c. Cohn et Cie) ; J. D. I. P. 1884, p. 616.

Attendu que la dame Cohn et Cie, créanciers des époux Chouquet,
sont intervenus à Londres au concordat obtenu par les débiteurs et
ont adhéré à ce concordat dont l'effet a été de libérer, moyennant un
dividende, les époux Chouquet de la totalité de leur dette ; attendu
que sans avoir à examiner la question de savoir si un concordat formé
à l'étranger peut être opposé au créancier français faisant partie de la
minorité qui a refusé d'y adhérer, il est constant qu'un tel concordat
a au moins vis-à-vis des créanciers qui l'ont consenti la force d'un
contrat obligatoire ; attendu que les conventions font la loi des parties,
que dès lors ceux-ci sont bien et dûment libérés vis-à-vis de Mme Cohn
et Cie [3].

Lorsque des créanciers français n'ont pas adhéré au concordat
intervenu en pays étranger, MM. Lyon-Caen et Renault [4] estiment que, le concordat puisant toute sa force dans le jugement
qui l'a homologué, il faut faire rendre exécutoire en France la
sentence étrangère d'homologation qui, par le fait de cette
homologation, deviendra opposable à tous les créanciers, qu'ils
aient ou non adhéré au concordat [5].

---

[1] *Sic,* Cass., 21 juin 1870 ; *suprà,* p. 87.
[2] V. *suprà,* p. 95, l'arrêt de Bordeaux du 2 juin 1874.
[3] *Sic,* Trib Seine, 26 février 1886 ; J. D. I. P. 1886, p. 331.
[4] *Précis de droit commercial,* n° 3144.
[5] *Sic,* Demangeat et Fœlix, *op. cit., t.* II, p. 111.

D'autres auteurs [1] considèrent le concordat comme une institution privée qui n'a d'efficacité, comme un acte privé, que vis-à-vis dê ceux qui l'ont acceptée.

Quant aux partisans de l'universalité de la faillite [2], il leur suffit que le jugement déclaratif de faillite ait été rendu exécutoire en France. Désormais tous les effets de cette faillite seront obligatoires en France, sans que les jugements étrangers d'où ils résultent aient besoin de l'*exequatur* de nos tribunaux.

Certaines législations [3] autorisent les tribunaux à accorder aux commerçants qui se trouvent momentanément au-dessous de leurs affaires des sursis de paiement, c'est-à-dire que, pendant un laps de temps déterminé, les créanciers doivent cesser toute poursuite contre leur débiteur. La plupart des auteurs n'admettent pas que le jugement étranger qui a accordé un sursis puisse être rendu exécutoire par les tribunaux français; « il constitue une exception autorisée par la loi à la règle que tout débiteur est obligé d'exécuter l'obligation dans le temps voulu. Évidemment cette exception ne peut avoir de valeur que dans le territoire soumis à la loi qui l'autorise; partout ailleurs le droit créé par l'obligation doit être respecté [4]. »

h. Jugement étranger de réhabilitation.

Pourvu que le jugement étranger de réhabilitation émane d'un tribunal compétent, c'est-à-dire, croyons-nous, de celui

---

[1] Massé, *op. cit.*, t. II, n° 811.

[2] Carle, *op. cit.*, p. 108.

[3] Loi belge du 18 avril 1851 (art. 593 à 614). — C. com. italien de 1882 (art. 819 à 829). — Loi luxembourgeoise du 2 juillet 1870 (art. 593 et suiv.). — C. com. néerlandais (art. 900 à 923). — C. com. de la République Argentine (art. 1728 et suiv.). — C. com. roumain (art. 832 à 842).

[4] Asser, *Éléments de droit intern. privé* (traduction Rivier), § 131, p. 226 et 246. — *Sic*, Despagnet, *Précis de droit intern. privé*, § 647, p. 622; Massé, *op. cit.*, t. II, § 812. p. 84 et 85. On peut, jusqu'à un certain point, assimiler aux jugements homologatifs de concordats et aux sentences qui accordent des sursis au commerçant au-dessous de ses affaires, l'*order of discharge* établi par la loi anglaise, bien que « dans l'*order of discharge* la libération du failli dérive exclusivement de la décision de la Cour, tandis que dans le concordat elle résulte du vote de la majorité des créanciers approuvé par le tribunal. » (Lyon-Caen et Renault, *op. cit.*, t. II, p. 785, note 5).

qui a déclaré l'état de faillite, il n'a pas besoin d'*exequatur*
pour avoir pleine efficacité en dehors du territoire où il a été
prononcé [1]. La théorie contraire a d'ailleurs été soutenue [2].

§ V. Exécution en France des sentences arbitrales étrangères.

La jurisprudence de nos cours et tribunaux en ce qui concerne l'exécution en France des sentences arbitrales étrangères
est assez nette.

Il convient d'abord d'établir une distinction entre deux sortes
d'arbitrages, l'arbitrage forcé et l'arbitrage volontaire. Il y a
arbitrage forcé lorsque la loi d'un pays oblige les plaideurs à
accepter la décision de personnes privées désignées par elles-
mêmes ou par les tribunaux [3]. Au contraire, l'arbitrage est
volontaire lorsque les plaideurs, désireux d'éviter un recours
aux tribunaux, ont librement et spontanément désigné une ou
plusieurs personnes auxquelles ils ont confié le soin de trancher
leur litige.

a. Arbitrage forcé.

La sentence étrangère résultant d'un arbitrage forcé doit
être assimilée en France à un jugement étranger et traitée
comme telle. « La juridiction arbitrale, alors qu'elle est forcée,
forme une institution publique qui participe par le principe
même de son établissement de caractère public et politique des
autres juridictions de la nation étrangère [4]. »

Montpellier, 18 août 1838 (Dupré et consorts c. Durand);
S. 40.1.583; P. 40, II, p. 622.

Attendu que c'est un principe de droit public consacré par l'article
121 de l'ordonnance de 1629 et par les articles 2123, 2128 C. civ. et
546 C. proc. que toute décision rendue par un juge étranger ne peut
être exécutée en France sans être soumise à la révision du juge français; *qu'à la vérité, ce principe ne s'applique pas aux décisions ren-*

[1] Carle, *op. cit.*, § 72, p. 145; Massé, *op. cit.*, t. II, § 813, p. 85.

[2] Lyon-Caen et Renault, *op. cit.*, n° 3145. Cela peut résulter du § 17 de
l'art. 15 du décret organique du 2 février 1852.

[3] L'arbitrage forcé n'existe plus en France depuis la loi du 17 juillet 1856
qui a abrogé les articles 51 à 63 C. com.

[4] Larombière, *op. cit.*, t. VII, sur l'article 1351, n. 7.

*dues en arbitrage purement volontaire parce que, dans ce cas, la
sentence arbitrale n'est autre chose que l'exécution de la convention,*
mais que dans l'espèce le tiers-arbitre qui a rendu la sentence définitive, n'a pas prononcé comme tenant ses pouvoirs de la seule volonté des parties; *qu'en effet, le sieur Mores a été nommé par le tribunal de commerce de Barcelone. .... Qu'il suit de là que la sentence
de ce tiers-arbitre doit être soumise à une révision comme acte émané
d'un délégué de la puissance publique espagnole.*

La Cour de cassation rejeta le pourvoi formé contre l'arrêt
de Montpellier.

Cass. req., 16 juin 1840 (Dupré et autres c. Durand); S. 40.1.583;
P. 1840, II, p. 622; D. A. au mot Droit civil, n. 1197.

La Cour, — Sur le premier moyen : Attendu que l'arrêt attaqué constate en fait que le tiers-arbitre Mores, qui a mis à fin la décision
arbitrale dont il s'agit dans l'espèce avait été nommé par le tribunal
de commerce de Barcelone et autorisé par ce tribunal à statuer sur
un point de litige à l'égard duquel les premiers arbitres avaient omis
de déclarer leur discord; *qu'il suit de là que ce tiers-arbitre a procédé
comme délégué de la puissance publique espagnole et que ce fait im-
prime à sa décision un caractère judiciaire qui la soumet à la révision
des juges français,* conformément aux dispositions de l'article 121 de
l'ordonnance de 1629;

Sur le deuxième moyen : Attendu que l'arrêt constate encore en fait
que les deux premiers arbitres n'avaient fait aucune liquidation, qu'ils
n'avaient prononcé aucune condamnation; *que c'est le tiers-arbitre qui
seul a liquidé et prononcé et que c'est uniquement de la liquidation
par lui faite et de sa sentence que les héritiers Dupré demandent
l'exécution,* que dans de telles circonstances l'arrêt attaqué, en refusant de scinder la décision arbitrale, loin d'avoir violé les principes,
s'y est exactement conformé... Rejette [1].

b. Arbitrage volontaire.

Rappelons tout d'abord, que lorsqu'on parle d'une sentence
étrangère d'arbitrage volontaire, on entend par là une sentence
arbitrale prononcée par des arbitres étrangers. Peu importe,
en effet, que cette décision ait été rendue en France ou dans

[1] V. Paris, 22 juin 1843; S. 43.2.346; P. 1843, II, p. 143.

un pays étranger, car ce n'est pas le lieu où elle a été arrêtée que nous devons considérer, mais bien la qualité et la nationalité des personnes dont elle émane.

Il convient, en outre, d'observer que l'arbitre volontaire puise uniquement ses pouvoirs dans la volonté des parties, *ce qui enlève à sa décision le caractère d'un jugement étranger.*

Chambéry, 15 mars 1875 (Albertoli c. Gonthier); S. 76.2.85; P. 1876, p. 439; D. P. 76.2.93; J. D. I. P. 1876, p. 101.

Attendu que l'arbitre volontaire puise uniquement ses pouvoirs dans la volonté des parties : que le choix de celles-ci, maîtresses de leurs droits et de leur confiance peut librement se porter sur toute personne même sur un incapable; *que l'arbitrage est un contrat qui appartient essentiellement au droit des gens; que cette origine dit assez que l'arbitre est un mandataire et qu'il n'a rien de commun avec un magistrat* qui, après l'investiture du chef de l'État, sous la garantie de son serment, avec l'autorité de son caractère public exerce par délégation une portion de la puissance publique.....

. Ce caractère de l'arbitrage volontaire a été très bien défini par M. Larombière : « L'arbitrage considéré comme convention appartient au droit des gens et établit entre les contractants un lien obligatoire de droit; l'arbitre, quel qu'il soit et en quelque lieu qu'il rende sa sentence, juge, non point en magistrat revêtu d'une autorité publique quelconque, mais en simple particulier investi de la confiance des parties et en vertu du mandat privé qu'il en a reçu. Il n'a ainsi aucune espèce de juridiction publique ni territoriale [1]. »

Toutefois, la sentence d'arbitrage volontaire ne pourra être exécutée en France qu'autant qu'elle y aura été rendue exécutoire.

Paris, 16 décembre 1809 (Lannes c. Ve Vochez, Coopmann et Nadeau); S. 10.2.198.

En ce qui touche la décision arbitrale du..... : Attendu qu'une pareille décision rendue en pays étranger, mais appartenant au droit des gens comme n'étant que la conséquence et le résultat d'une con-

---

[1] Larombière, *op. cit.*, t. VII, sur l'article 1351, n° 7.

vention primitive et libré des parties, *peut sans contredit être exécutée en France, pourvu qu'elle soit déclarée exécutoire par un tribunal français.*

Hâtons-nous d'ajouter que la sentence étrangère d'arbitrage volontaire, si elle a besoin de l'*exequatur* du juge français, ne saurait en aucun cas être révisée quant au fond par celui-ci[1], puisque, comme nous venons de le voir, il ne s'agit nullement en cette matière d'une décision contentieuse. Il résulte de ce qui précède que la sentence d'arbitrage volontaire, bien que rendue par des étrangers, devra être assimilée à une sentence arbitrale française et rendue exécutoire, par simple ordonnance du président du tribunal du lieu où elle doit être exécutée[2].

§ VI. Un créancier peut-il, en vertu d'un jugement étranger qui n'a pas été rendu exécutoire, pratiquer une saisie-arrêt en France?

Un jugement étranger qui n'a pas encore été rendu exécutoire en France peut-il servir de base à une saisie-arrêt[3]?

La jurisprudence qui refuse, sauf de très rares exceptions, l'autorité de la chose jugée aux sentences étrangères qui ne sont pas revêtues de l'*exequatur,* et qui décide que ces sen-

---

[1] Aubry et Rau, *op. cit.,* t. VIII, p. 418; Bonfils, *op. cit.,* p. 263, § 281; Massé, *op. cit.,* t. II, p. 86, § 815; Weiss, *op. cit.,* p. 963, note 1.

[2] Montpellier, 21 juillet 1882; J. D. I. P. 1884, p. 70. On discute vivement la question de savoir si la sentence d'arbitrage volontaire rendue exécutoire par le juge étranger, doit être assimilée à une sentence arbitrale française ou à un jugement étranger. V. Bonfils, *op. cit.,* n. 282; Moreau, *op. cit.,* n. 51. Massé (*op. cit.,* t. II, p. 86), établit une sous-distinction entre la sentence arbitrale étrangère qui a été rendue exécutoire par le président seul, et celle qui a été revêtue du *pareatis* d'un tribunal entier. Au premier cas, on appliquera en France à cette décision arbitrale l'article 1020 C. proc. Dans la seconde hypothèse, l'*exequatur* d'un tribunal français sera nécessaire.

[3] Rappelons qu'aux termes de l'article 557 C. proc. « tout créancier peut, en vertu de titres authentiques ou privés, saisir-arrêter entre les mains d'un tiers les sommes et effets appartenant à son débiteur ou s'opposer à leur remise. » Ce serait sortir des limites de notre sujet que de parler de la saisie-arrêt pratiquée en vertu d'une permission du juge.

tences ne peuvent être assimilées au point de vue de leur valeur en France, aux actes authentiques ou même privés passés en pays étrangers, n'admet pas, en général, qu'une décision d'un tribunal étranger puisse servir de base à une saisie-arrêt dans notre pays tant qu'elle n'y a pas été rendue exécutoire.

Paris, 31 janvier 1873 (Egger c. Wohl); S. 74.2.33; P. 1874, p. 203.

La Cour, considérant que par exploits des... Egger a pratiqué dans les mains du ministre de la guerre et du ministre des finances, une saisie-arrêt des sommes dues par l'État à Wohl pour fournitures d'armes de guerre;

Considérant que suivant les articles 557 et 558 C. proc., il ne pouvait procéder à cette voie d'exécution qu'en vertu d'un titre et qu'avec permission du juge;

Considérant qu'il attribue à tort la nature d'un titre à un jugement du tribunal de commerce de Strasbourg du....; que ce jugement rendu dans un pays qui alors venait de passer sous une souveraineté étrangère était un jugement étranger et ne pouvait fonder en France une voie d'exécution qu'après avoir été déclaré exécutoire par un tribunal français (art. 2123, 2128 C. civ., 546 C. proc.).

Que vainement on soutient que ce jugement était dispensé de l'*exequatur* et portait en France toute son autorité parce qu'il était un jugement déclaratif de faillite...

Qu'Egger n'a donc pu donner pour base à sa saisie-arrêt un jugement étranger qui, à défaut d'*exequatur*, ne peut avoir en France ni l'autorité de la chose jugée, ni aucune puissance d'exécution[1].

Trib. Charolles, 10 avril 1884 (Motsch c. Weil); J. D. I. P. 1884, p. 639.

Attendu qu'aux termes des articles 557 et 558 du C. proc., la saisie-arrêt ne peut être pratiquée qu'en vertu d'un titre authentique ou privé ou d'une permission du juge; attendu, d'autre part, qu'aux termes des articles 546 C. proc. et 2123 et 2128 C. civ., les jugements rendus par les tribunaux étrangers ne sont susceptibles d'exécution en France, qu'autant qu'ils ont été rendus exécutoires par les tribunaux français; qu'il suit de là que les jugements d'origine étrangère restent lettre-morte tant que l'*exequatur* n'est pas venu en quel-

---

[1] *Sic*, Paris, 5 août 1832; S. 33.2.20, P. 1831-1832, p. 1370. D. A. au mot *Dr. civ.*, n. 333. — Trib. Seine, 2 mai 1876; J. D. I. P. 1877, p. 149. —Dans ce sens, Fœlix, *op. cit.*, t. II, § 368, p. 112.

que sorte les vivifier; qu'il est, dès lors, inutile de rechercher si la saisie-arrêt constitue un acte conservatoire ou un acte d'exécution, la généralité de ces expressions « ne sont pas susceptibles d'exécution » n'admettant pas d'exception, et s'appliquant aux actes conservatoires, comme aux actes d'exécution, puisque les uns et les autres procèdent du jugement étranger;..... que Weil n'a formulé sa demande d'*exequatur* ni dans l'assignation en validité, ni antérieurement; qu'elle est, par suite, non recevable en l'état.

Toutefois, dans un autre système, on fait observer que la saisie-arrêt est un acte purement conservatoire qui ne se transforme en acte d'exécution qu'au moment où elle est validée. « La saisie-arrêt, à son origine, est un acte conservatoire qui se distingue essentiellement des actes d'exécution; pour que cette mesure puisse intervenir, il suffit qu'il apparaisse une créance probable. Quand il s'agira de la valider, de lui conférer l'état attributif, il faudra établir la certitude de la créance, mais jusque-là, simple mesure de précaution, elle ne demande qu'un titre apparent[1]. »

Puisqu'un acte privé peut permettre une saisie-arrêt alors qu'il ne saurait servir de base à une exécution, pourquoi un jugement étranger ne pourrait-il autoriser une semblable mesure?

Trib. Lille, 4 juin 1885 (Brauwère c. Brauwère); J. D. I. P. 1885, p. 560.

Attendu que Louis de Brauwère se prétendant créancier de Adolphe de Brauwère d'une somme de..... en vertu d'un arrêt de la Cour de Bruxelles, d'un jugement du tribunal de Malines et d'une quittance faite à Saint-Gilles le 3 août 1883, a fait pratiquer une saisie-arrêt aux mains de Cussen et Deledique, détenteurs de fonds revenant à Adolphe de Brauwère; qu'il s'agit par conséquent non d'une contestation ordinaire entre deux étrangers, mais seulement d'une mesure d'exécution poursuivie en France sur des deniers se trouvant aux mains du français tiers-saisi; qu'à ce point de vue il appartient aux juges du lieu de la saisie d'en connaître pour la valider ou l'invalider sur le vu des pièces justificatives; *attendu que Louis de Brauwère a fait pratiquer la saisie-arrêt dont il s'agit en vertu des jugements et*

[1] Bazot, *Des ordonnances sur requête et des ordonnances de référé*, p. 123.

arrêts précités rendus en Belgique; attendu que s'il est admis en jurisprudence que la saisie-arrêt pratiquée sur un étranger en vertu de jugements rendus contre lui en pays étranger, non encore rendus exécutoires en France, au moment de la saisie est valable, pour cette raison que le tribunal saisi peut ordonner l'exécution de ces jugements en même temps qu'il prononce la validité de la saisie, il est non moins certain que les tribunaux français doivent exercer un droit de révision, en fait et en droit, sur les jugements étrangers dont on leur demande d'ordonner l'exécution en France[1].

[1] *Sic,* Paris, 19 janvier 1850; S. 50.2.462. — Trib. Seine, 10 avril 1880; J. D. I. P. 1880, p. 301.

CHAPITRE V.

QUEL EST LE TRIBUNAL COMPÉTENT POUR STATUER EN FRANCE SUR UNE DEMANDE D'EXEQUATUR?

Nos codes ne nous disent pas à quel tribunal il faut s'adresser pour obtenir l'*exequatur* d'une sentence étrangère. Ce silence des textes a eu pour effet d'amener quelques hésitations dans la jurisprudence. Nous devons envisager la compétence du tribunal français saisi d'une instance en *exequatur* à un double point de vue. Ce tribunal était-il compétent *ratione materiæ?* l'était-il quant au degré de juridiction appelé à prononcer?

a. Compétence ratione materiæ.

La jurisprudence est presque unanime à décider que la demande en *exequatur* doit être portée devant les tribunaux civils, encore qu'il s'agisse de faire déclarer exécutoire en France une décision étrangère rendue en matière commerciale.

Il semblerait cependant que les partisans du système de l'Ordonnance de 1629, lorsqu'il s'agit d'un jugement étranger rendu au préjudice d'un Français, et les défenseurs de la théorie de la révision au fond, dussent arriver à une solution toute différente, car dès l'instant que le jugement étranger est considéré comme non-avenu et qu'il est question de le réviser au fond, dans le but de sauvegarder les intérêts purement privés des parties, c'est un nouveau procès qui va se débattre et il serait assez rationnel de soumettre aux tribunaux civils les affaires civiles, et aux juges consulaires les contestations commerciales. Il n'en est rien, et comme nous allons le voir, la jurisprudence française marque une tendance constante à se fixer dans le sens de la compétence exclusive des tribunaux civils.

A l'appui de cette thèse, on a tout d'abord invoqué l'article

442 C. proc., aux termes duquel les tribunaux de commerce français ne connaissent pas de l'exécution de leurs jugements; à plus forte raison, a-t-on dit, ne sauraient-ils prononcer sur l'exécution de sentences rendues par des magistrats étrangers. De plus, au cours d'une procédure d'*exequatur,* des difficultés relatives à des questions de droit international et d'ordre public peuvent se présenter, difficultés que nos tribunaux de commerce seraient le plus souvent très empêchés de résoudre. Enfin, et cet argument nous paraît sérieux, les tribunaux de commerce constituent une juridiction d'exception, ne pouvant connaître que des matières à l'égard desquelles la loi leur a expressément attribué compétence.

Dijon, 17 novembre 1874; Rec. des arr. de la Cour de Dijon,
9e année, p. 332 et suiv.

Considérant qu'en effet, la demande d'*exequatur* peut soulever des questions de l'ordre le plus élevé et rendre nécessaire la solution de questions qui intéressent soit le droit international, soit le droit constitutionnel, soit l'ordre public, soit même les principes du droit privé qui s'y rattachent intimement, comme ceux relatifs aux questions d'état; qu'on est donc forcé d'admettre, qu'à raison des questions dont elle nécessite l'examen et la solution, l'instance tendant à faire déclarer exécutoire en France le jugement rendu par un tribunal étranger, constitue, en quelque matière que ce soit, un genre de litige tout à fait spécial, *et qui échappe à la compétence de la juridiction consulaire, par cela seul que la loi ne le lui a pas expressément déféré.*

Paris, 16 avril 1855; S. 55.2.336; P. 1855, p. 248; D. P. 56.2.109.

Considérant que les tribunaux de commerce sont des tribunaux d'exception; qu'ils ne peuvent, dès lors, connaître de débats qui se compliquent nécessairement de questions d'ordre public et de droit international, lesquelles absorbent les questions commerciales; *que les débats de cette nature appartiennent essentiellement aux tribunaux civils, lesquels ont la plénitude de juridiction* [1].

---

[1] *Sic,* Bordeaux, 25 février 1836; S. 48.2.153; P. 1835-36, p. 1112; D. P. 48.5.180; *Journ. arr. Bordeaux,* 1836, p. 124. — Bordeaux, 22 janvier 1840; D. P. 40.2.167; *Journ. arr. Bordeaux,* 1840, p. 55. — Douai, 9 décembre 1843; S. 44.2.568; P. 44, p. 207. — Bordeaux, 6 août 1847; S. 48.2.153;

Le système contraire a été soutenu et quelques arrêts, assez rares il est vrai, sont venus l'appuyer. Il ne s'agit pas, dit-on, de la seule exécution du jugement étranger, puisque la théorie admise par la jurisprudence consiste à permettre un nouveau débat sur le fond du procès; de plus, il est peu sérieux de dénier la compétence en cette matière aux tribunaux de commerce, parce qu'au cours de l'instance, il pourrait être nécessaire de trancher des questions de droit international ou d'ordre public. De pareilles questions se présentent journellement devant les juges consulaires qui les résolvent. Quant à la compétence générale des tribunaux civils et à la qualité de juridiction d'exception des tribunaux de commerce, cet argument peut être très bon lorsqu'on repousse la révision au fond, mais semble avoir beaucoup moins de valeur dans le système de la jurisprudence qui remet tout en question [1].

Montpellier, 8 mars 1822 (Aymard c. Colomer); P. 1822-23, p. 182; D. A. au mot *Droit civil,* n. 459.

Considérant que les jugements rendus en pays étrangers contre des Français ne peuvent recevoir d'exécution en France qu'après qu'ils ont été déclarés exécutoires par un tribunal français; considérant que des lois nouvelles sur la matière, conformes en cela à l'article 121 de l'Ordonnance de 1629, il résulte que les tribunaux français appelés à déclarer exécutoires les jugements rendus en pays étrangers ne doivent pas se borner à une simple formalité d'*exequatur,* mais doivent examiner le fond de l'affaire sur laquelle les tribunaux étrangers ont prononcé;

Considérant que de cette obligation d'examiner le fond de la contestation dérive la conséquence nécessaire que l'action à intenter pour faire déclarer exécutoire un jugement étranger doit être portée devant

P. 1848, p. 343; D. P. 48.2.66; *Journ. arr. Bordeaux,* p. 528, précité *suprà,* p. 16, note 1. — Douai, 24 avril 1849; P. 1849, p. 487; D. P. 50.2.101; *Journ. jurispr. commerc. et marit. Aix et Marseille,* 1849, p. 164. — Chambéry, 12 février 1869; S. 70.2.9; P. 1870, p. 91; D. P. 71.2.118, précité *suprà,* p. 59, note 2. — Rennes, 26 décembre 1879; S. 81.2.81, P. 1881, p. 449; D. P. 80.2.52, précité *suprà,* p. 31 et 61. — V. dans ce sens : Demolombe, *op. cit.,* t. I, n. 263; Aubry et Rau, *op. cit.,* t. VIII, p. 419.

[1] Bonfils, *op. cit.,* § 277; Chauveau sur Carré, quest. 1900 *bis;* Demangeat, sur Fœlix, *op. cit.,* t. II, p. 99, note *a.*

cèlui des tribunaux français qui est compétent pour connaître des matières que font l'objet de cette contestation;

Considérant que pour donner attribution exclusive aux tribunaux civils à l'effet de déclarer exécutoires les décisions de justices étrangères, il aurait fallu que le législateur eût soumis spécialement et exclusivement ces matières à la juridiction de ces tribunaux, ce qui ne se trouve point dans la loi;

Considérant que l'article 2123 C. civ., en renvoyant purement et simplement à un tribunal français, n'a pu entendre parler que d'un tribunal français dans les limites de sa compétence; considérant, en fait, qu'il s'agit dans l'espèce de paiement de lettres de change, matière commerciale; que c'est donc devant un tribunal de commerce français que la demande aurait dû être portée pour voir déclarer exécutoires les arrêts rendus par les tribunaux espagnols dont s'agit au procès [1].

b. Compétence quant au degré du tribunal appelé à prononcer.

A quel degré de la hiérarchie judiciaire le tribunal chargé de donner l'*exequatur* à un jugement étranger, devra-t-il appartenir?

Sauf dans le cas où il existerait des traités diplomatiques réglant la question, il ne semble pas douteux que la sentence étrangère doive être portée d'abord devant le tribunal civil d'arrondissement et ensuite, s'il y a lieu, devant la Cour d'appel. C'est, d'ailleurs, la stricte application des principes de droit commun qu'il convient de faire en présence du silence de la loi.

Aix, 8 juillet 1840 (Resignani); S. 41.2.263; P. 1841, II, p. 439.

Attendu que les Cours royales ne statuent directement et *omisso medio* sur les causes de cette nature (demande d'*exequatur*) que lorsque par suite d'un traité politique, le *pareatis* leur est demandé en vertu de lettres rogatoires émanées d'une Cour souveraine [2].

La Cour de Nancy, dans son arrêt du 6 juillet 1877, que nous avons reproduit ci-dessus [3], invoquant de hautes conve-

---

[1] *Sic,* Colmar, 13 janvier 1815; P. 1815, p. 537; D. A. au mot *Droit civil,* n. 459. — Paris, 5 mai 1846, *Gaz. Trib.* du 6 mai 1846. — Colmar, 17 juin 1847; S. 48.2.270; P. 1848, II, p. 235.

[2] *Sic,* Lyon, 19 mars 1880; J. D. I. P. 1881, p. 255.

[3] V. *suprà,* p. 25.

nances internationales et se montrant désireuse d'améliorer la marche des affaires, s'est cependant prononcée en sens contraire, et a décidé que les arrêts des Cours souveraines étrangères dont on demande l'*exequatur* en France doivent être déférés directement à une Cour française du même ordre.

Cet arrêt isolé, s'il devenait la règle de la jurisprudence, amènerait de bien grandes complications, lorsqu'il s'agirait d'établir une sorte de parallèle permanent entre la hiérarchie judiciaire des divers pays.

Il nous reste à indiquer devant quel tribunal d'arrondissement devra être portée l'instance en *exequatur*. Sur ce point encore, les textes sont muets, il faudra donc appliquer les règles du droit commun. Par conséquent, si le défendeur à l'*exequatur* est domicilié ou réside en France, on s'adressera au tribunal de son domicile ou de sa résidence, en vertu de la maxime « *actor sequitur forum rei* ». Si le défendeur n'a en France, ni domicile, ni résidence, le tribunal compétent sera celui de la situation des biens sur lesquels l'exécution est poursuivie. Enfin, dans le cas où le défendeur n'aurait sur notre territoire, ni domicile, ni résidence, ni biens, le demandeur aura la ressource de saisir n'importe quel tribunal français.

CHAPITRE VI.

PROCÉDURE D'*EXEQUATUR*.

***a*. La demande d'exequatur doit être, en principe, introduite par voie d'assignation.**

En l'absence de textes de loi spéciaux et de traités diplomatiques, la jurisprudence française, sauf quelques exceptions que nous signalerons plus loin, décide que l'instance en *exequatur* doit être formée par voie d'assignation.

Cass., 30 janvier 1867 (Estivant contre Compagnie d'assurances de Naples); S. 67.1.117; P. 1867, p. 275; D. P. 67.1.80.

Vu les articles 87 et 546 C. proc. et l'article 2123 C. civ., attendu qu'il est de principe que tout jugement ou arrêt n'est valablement rendu en France, qu'après un débat public, en présence des parties intéressées où elles sont dûment appelées; que les Cours et tribunaux ne peuvent rendre la décision en chambre du Conseil, sans débat public et hors de la présence ou de la mise en cause des intéressés que dans les cas prévus par la loi;

Qu'aucune loi ne classe parmi les matières sur lesquelles il est ainsi statué les jugements et arrêts ayant pour objet de déclarer exécutoires en France contre un Français les décisions judiciaires intervenues à l'étranger;

Qu'en droit commun, et sauf les dispositions contraires qui résulteraient spécialement de la loi ou expressément stipulées dans les traités internationaux, ces jugements et arrêts sont rendus après révision du procès, révision qui rend nécessaire l'accomplissement des formes ordinaires de publicité et l'entier maintien du droit de défense;

D'où il suit que la Cour impériale de Paris en déclarant exécutoires en France, le jugement et les arrêts de Naples, après une simple instruction en chambre du Conseil et sans que les frères Estivant aient été mis en cause et dûment appelés, a expressément violé les lois précitées; Casse [1].

---

[1] L'arrêt de Paris du 27 août 1864, avait été rendu en chambre du conseil et sans que les défendeurs aient été appelés.

L'arrêt suivant exige l'assignation dès le début de la procédure d'*exequatur* à peine de nullité de tous les actes et jugements qui pourraient intervenir.

Douai, 17 juin 1863 (Luddy c. Merridens); S. 63.2.255;
P. 1864, p. 311; D. P. 63.135.

En ce qui touche la recevabilité de l'opposition : Attendu que le jugement du... a été rendu en l'absence de l'appelant et sans qu'aucune assignation lui ait été notifiée; que cette décision, par défaut, peut être attaquée par la voie ordinaire de l'opposition; — Au fond : Attendu que la requête du... présentée par l'intimé aux premiers juges tendait à faire déclarer exécutoires en France les sentences et certificats émanés de la juridiction anglaise;

Que ces conclusions constituaient une demande introductive d'instance soumise aux règles et aux formes générales édictées par le C. proc.; qu'aux termes des articles 59 et suiv. de ce Code, tout défendeur doit être assigné à personne ou à domicile; que s'il n'a pas de domicile connu en France, le demandeur est tenu de se conformer aux dispositions de l'article 69-8°; *que l'article 70 prescrit l'accomplissement de ces formalités à peine de nullité;* que la requête du 8 août 1862 n'a pas été notifiée à l'appelant qui n'a reçu aucune assignation à comparaître devant les premiers juges; *que, par suite, cette requête, le jugement rendu le même jour et les actes auxquels il a été procédé en exécution de cette sentence sont frappés de nullité;* attendu que cette solution rend sans objet l'examen des autres conclusions prises par les parties, met le jugement dont est appel à néant.

Voici une espèce dans laquelle la Cour de Nancy, tout en admettant que l'instance en *exequatur* doit être introduite par voie d'assignation, a décidé que le défaut d'assignation ne constituait pas une nullité d'ordre public. Cette nullité pourra donc être couverte si elle n'est pas proposée *in limine litis*. C'est une stricte application de l'article 173 C. proc., aux termes duquel : « Toute nullité d'exploit ou d'acte de procédure est couverte, si elle n'est proposée avant toute défense ou exception autre que les exceptions d'incompétence. »

Nancy, 7 décembre 1872 (Bloch c. Alexandre); S. 73.2.33; P. 1873, p. 197; D. P. 73.2.27; J. D. I. P. 1874, p. 242.

Sur la régularité de la procédure : *Attendu qu'en France, les cours et les tribunaux ne peuvent être saisis par voie de requête qu'autant que la décision à intervenir n'a rien de contentieux*, et n'est pas de nature à affecter les biens et la personne d'un tiers; *que cette manière de procéder, rapide, sommaire, restrictive des droits de la défense, constitue une exception à la règle générale et ne doit être permise que dans les cas spécialement prévus par la loi;* que le doute sur les inconvénients qu'elle peut présenter suffirait à lui seul pour la faire proscrire, et que le doute revêt ici le caractère de la certitude si l'on prend garde que la demande tendant à faire déclarer exécutoire en France un jugement rendu à l'étranger, soulève les questions les plus délicates, les plus controversées et de l'ordre le plus élevé;

Qu'à ne considérer qu'une de ces questions, celle qui s'offre la première et qui consiste à savoir si avant d'accorder ou de refuser l'*exequatur*, le juge français a le droit et le devoir de réviser le procès, on ne comprendrait pas que celui contre lequel a été obtenue la sentence étrangère se voie privé du bénéfice de cette révision sans avoir été mis en demeure d'en démontrer la légalité et l'utilité; *qu'il convient donc toujours de l'appeler en cause* et qu'il y aurait lieu aujourd'hui d'accueillir la fin de non-recevoir tirée de la forme et dont excipe Alexandre, *si elle avait été proposée conformément à l'article* 173 *C. proc.*, au lieu de ne l'être qu'à l'audience du 14 novembre 1872, alors que déjà le fond était discuté dans des conclusions signifiées le 6 du même mois; que, du reste, les intervenants n'auront ni à souffrir ni à se plaindre de ce qu'il en soit ainsi, puisqu'ils ont été admis à produire contradictoirement leurs observations et moyens.

b. **Demandes d'exequatur valablement introduites par voie de requête.**

Dans certaines hypothèses, la jurisprudence admet que l'instance en *exequatur* peut être introduite sur simple requête; c'est ainsi que le jugement étranger qui aurait été valablement rendu en France sur simple requête, pourra y être déclaré exécutoire sans que l'instance soit soumise à la nécessité de l'ajournement.

Douai, 14 août 1845 (Guéry-Lebon c. Syndic Guéry-Lebon);
S. 46.2.303; P. 1846, II, p. 339.

Attendu que si, en général, les tribunaux civils français ne peuvent être saisis des affaires portées devant eux que par voie d'ajournement (art. 59 C. proc.), *ils peuvent aussi, par exception, être saisis de certaines causes par voie de requête;* que cette distinction qui résulte du caractère même des affaires, du caractère qui leur est propre, ne subit aucune modification à raison des personnes et de leur qualité de françaises ou d'étrangères;

Attendu que les jugements rendus en pays étranger ne sont exécutoires en France qu'après avoir été soumis à l'approbation d'un tribunal français; *qu'à défaut par le C. proc., d'avoir tracé des formalités spéciales pour obtenir l'exequatur, c'est aux règles ordinaires qu'il faut s'en référer; que par suite c'est à la nature même des affaires qu'il faut avoir égard, pour décider si elles doivent être ou non introduites par requête;* et qu'une demande qui, par sa nature, doit être portée en justice par voie de requête ne peut être assujettie aux formes d'une instance contradictoire par cela seul que le poursuivant serait porteur d'un jugement émané d'un tribunal étranger; que si un tel jugement est dépourvu de force exécutoire en France, il ne peut davantage avoir pour effet de modifier les règles de la procédure et de rendre la position de celui qui l'a obtenu pire que si aucune sentence n'était intervenue;

Attendu que la demande en exequatur formant devant le tribunal français une sorte d'instance en révision, la procédure doit être reprise selon les errements propres à la nature de l'affaire, et doit se poursuivre entre les parties jusque-là en cause, sans qu'il soit nécessaire au demandeur d'appeler dans l'instance *un contradicteur qui n'y a pas encore figuré;* que vainement on objecte que la demande en *exequatur* constitue une action principale, une instance à part pour laquelle on doit observer la règle commune qui veut que le défendeur soit assigné; qu'il faut reconnaître au contraire que cette demande en *exequatur* dont le but est de procurer la force d'exécution au jugement étranger, n'est que la continuation et le complément d'une instance déjà engagée; que le tribunal français doit être saisi dans l'état où elle se trouvait devant les juges étrangers, sans qu'on doive appeler dans la cause une partie qui n'y figurait pas encore [1]. »

[1] *Sic*, Colmar, 10 février 1864; S. 64.2.122, P. 1864, p. 742. — Paris, 2 février 1869; S. 69.2.103; P. 1869, p. 464, reproduit *suprà*, p. 71. — Paris, 30 novembre 1886; *La Loi* du 24 décembre 1886.

Il a été jugé aussi que lorsque la sentence étrangère était invoquée comme moyen de défense au cours d'une instance déjà engagée devant nos tribunaux l'*exequatur* de cette décision pouvait être valablement obtenu sur des conclusions incidentes; à quoi bon, en effet, une demande principale lorsque la personne à laquelle on oppose le jugement des magistrats étrangers est elle-même demanderesse et assiste aux débats du procès [1].

c. Exécution provisoire.

Le tribunal français qui accorde l'*exequatur* à une sentence étrangère ne peut en ordonner l'exécution provisoire, soit parce qu'il ne lui est pas permis d'ajouter quelque chose au jugement étranger, soit parce que ce jugement n'a pas en France la valeur d'un titre authentique. Cela ressort des deux décisions suivantes.

Trib. Seine, 10 mars 1880 (Mois c. Smyth); J. D. I. P. 1880, p. 192.

En ce qui touche l'exécution provisoire; attendu qu'elle est demandée en dehors des cas prévus par l'article 135 C. proc.; qu'en effet un jugement étranger ne saurait être considéré *ni comme un titre authentique, ni comme constituant la chose jugée*, puisqu'il n'a pas en France par lui-même la force exécutoire et qu'il est susceptible d'être révisé par les tribunaux français.

Trib. Seine, 1er avril 1879 (Varlé c. Hava); J. D. I. P. 1881, p. 155.

Attendu que l'article 135 C. proc. n'est pas applicable à la cause, le présent jugement ayant pour seul effet de donner la force exécutoire au jugement du 9 janvier 1876, *sans y ajouter aucune disposition nouvelle* [2].

d. Délais accordés au défendeur pour répondre à une demande d'exequatur et signification de l'assignation.

Il convient, en cette matière, d'appliquer les règles de droit commun; on sait qu'aux termes de l'article 72 C. proc. le

---

[1] Paris, 11 mai 1869, reproduit en partie *suprà*, p. 57.

[2] Ce jugement est en partie reproduit *suprà*, p. 11. Le tribunal de Rochefort (2 novembre 1887; J. D. I. P. 1888, p. 523) a cependant décidé qu'en cas d'urgence le tribunal qui a accordé l'*exequatur* pouvait ordonner l'exécution provisoire; cette solution n'est d'ailleurs pas motivée.

délai des ajournements pour les personnes domiciliées en France est de huitaine, et que dans les cas qui requièrent célérité le président peut, par ordonnance rendue sur requête, permettre d'assigner à bref délai.

Si le défendeur ne se trouve pas en France, le délai d'assignation variera de un mois à huit mois (art. 73 C. proc.). Mais dans ce cas, le président ne pourra l'abréger [1].

Quant à la signification de l'assignation, elle devra être faite, s'il s'agit d'une personne résidant à l'étranger, conformément à l'article 69-9° C. proc. Toutefois, si la copie à transmettre par le parquet n'est pas arrivée à l'intéressé en temps utile, le bénéfice de la procédure n'en restera pas moins acquis à la personne qui l'aura accomplie au parquet [2].

e. Caution judicatum solvi.

L'article 16 C. civ. est ainsi conçu : « En toutes matières autres que celles de commerce, l'étranger qui sera demandeur sera tenu de donner caution pour le paiement des frais et dommages-intérêts résultant du procès, à moins qu'il ne possède en France des immeubles d'une valeur suffisante pour assurer le paiement. » Il n'y a aucune raison pour que l'étranger demandeur en *exequatur* d'un jugement étranger rendu en matière civile soit dispensé de fournir la *cautio judicatum solvi*.

Nancy, 16 juin 1877 (Breck c. Dreisch); S. 78.2.15; P. 1878, p. 102; D. P. 78.2.109; J. D. I. P. 1878, p. 159.

*Attendu que la demande d'*exequatur *présente tous les caractères d'une demande ordinaire*, et qu'en différât-elle un peu par son objet, cette différence ne s'opposerait pas à l'application des articles 16 C. civ., 166 et 167 C. proc., pour peu qu'on prenne garde que le premier de ces articles, par la généralité de ses termes, s'applique à toutes matières; qu'il n'excepte que les matières de commerce et l'hypothèse où le demandeur possède en France des immeubles d'une valeur suffisante pour assurer le paiement des frais et dommages-intérêts résultant du procès.

---

[1] Aix, 8 décembre 1858, reproduit en partie *suprà*, p. 59.

[2] Lyon, 25 février 1882; D. P. 82.2.228. — Cass., 12 mai 1886; J. D. I. P. 1887, p. 179.

Trib. Seine, 18 décembre 1888 (Del... c. Clarkson); *La Loi* du 9 janvier 1889.

Attendu que D..., est opposant à l'exécution d'un jugement rendu contre lui par défaut le..., qui sur la demande introduite par Clarkson a déclaré exécutoire en France une sentence rendue par la Haute-Cour. de justice d'Angleterre (Banc de la Reine), condamnant D... à payer à Clarkson la somme de... ;

Attendu que l'opposition est régulière en la forme ;

Sur l'exception tendant à ce que Clarkson soit tenu de fournir la caution prescrite par les articles 16 C. civ. et 166 C. proc. :

Attendu qu'aux termes de l'article 546 C. proc., les jugements rendus par les tribunaux étrangers ne sont susceptibles d'exécution en France que de la manière et dans les cas prévus par l'article 2123 C. civ., c'est-à-dire après qu'ils ont été déclarés exécutoires ;

Que celui qui veut poursuivre en France l'exécution d'une condamnation prononcée à l'étranger est donc tenu d'introduire une instance devant la juridiction française ; *attendu que dans cette instance il joue nécessairement le rôle de demandeur* ; qu'il ne saurait être assimilé à ce moment au porteur d'un titre paré qui, même s'il est étranger, peut en poursuivre l'exécution sans fournir la caution *judicatum solvi* ; qu'en effet, le jugement étranger n'est point par lui-même un titre paré, et que l'instance introduite a précisément pour objet de le faire revêtir de la formule exécutoire ; attendu en outre que le tribunal français a le pouvoir de réviser la décision étrangère dont l'*exequatur* lui est demandé, et qu'il se trouve en réalité saisi du fond même du débat ; *que la mesure de protection édictée en faveur du défendeur français à l'encontre du demandeur étranger a donc sa raison d'être dans les instances tendant à rendre exécutoires en France les jugements étrangers* aussi bien que dans toute instance non formellement exceptée par les articles 16 C. civ. et 166 C. proc. ; qu'il peut être dérogé à ce principe par les traités internationaux, mais qu'aucune convention n'est intervenue à ce sujet entre l'Angleterre et la France.

Il n'y aura pas lieu d'exiger la caution *judicatum solvi* de l'étranger qui poursuivra l'exécution d'un jugement étranger contre un autre étranger ; il en sera de même lorsque la demande d'*exequatur* sera introduite par un étranger, par voie de conclusions incidentes ; il ne s'agit plus ici, en effet que d'un simple moyen de défense et nullement d'une instance principale. Ajoutons qu'il a été jugé [1] que l'étranger qui fait opposition à une ordonnance d'*exequatur* obtenue par un français n'est pas tenu de fournir la caution *judicatum solvi*. Cette demande à fin d'opposition ne saurait être assimilée à une demande principale ou d'intervention.

En matière commerciale, bien que la procédure d'*exequatur* s'instruise devant la juridiction civile, la jurisprudence décide qu'il y a lieu d'appliquer strictement l'article 16 du C. civ. et de dispenser l'étranger demandeur en *exequatur* de la caution *judicatum solvi*.

Trib. Seine, 3 juillet 1880 (Guermont c. Société de la voirie municipale);
J. D. I. P. 1882, p. 615.

Attendu que la Société de la voirie municipale n'est mise en cause par le demandeur que parce qu'elle succède à la Société générale d'épuration; que la sentence arbitrale intervenue en Belgique entre cette dernière et le demandeur a statué dans un litige commercial; *qu'aux termes de l'article* 16 *C. civ., l'étranger demandeur en matière de commerce est dispensé de fournir la caution,* déclare la Société défenderesse mal fondée dans sa demande de caution *judicatum solvi*[2].

f. **Communication au ministère public.**

Conformément à l'art. 83-1° C. proc., les demandes d'*exequatur* qui intéressent l'ordre public, sont seules soumises à la communication au ministère public.

Cass. req., 11 janvier 1843 (Schwartz c. de Barrante); S. 43.1.671;
P. 1843, II, p. 395; D. A., au mot *Droit civil,* n° 473 [3].

Sur le premier moyen tiré du défaut de communication au ministère public : Attendu que le débat qui s'est élevé devant la Cour sur l'exécution que devaient avoir en France certaines dispositions d'un jugement rendu par un tribunal étranger, ne portait que sur une question d'intérêt privé, et ne peut être considéré comme intéressant l'ordre public; que l'exception d'incompétence proposée par le demandeur devant les premiers juges a été abandonnée en appel;

---

[1] Trib. consul. de France à Constantinople, 31 juillet 1874; Confirmé Aix, 11 février 1875 ; J. D. I. P. 1876, p. 101.

[2] *Sic,* Trib. Seine, 18 mars 1875; J. D. I. P. 1876, p. 179.

[3] Cité *suprà,* p. 16, note 1.

Qu'ainsi sous aucun de ces deux rapports la cause n'était communicable; qu'en admettant qu'elle le fût, l'absence du ministère public serait une ouverture à requête civile et ne pourrait motiver un recours en cass.....

g. Mesures d'instruction que le tribunal français peut ordonner avant d'accorder l'exequatur d'un jugement étranger.

Nos tribunaux ayant le droit de prendre toutes les mesures nécessaires à la bonne administration de la justice, pourront incontestablement suspendre le prononcé du jugement d'*exequatur*, jusqu'à la présentation de nouveaux moyens de défense. Ce droit est surtout indubitable dans le système de la révision intégrale adopté par la jurisprudence. Hâtons-nous d'ajouter que les magistrats français n'en usent qu'avec la plus grande réserve.

C'est ainsi qu'il a été jugé par la Cour de Toulouse le 29 janvier 1872[1], qu'il n'y avait pas lieu de renvoyer les demandeurs en *exequatur* devant les tribunaux du pays où cette sentence a été prononcée pour en obtenir l'interprétation.

Trib. Seine, 16 novembre 1883 (Stein c. de Caix de Saint-Aymour);
J. D. I. P. 1884, p. 291[2].

Attendu que la demande de Stein a pour but de faire déclarer exécutoire en France le jugement du tribunal de commerce d'Anvers du 21 octobre 1882, ainsi que l'arrêt confirmatif de Bruxelles du 19 mai 1883, décisions par lesquelles Caix de Saint-Aymour a été condamné à payer aux demandeurs la somme de....., que le défendeur oppose que les comptes qui ont servi de base à la condamnation, ne sont appuyés d'aucunes pièces justificatives; que, dans tous les cas, il y aurait lieu d'en ordonner la vérification par experts, vérification requise par lui devant la juridiction belge, mais rejetée par les décisions susdatées;

Attendu que le chiffre auquel a été fixée l'obligation du défendeur a été établi par un ensemble de documents suffisamment probants; que de Saint-Aymour ne précise d'ailleurs dans aucune de ses conclusions aucun article de ce compte sur lequel la révision doive spécialement porter; qu'il n'y a lieu dès lors de s'arrêter à une critique ainsi

[1] Arrêt reproduit *suprà*, p. 14 et 41.
[2] Cité *suprà*, p. 25, note 1.

formulée en termes généraux; attendu que les décisions susvisées ne contiennent rien de contraire à l'ordre public en France, que dès lors elles doivent être déclarées exécutoires, *mais qu'il n'échet de faire droit au surplus des conclusions prises par les demandeurs.....*

Voici un arrêt qui adopte la doctrine contraire.

Aix, 13 mars 1879; J. D. I. P. 1880, p. 106.

Attendu que le jugement dont l'exécution est demandée, a été rendu entre le capitaine Bozzo et le capitaine Anfossi; qu'Ansaldo qui en demande l'exécution ne justifie pas qu'il soit aux droits de Bozzo, ni qu'il soit l'armateur ou le propriétaire exclusif de la barque que celui-ci commandait en sa qualité de capitaine; qu'il est à remarquer aussi que Pianello contre lequel l'exécution est demandée, n'est plus celui contre lequel le jugement a prononcé la condamnation; *que dans ces circonstances il y a lieu de renvoyer Ansaldo devant l'autorité italienne compétente pour faire reconnaître que le jugement obtenu par Bozzo, et dont il demande l'exécution en France doit lui profiter,* et que Pianello est bien le débiteur des condamnations prononcées contre Anfossi.

h. Voies de recours contre le jugement d'exequatur.

1° *Opposition.*

Il n'est pas douteux que le jugement d'*exequatur* qui a été rendu par défaut, peut être frappé d'opposition lorsque la procédure a été engagée par voie d'assignation.

Lorsque le jugement a été rendu sur simple requête dans les cas exceptionnels où ce mode de procéder est admis, on reconnaît très généralement que l'opposition est possible[1].

Aix, 25 novembre 1858 (Féraud et Honorat c. Cavasso); S. 59.2.605;
P. 1860, p. 334.

Attendu que par arrêt du 22 août 1858 *rendu sur requête,* la Cour de céans déférant aux lettres rogatoires de la Cour d'appel de Gênes a permis l'exécution dans son ressort d'un jugement émané le 22 décembre 1857 de ladite Cour de Gênes, et portant condamnation au

---

[1] Moreau, *op. cit.,* p. 152. — Vincent et Pénaud; *Dictionnaire de droit international privé,* au mot « *jugement étranger,* » n° 239.

paiement d'une somme de..... au profit de Cavasso, capitaine demeurant à Gênes, contre Féraud et Honorat, négociants à Marseille;

Attendu que Féraud et Honorat ont fait opposition à cet arrêt et que Cavasso en conteste d'abord la recevabilité;

Attendu que nul ne peut avoir à souffrir d'une décision sans avoir été mis en demeure de se défendre;

Attendu que l'arrêt d'*exequatur* du 22 avril dernier *ayant été rendu sur requête en l'absence de Féraud et Honorat non appelés en cause, ceux-ci ont pu se pourvoir par la voie de l'opposition qui est la voie naturelle ouverte contre les décisions non contradictoires*[1].

2° *Tierce-opposition.*

La sentence d'*exequatur* présentant tous les caractères d'un jugement ordinaire pourra être attaquée par voie de tierce-opposition, conformément à l'article 474 C. proc., aux termes duquel : « une partie peut former tierce-opposition à un jugement qui préjudicie à ses droits, et lors duquel, ni elle, ni ceux qu'elle représente n'ont été appelés [2]. »

3° *Requête civile.*

On pourra agir par voie de requête civile contre un jugement d'*exequatur* dans les dix cas énumérés par l'art. 480 C. proc., dont la partie principale porte que : « les jugements contradictoires rendus en dernier ressort par les tribunaux de première instance et d'appel, et les jugements par défaut rendus aussi en dernier ressort et qui ne sont plus susceptibles d'opposition pourront être rétractés sur la requête de ceux qui y auront été parties ou dûment appelés. » C'est toujours, comme on le voit, l'application des règles du droit commun aux jugements d'*exequatur*[3].

---

[1] *Sic*, Douai, 17 juin 1863, *suprà*, p. 112; Chambéry, 9 janvier 1873, *suprà*, p. 62, note 1. — *Contrà*, Colmar, 10 février 1864, *suprà*, p. 114, note 1.

[2] Bayonne, 17 mars 1874; J. D. I. P. 1875, p. 271, cité *suprà*, p. 47 et 49. — Cass., 27 juillet 1874; J. D. I. P. 1875, p. 354. — Rennes, 10 février 1879; D. P. 79.2.65. — Paris, 5 février 1883; J. D. I. P. 1883, p. 299.

[3] Aix, 8 février 1839; S. 39.2.307.

4° *Appel.*

Pour l'appel la question est assez délicate. Devra-t-on considérer la décision des juges français, qui rend exécutoire un jugement étranger, comme étant par sa nature même indéterminée et par conséquent susceptible d'un recours à la juridiction supérieure, ou bien faudra-t-il envisager le montant de la condamnation prononcée à l'étranger et, selon qu'elle sera inférieure ou supérieure à 1,500 fr., admettre ou non l'appel?

La jurisprudence, sans doute dans l'intention de faire une stricte application du système de la révision, s'est prononcée dans ce sens.

Cass. req., 21 août 1882 (Louis c. Nokes); S. 83.1.255; P. 1883, p. 618; J. D. I. P. 1882, p. 624.

Sur l'unique moyen du pourvoi pris de la violation de l'article 1er de la loi du 11 avril 1838 et de l'article 7 de la loi du 20 avril 1810 : Attendu que Nokes a demandé au tribunal civil de la Seine de déclarer exécutoire en France une décision de la Haute-Cour de Londres condamnant Louis à lui payer.... et qu'un jugement du 27 août 1879 a fait droit à cette demande, que Louis a interjeté appel; que Nokes ayant prétendu que l'appel n'était pas recevable, Louis a répondu que la demande était indéterminée par sa nature même; *mais attendu qu'en réalité, Nokes demandait condamnation à 1,493 fr., et qu'aucune question d'incompétence n'ayant été soulevée, le tribunal a bien statué en dernier ressort;* att. d'ailleurs qu'en relevant cette circonstance la Cour d'appel a suffisamment motivé sa décision... Rejette [1].

i. Frais de l'instance en exequatur.

Aux termes de l'art. 130 C. proc., toute partie qui succombe doit être condamnée aux dépens; la sentence française qui rend exécutoire en France la décision d'un tribunal étranger, présen-

---

[1] *Sic*, Paris, 7 février 1880; J. D. I. P. 1880, p. 584. Il serait préférable croyons-nous, d'assimiler l'instance en *exequatur* à une demande indéterminée quant à son montant; il nous semble que pratiquement nos tribunaux se créent bien des difficultés. D'après quelle loi, en effet, détermineront-ils le taux de la demande principale pour savoir si elle sera ou non susceptible d'appel? Sera-ce d'après la loi française ou bien d'après la loi étrangère?

tant, nous l'avons vu, tous les caractères d'un véritable jugement, il n'y a pas lieu de déroger à la règle de droit commun
établie par l'art. 130 C. proc.

Toutefois, le tribunal du Hâvre [1] a décidé que les frais devaient incomber au demandeur en *exequatur,* parce que : « c'est
à la personne qui se prévaut d'un jugement étranger à faire
les diligences nécessaires pour valider son titre en France. La
nécessité de recourir à la justice française provenant du fait du
créancier et d'une situation légale qui lui est personnelle, c'est
à lui de supporter les dépens de la procédure. »

Ce jugement, le seul que nous connaissions en cette matière,
nous semble peu justifié. Le débiteur qui a forcé son créancier
à demander l'*exequatur* d'un jugement étranger prononçant
une condamnation contre lui avait un moyen bien simple d'é-
viter les frais du procès; c'était de s'exécuter de bonne grâce.

k. Péremption du jugement d'exequatur rendu par défaut.

Conformément à l'article 156 C. proc., les jugements d'*exequatur* rendus par défaut qui ne seront pas exécutés dans les
six mois de leur obtention devront être considérés comme non
avenus. Cela résulte implicitement de l'arrêt suivant.

Cass., 26 octobre 1887; Droit du 4 novembre 1887.

Attendu qu'il résulte des motifs de l'arrêt attaqué que le jugement
du...., qui rend exécutoire en France la faillite de Lecomte déclarée
en Belgique, a reçu à la date du...., la publicité prescrite par l'article
442, C. com., et que de plus, le syndic est dès le....., intervenu dans
l'ordre ouvert sur le prix d'un immeuble dont le failli avait été expro-
prié; attendu que ces diligences faites d'abord pour mettre les créanciers en mesure de former opposition au jugement d'*exequatur,*
ensuite pour sauvegarder les intérêts de la masse, dans une procédure
d'ordre à laquelle la demanderesse en cassation s'était rendue partie
par sa production, *ont constitué au regard de ladite dame une exécution
du jugement du..... qui mettait cette sentence à l'abri de la péremption
édictée par l'article 156 C. proc.*

[1] Trib. Hâvre, 8 janvier 1875; J. D. I. P. 1876, p. 103.

CHAPITRE VII.

APPLICATION DES LOIS FISCALES AUX JUGEMENTS ÉTRANGERS ET AUX JUGEMENTS FRANÇAIS QUI LEUR ACCORDENT L'EXEQUATUR.

L'article 13 de la loi du 13 brumaire an VII sur le timbre, et l'article 58 de la loi des finances du 28 avril 1816, portent qu'il ne pourra être fait usage en justice d'aucun acte passé en pays étranger tant que cet acte n'aura pas acquitté les mêmes droits que s'il avait été souscrit en France.

La jurisprudence applique cette disposition aux jugements étrangers.

Cass., 14 avril 1834 (Stacpoole c. la Régie de l'Enregistrement); S. 34.1.270.

Attendu qu'il résulte des différentes dispositions de la loi du 22 frimaire an VII, que le mot *acte y est indifféremment employé, soit qu'il s'agisse de jugements ou autres actes judiciaires, soit qu'il s'agisse d'actes extrajudiciaires et que c'est un nom générique sous lequel elle désigne les divers titres assujettis par elle au droit et à la formalité de l'enregistrement;* qu'en décidant, dans l'espèce, que les jugements rendus en pays étranger et produits en France, étaient soumis au droit proportionnel établi par les articles 69 de la loi du 22 frimaire an VII et 58 de la loi 28 avril 1816, le tribunal civil du département de la Seine n'a violé aucune loi; — Rejette.

Quant à la nature des droits à percevoir, ce seront les mêmes que ceux auxquels sont soumis les jugements français, droits de timbre, et droit proportionnel.

Faisons observer, en terminant, que la fixation de la caution *judicatum solvi* doit être faite, non seulement en prévision des frais de la procédure, mais encore en raison des droits d'enregistrement auxquels pourra donner lieu le jugement à intervenir. Si l'étranger demandeur en *exequatur* fournit une caution personnelle, le droit de 1/2 p. 0/0 sera exigible; mais s'il consigne la somme à laquelle le cautionnement est fixé ou s'il justifie posséder en France des immeubles suffisants, le droit proportionnel ne sera dû ni sur la consignation, ni sur la déclaration des immeubles [1].

[1] *Journal des droits d'enregistrement*, n. 196.

CHAPITRE VIII.

JUGEMENTS DES CONSULS FRANÇAIS, TRIBUNAUX TUNISIENS, JURIDICTIONS MIXTES.

---

a. **Consuls.**

Les pouvoirs de juridiction de nos agents consulaires dans les pays chrétiens sont fort restreints. Nous devons cependant rappeler l'article 414, § 4 C. com., qui décide qu'en matière de jet, l'état des pertes et dommages sera dressé par des experts nommés par le consul de France si la décharge se fait dans un port étranger, et l'article 416 C. com., aux termes duquel la répartition de ces pertes et dommages dans les ports étrangers doit être rendue exécutoire par les consuls français. Ces fonctionnaires sont enfin appelés à constater l'innavigabilité des bâtiments (art. 234 et 237 C. com.). Ce sont là, d'ailleurs, tous actes de juridiction gracieuse.

Au contraire, dans les pays soumis au régime des capitulations, et dans certains états d'Extrême-Orient, nos consuls jouissent d'une compétence très étendue[1]; cette compétence

---

[1] Nos consuls exercent la juridiction civile, commerciale et même criminelle dans les pays du Levant et en Barbarie (capitulations de 1535, 1569, 1581, 1597, 1604, 1614, 1635, 1640, 1649, 1675, 1740; la capitulation de 1740 fut déclarée définitive par le sultan Mahmoud Ier en reconnaissance des services que la France lui avait rendus dans ses démêlés avec la Russie et le Saint-Siège; article 85 de la Charte de 1740, arrêté le 4 de la lune de Rebiul-ewel, l'an de l'Hégire 1153 (V. Timmermans, *La réforme judiciaire en Égypte et les capitulations*, p. 23 et la note 4). Nos consuls ont aussi droit de juridiction sur nos nationaux dans l'imanat de Mascate (traité d'amitié et de commerce conclu à Zanzibar le 17 novembre 1844; de Clercq, *Traités de la France*, t. V, p. 259); en Perse (traité d'amitié et de commerce conclu en Teheran le 12 juillet 1855; de Clercq, *op. cit.*, t. VI, p. 571); en Birmanie (traité du 24 janvier 1873, article 4 et convention du 15 janvier

résulte de l'article 12, titre IX, livre 1ᵉʳ de l'Ordonnance de 1681 sur la marine, qui s'exprime ainsi : « Quant à la juridiction tant en matière civile que commerciale, les consuls se conformeront aux usages et aux capitulations faites avec les souverains des lieux de leur établissement, » et de l'article 1ᵉʳ de l'Édit du 7 juin 1778 portant que : « nos consuls connaîtront en première instance des contestations de quelque nature qu'elles soient qui s'élèveront entre nos sujets négociants et autres, dans l'étendue de leurs consulats. »

La juridiction de nos agents consulaires dérogeant au principe général de droit public d'après lequel la justice ne peut être rendue dans un pays qu'au nom du souverain de ce pays et par les fonctionnaires qu'il a institués à cet effet, cette juridiction doit nécessairement s'exercer en vertu de conventions diplomatiques (traités ou capitulations). Néanmoins, les décisions des consuls français sont évidemment dispensées de l'*exequatur* d'un tribunal de la métropole pour pouvoir y produire effet. Ce sont, en effet, des magistrats français tenant leurs pouvoirs de la souveraineté française qui les ont prononcées ; peu importe, dès lors, le lieu où elles ont été rendues. Ce qui prouve, du reste, que les jugements de nos consuls sont de véritables jugements français, c'est qu'ils sont susceptibles d'appel devant les Cours de France[1]. Ajoutons que nos agents

1885, article 15 ; de Clercq, *op. cit.*, t. XIV, p. 355 et 433 (on peut se demander si ces traités sont toujours en vigueur en raison de l'occupation de la Birmanie par l'Angleterre) ; à Siam (traité d'amitié, de commerce et de navigation conclu à Bangkok le 15 août 1856 ; de Clercq, *op. cit.*, t. VII, p. 138) ; en Chine (traité du 25 août 1886 et convention additionnelle du 26 juin 1887, cette dernière réservant aux français le traitement de la nation la plus favorisée au sud et au sud-ouest de l'empire chinois), ratifiés le 30 novembre 1888, *J. off.* du 2 décembre 1888 ; en Corée (traité du 4 juin 1886, art. 3), ratifié le 30 mai 1887, *J. off.* du 4 juin 1887 ; au Japon (traité de paix, d'amitié et de commerce conclu à Yédo le 9 octobre 1858 ; de Clercq, *op. cit.*, t. VII, p. 512).

[1] L'appel devra être porté devant la Cour d'Aix pour les sentences rendues dans les échelles du Levant ou sur les côtes d'Afrique ; pour les sentences rendues ailleurs devant la Cour d'appel la plus proche du lieu où la sentence aura été prononcée (V. J. D. I. P. 1881, p. 511). Les appels des jugements des consulats de France en Chine doivent être portés devant la Cour d'appel de Pondichéry (loi du 8 juillet 1852, art. 3), et les décisions

consulaires peuvent, comme tout tribunal français, recevoir commission rogatoire d'un tribunal métropolitain [1] et qu'ils sont compétents pour revêtir du *pareatis,* après révision, les sentences étrangères dont on réclamerait l'exécution devant eux [2].

b. Tunisie.

Le traité signé le 13 mai 1881 à Kassar-Saïd par le bey Mohamed-el-Sadoq et le général Bréart, plénipotentiaire du gouvernement de la République française, traité qui fut ratifié par une loi du 27 mai 1881 [3], tout en plaçant la régence de Tunis sous notre protectorat avait laissé subsister le régime des capitulations. Les consuls des divers pays conservant leurs pouvoirs de juridiction à l'égard de leurs nationaux, il s'ensuivait que, sur un sol protégé par notre gouvernement, fonctionnait une organisation judiciaire telle que des magistrats étrangers pouvaient rendre des sentences dans un pays faisant pour ainsi dire partie de la France.

Ce fut seulement deux ans plus tard que la loi du 27 mars 1883 [4], en créant en Tunisie un tribunal français et six justices de paix, fit disparaître cette anomalie. Aujourd'hui, tous les états européens ont adhéré aux propositions qui leur avaient été faites à ce sujet [5], et les capitulations peuvent être considérées comme définitivement abolies dans la régence de Tunis. Les jugements des juges de paix et ceux des tribunaux de pre-

rendues par nos consuls dans l'imanat de Mascate devant la Cour d'appel de Saint-Denis de la Réunion (art. 14 de la loi du 8 juillet 1852).

[1] Lettre du garde-des-sceaux au ministre des affaires étrangères, du 14 août 1877.

[2] Aix, 5 février 1832; D. P. 33.2.178.

[3] *J. off.* du 27 mai 1881. V. aussi *Ann. lég. franç.,* 1re année, p. 120.

[4] *J. off.* du 28 mars 1883. V. *Ann. lég. franç.,* 3e année, p. 147. Un décret du 1er décembre 1887, *J. off.,* 5 janvier 1888, a créé un second tribunal civil à Sousse.

[5] Voici dans quel ordre les diverses puissances ont revenu au bénéfice des juridictions consulaires : Suède et Norvège (25 juillet 1883); Danemark (25 septembre 1883); Angleterre (1er janvier 1884 ; Espagne (17 janvier 1884); Allemagne (1er février 1884); Belgique (17 février 1884); Portugal (février 1884); Grèce (24 mars 1884); Autriche (1er juillet 1884); Italie (1er août 1884); Russie (5 août 1884); Pays-Bas (1er novembre 1884).

mière instance, les appels de ces derniers pouvant être portés devant la Cour d'Alger, constituent de véritables décisions françaises, valables sans *exequatur* sur le territoire de la métropole au même titre que celles de nos tribunaux coloniaux [1].

Nous devons toutefois observer qu'à l'égard de la justice française, le territoire de la régence est assimilé à un territoire français; d'où il suit qu'une sentence de la juridiction locale ne peut avoir d'effet vis-à-vis de justiciables français, ou assimilés qu'autant qu'elle a été rendue exécutoire après révision par le tribunal de première instance de Tunis ou par celui de Sousse.

Trib. Tunis, 2 février 1887 (Hassein-Haschiche c. Mohammed-Eschaouch et la Société foncière de Tunisie); *Revue algérienne et tunisienne* (3ᵉ année, mai 1887); 2ᵉ partie, p. 169; J. D. I. P. 1887, p. 325.

Attendu que la demande formée le 6 juillet 1885 par Hassein-Haschiche contre Mohammed-Eschaouch en 63,000 francs de dommages-intérêts pour privation de jouissance de l'Enchir Sultan et celle formée le 13 novembre 1885 par le même contre Mustapha ben Ismaïl en déclaration de jugement commun, n'ont aucun lien nécessaire de connexité avec l'instance que Mohammed ben Ali Eschaouch poursuit en *exequatur* contre Mustapha ben Ismaïl; qu'il y a donc lieu de disjoindre ces instances et de statuer par deux jugements séparés;

Attendu, au contraire, que la demande d'interprétation de la Société foncière de Tunisie est régulière en tant qu'elle ne retient dans la procédure que Mustapha ben Ismaïl; qu'elle est suffisamment motivée par l'intérêt que ladite société peut avoir à la solution du litige en *exequatur*;

Sur la demande en exequatur *qui seule reste aujourd'hui soumise au tribunal :*

Attendu que toutes les parties, aussi bien le demandeur au principal que le défendeur et l'intervenant sont d'accord pour reconnaître que le jugement du charâa ne saurait avoir par lui-même force d'exécution sur le territoire français et contre un français ou un assimilé, et que l'exequatur peut seul lui imprimer le caractère exécutoire qui lui fait défaut ;

Mais attendu que les parties se divisent sur la portée que devra avoir cet *exequatur*;

[1] V. dans le J. D. I. P. 1883, p. 437 et suiv. un article publié par M. Lenepveu de Lafont sur cette question.

Qu'au nom de Mohammed-Eschaouch, il a été plaidé que le tribunal ne pouvait procéder que par voie de simple *visa* ou de *pareatis;*

Que Mustapha ben Ismaïl ou ses ayants-droit ont soutenu, au contraire, que la formalité de l'*exequatur* ne peut jamais aller, dans notre législation, sans une révision préalable de la forme et du fond;

Attendu enfin, qu'un système intermédiaire s'est produit, qui tend à limiter à une révision en la forme, le pouvoir du tribunal; que ce système qui ne constitue pas seulement un simple argument de plaidoirie, mais qui résulte implicitement des conclusions prises par l'une et par l'autre des parties, s'impose comme un moyen subsidiaire régulièrement présenté à l'examen du juge;

En ce qui concerne l'*exequatur* sollicité par voie de *visa* ou de *pareatis :*

Attendu que le protectorat n'a rien enlevé à l'autonomie de la Régence, que les juridictions locales y ont été maintenues; qu'elles y fonctionnent en pleine indépendance; *que le tribunal du charâa, composé de juges qui n'ont pas été investis par l'autorité française,* qui appliquent une législation qui n'est pas la nôtre, une procédure qui diffère essentiellement de la nôtre, *n'est, et ne saurait être, au regard des justiciables français ou des assimilés, qu'un tribunal étranger;*

Attendu que l'extranéité du pouvoir qui a statué, jointe à la qualité de celui à qui la décision rendue a fait grief, est la cause péremptoire d'où dérive le principe de la révision; que ce principe consacré par l'Ordonnance de 1629, s'est perpétué dans nos codes (art. 546 C. proc.; 2123 et 2128 C. civ.), que la France, malgré des tendances doctrinales contraires, l'a jusqu'ici énergiquement maintenue dans ses traités avec les puissances étrangères;

Attendu que vainement on objecte que c'est sur le sol tunisien que devra s'exécuter le jugement entrepris;

Qu'il n'est pas exact, d'abord, de dire que les effets de l'*exequatur* se borneront nécessairement au territoire de la Régence; *que ce territoire, d'ailleurs, est, en vertu de la fiction de l'exterritorialité, territoire français lui-même, au regard de la juridiction française;* que nos nationaux ou nos protégés ne sauraient s'y voir dépouillés d'un droit qui est en France inhérent à leur qualité;

Attendu qu'il n'y a pas lieu non plus de s'arrêter à l'argument tiré de l'incompétence du tribunal en matière immobilière; *que les contestations relatives aux demandes d'*exequatur, *n'empruntent rien à la matière du litige dont a connu le jugement entrepris,* que la qualité de celui qui a souffert de ce jugement, que l'extranéité de la juridiction qui l'a prononcé sont, en réalité, les seuls fondements de l'action; que cette action n'a trait d'ailleurs, qu'à l'exécution des sentences, et qu'enfin la question de droit public qu'elle soulève, ne saurait être portée devant une juridiction française;

En ce qui concerne l'*exequatur* subordonné à une révision de forme :

Attendu que pour faire prévaloir ce système, c'est aux textes de deux traités internationaux rapprochés l'un de l'autre qu'on se réfère;

Que l'on pose d'abord comme des prémisses indiscutables :

1° Que le 15 novembre 1824, la France traitant avec la Régence et stipulant pour les siens les avantages de la nation la plus favorisée, s'était implicitement approprié tous les privilèges qui pouvaient, en matière immobilière, être ultérieurement attribués par le gouvernement beylical aux autres nationaux;

2° Que le 8 septembre 1868, un traité conclu entre l'Italie et le gouvernement tunisien, après avoir consacré que toutes les contestations immobilières entre un sujet italien et un tunisien, seraient déférées aux juridictions locales, aurait implicitement admis que, conformément aux dispositions du Code italien promulgué, en 1865, les jugements ainsi rendus seraient exécutoires moyennant une simple révision de forme;

3° Que ce traité italien aurait assuré, d'ailleurs, aux nationaux de ce pays le traitement le plus favorable qui ait été jusque-là attribué en matière immobilière dans la Régence aux européens;

Que de ces trois propositions on induit comme une conséquence inéluctable que le traité italien serait devenu, *ipso facto*, la loi de notre pays en matière d'*exequatur* et que la France, à peine de sortir des limites où l'enferment les dispositions de son traité de 1824, ne pourrait revendiquer une situation plus avantageuse que celle dont bénéficie la nation la plus favorisée, l'Italie depuis 1868;

Mais attendu et si irrésistibles que semblent ces déductions, qu'elles ne sauraient avoir effet que si les prémisses qui sont la base du raisonnement, sont elles-mêmes certaines et qu'elles ne le sont pas;

Attendu et d'abord que le traité de 1824 n'a ni la signification ni la portée que lui attribue ce système.....; *qu'il serait au moins étrange d'induire d'une telle convention l'abandon par notre pays de cette garantie de l'*exequatur *que des traités de réciprocité ont seuls chez nous pouvoir d'amoindrir ou de faire disparaître;.....*

Attendu en second lieu qu'il n'est pas exact que ce soit le traité italien qui ait procuré aux européens de la Régence la situation immobilière la plus avantageuse; qu'à ce traité italien il est possible d'opposer un traité conclu le 10 octobre 1863, entre la Régence et le gouvernement britannique; attendu que si en Italie la révision en la forme est un principe écrit dans la loi, il n'en est pas de même en Angleterre où rien ne limite, au contraire, en matière d'*exequatur*, le pouvoir du juge;.....

Attendu que ni les traités qui sont ou contradictoires ou d'une autorité légale incertaine, ni la sanction de l'usage à qui la jurisprudence a parfois accordé force de loi dans les Échelles, n'ont éclairé, précisé, déterminé cette question essentielle de l'exécution des jugements locaux en Tunisie; qu'à tout le moins, il faut reconnaître que tout en cette matière est confusion et incertitude; *que le tribunal, dans une telle situation, ne peut que s'en référer aux principes de la législation qu'il a la mission d'appliquer;*

Attendu que le caractère de la juridiction du charàa n'est plus à démontrer; que c'est et ne peut être qu'une juridiction étrangère; que que l'on se demanderait autrement à quelle catégorie de tribunaux pourrait bien appartenir ce tribunal qui n'est manifestement pas un tribunal français;

Attendu que le droit de faire réviser, tant en la forme qu'au fond, la décision rendue contre un français ou un assimilé par une juridiction étrangère, est un droit qui ne peut être limité que dans des conditions déterminées, qui ne se rencontrent pas ici; que ce droit inhérent à la qualité de français accompagne celui que la loi en investit devant toute juridiction française; que l'abandon ne saurait être présumé;

Par ces motifs prononce la disjonction de l'instance...;

Statuant sur la demande à fin d'*exequatur*, dit que le jugement dont s'agit, rendu par le charàa, sera révisé tant en la forme qu'au fond.

Nous ferons observer que la suppression des juridictions consulaires sur le territoire de la Régence a rendu nécessaire pour l'exécution en Tunisie d'un jugement prononcé par l'une de ces juridictions antérieurement à la réforme, l'*exequatur* du tribunal français de Tunis ou de Sousse; ceux-ci n'auront, toutefois, qu'à rechercher si la sentence qui leur est soumise est régulière en la forme et ne contient aucune disposition contraire à l'ordre public; l'affaire ne saurait être remise en question devant les juges français.

Trib. Tunis, 19 mars 1887 (Violante c. Mizzi); *Revue algérienne et tunisienne* (4e année, juin 1888), 2e partie, p. 295.

Attendu que le jugement dont le demandeur poursuit l'exécution est régulier en la forme et ne contient aucune disposition contraire à l'ordre public;

Attendu que par suite de la suppression des juridictions consulaires de la Régence, il est nécessaire, pour obtenir en Tunisie l'exécution de cette décision, *que la force exécutoire lui soit donnée par le tribunal français;* mais attendu que ce changement de juridiction n'a pas pu produire un effet rétroactif et porter atteinte aux droits acquis par les justiciables qui ont fait autrefois trancher leurs litiges par les tribunaux compétents, en vertu de la législation existante à cette époque;

Attendu en conséquence que les jugements des anciens tribunaux consulaires de la Régence de Tunis ne sauraient être remis en question devant le tribunal français qui leur a succédé, et que la force exécutoire doit leur être accordée en Tunisie sans révision au fond..... [1].

c. Jugements rendus par les commissions mixtes de Constantinople.

En 1820, intervint entre les légations de France, d'Angleterre, d'Autriche et de Russie un accord verbal aux termes duquel les contestations entre individus de nationalités différentes devaient être portées devant un tribunal arbitral composé de trois membres; le choix de deux de ces membres appartenait à la légation du défendeur; la légation du demandeur désignait le troisième. Les décisions des commissions mixtes étaient homologuées par le consul du défendeur chargé de pourvoir à leur exécution [2] et l'appel, s'il y avait lieu, était porté devant la juridiction compétente du pays de l'appelant [3].

Quelle peut être la valeur, en France, des sentences des commissions mixtes? Il est certain qu'on ne saurait les assimi-

---

[1] *Sic*, Trib. Tunis, 11 mars 1885, *Rev. alg.* (1re année, 1885), 2e part., p. 278. Mais il appartient au demandeur de prouver que le jugement dont il poursuit l'exécution constitue encore un titre exécutoire d'après la loi du pays auquel appartient la juridiction qui l'a rendu. Trib. Tunis, 17 mars 1887, *eod. loc.*, p. 298.

[2] Féraud-Giraud, *Les justices mixtes dans les pays hors chrétienté,* p. 109.

[3] V. Féraud-Giraud, *De la juridiction française dans les Echelles du Levant et de Barbarie,* t. II, p. 250.

ler à des jugements français non plus qu'à des décisions arbitrales volontaires, puisque, d'une part, les juges qui les ont prononcées n'ont reçu aucune investiture de notre gouvernement, et que, de l'autre, le soin de désigner les personnes appelées à statuer sur le litige, appartient aux légations respectives des plaideurs, et non aux plaideurs eux-mêmes. Il faut donc ici appliquer les règles du droit commun, c'est-à-dire les articles 2123 C. civ., et 546 C. proc. [1]. Toutefois, si un français interjetait appel devant la Cour d'Aix d'un jugement des commissions mixtes, l'arrêt de la Cour aurait force exécutoire en France indépendamment de tout *exequatur*.

d. **Jugements des tribunaux mixtes d'Egypte.**

Jusqu'en 1875, nos nationaux ont été soumis, en Egypte, au régime exclusif des capitulations. Ce fut, en effet, la loi du 17 décembre 1875 qui, en ratifiant l'adhésion donnée par notre gouvernement à la réforme judiciaire égyptienne, le 18 septembre 1874, les rendit justiciables dans certains cas des tribunaux mixtes [2]. Etablie pour cinq années, l'institution des tribunaux mixtes a été l'objet de prorogations successives; la dernière date du 26 janvier 1889 [3].

Nous devons maintenant nous demander quels effets doivent produire en France les jugements des tribunaux mixtes. Le regretté directeur de l'école de droit du Caire, Vidal-pacha, n'hésitait pas [4] à assimiler, en ce qui concerne la France, les décisions des tribunaux mixtes égyptiens à des jugements français. Cette solution nous semble beaucoup trop libérale. Contestable même, si tous les magistrats qui composent les tribunaux mixtes étaient de nationalité française, elle l'est bien davantage lorsqu'on examine la constitution des trois tribunaux de première

---

[1] Moreau, *op. cit.*, p. 82.

[2] Féraud-Giraud, *Les justices mixtes*, p. 34, note 4; Timmermans, *op. cit.*, Renault (L.) dans le *Bulletin de la société de législation comparée*, t. IV, p. 255 et suiv.

[3] Loi du 26 janvier 1889, *J. off.*, du 27 janvier 1889.

[4] Vidal-pacha, *De l'exécution en Egypte des jugements rendus à l'étranger* (Bulletin de l'*Institut égyptien*, 1885, p. 107, p. 11 de la brochure).

instance et de la Cour d'Alexandrie dans lesquels, nous voyons siéger à côté de l'élément indigène les représentants des pays les plus divers.

D'ailleurs, qu'on ne l'oublie pas, les membres des tribunaux mixtes reçoivent l'investiture du khédive, et c'est au nom du khédive qu'ils rendent la justice. Ce sont donc des magistrats égyptiens et leurs jugements sont des jugements égyptiens qui doivent, en dehors du pays où ils ont été rendus, être considérés comme de véritables sentences étrangères et traités de la même manière au point de vue de leur exécution [1].

Dans un article qu'il a publié il y a quelques années [2], M. Paul Fauchille a soutenu cette thèse que, précisément en raison de l'élément français qui s'y rencontre, les tribunaux mixtes rendent des jugements qui doivent, à son avis, avoir plus de force que des sentences exclusivement étrangères. « Nous croyons, écrit M. Fauchille, que les décisions des tribunaux mixtes pourront être mises à exécution en France, emporter hypothèque sur des biens situés dans notre pays, et jouir en France de l'autorité de la chose jugée, par cela seul qu'un tribunal français aura déclaré qu'elles ne renferment aucune disposition contraire à l'ordre public et qu'elles ont été rendues par le tribunal compétent avec les solennités imposées par la loi pour l'administration de la justice [3]. »

Si l'auteur des lignes que nous venons de reproduire était un défenseur de la théorie de la révision limitée, l'opinion qu'il émet relativement à la valeur en France des sentences des tribunaux mixtes ne serait qu'une application de ce qu'il considérerait alors comme les principes généraux en la matière. Mais M. Fauchille, se déclarant partisan du système de la révision intégrale, accorde, ce nous semble, aux décisions des juridictions mixtes une situation privilégiée tout à fait inadmissible. Et qu'on ne vienne pas objecter que les Codes égyptiens ont été inspirés par les Codes français et rédigés par un

[1] Moreau, *op. cit.*, p. 81 ; Weiss, *op. cit.*, p. 963.
[2] *De l'exécution en France des jugements rendus par les tribunaux mixtes d'Égypte;* J. D. I. P. 1880, p. 457 et suiv.
[3] *Loc. cit.*

de nos compatriotes; cela est parfaitement exact, mais ce n'est pas un motif pour traiter d'une façon exceptionnelle les jugements qui les interprètent. Pourquoi n'étendrait-on pas alors cette bienveillance de l'Égypte à la Belgique, au grand-duché de Luxembourg, à la principauté de Monaco qui se trouvent dans la même situation.

En résumé, si l'on veut être logique, il faut refuser toute autorité en France avant l'*exequatur*, aux décisions des tribunaux mixtes, comme à tous les jugements étrangers en général : car, nous le répétons, ces décisions ne sont pas autre chose que des jugements étrangers.

DEUXIÈME PARTIE.

CHAPITRE IX.

GÉNÉRALITÉS SUR LES LOIS POLITIQUES ET LES TRAITÉS.

L'art. 2123 C. civ., *in fine,* porte qu'il pourra être dérogé aux principes généraux qu'il établit par des lois politiques et par des traités. Nous ne connaissons qu'une seule loi politique; c'est celle du 21 avril 1832 dont l'article 5 est ainsi conçu : « Les jugements prononcés par les juges des droits de la navigation du Rhin, résidant sur un territoire étranger seront exécutoires sur le territoire français sans nouvelle instruction et à cet effet, ils seront rendus exécutoires par le tribunal civil de Strasbourg. » La loi du 21 avril 1832 appliquait en France la convention intervenue le 31 mars de la même année à Mayence entre les États riverains du Rhin. Cette convention, qui fut renouvelée en 1868, créait des tribunaux spéciaux chargés de trancher les difficultés qui pourraient se présenter retativement à la navigation du Rhin. Depuis le traité de Francfort, notre pays ayant perdu la frontière rhénane, la loi de 1832 est sans application en France.

Quant aux traités réglant la question de l'exécution des jugements étrangers, ils sont au nombre de cinq; nous les indiquons par ordre de dates :

1° Convention conclue à Carslruhe le 16 avril 1846 entre la France et le Grand-Duché de Bade pour l'exécution des jugements rendus par les tribunaux des deux pays (étendue à l'Alsace-Loraine par l'article 18 de la convention du 11 décembre

1871, additionnelle au traité de paix signé à Francfort entre la France et l'Allemagne le 10 mai 1871.

2° Traité de limites et de juridiction conclu à Turin le 24 mars 1760 entre la France et la Sardaigne (art. 22 § 3), et déclaration échangée à Turin le 11 septembre 1860 entre la France et la Sardaigne.

3° Convention conclue à Vienne le 11 décembre 1866 entre la France et l'Autriche pour le règlement des successions laissées dans l'un des deux États par les sujets de l'autre pays.

4° Convention conclue à Paris le 15 juin 1869 entre la France et la Confédération suisse sur la compétence judiciaire et l'exécution des jugements en matière civile.

5° Traité de navigation et de commerce conclu à Saint-Pétersbourg le 11 janvier 1787 (31 décembre 1786 du calendrier russe), entre la France et la Russie (art. 16), et convention signée à Saint-Pétersbourg le 1ᵉʳ avril 1874 (20 mars 1874 de l'année russe) entre la France et la Russie pour le règlement des successions laissées dans l'un des deux États par des nationaux de l'autre pays.

Trois des conventions diplomatiques que nous venons d'énumérer réglementent incontestablement la question de l'exécution réciproque des jugements; ce sont les traités franco-badois, franco-sarde et franco-suisse. Les deux autres, le traité franco-autrichien et le traité franco-russe s'occupent plus spécialement des successions. Aussi s'est-on demandé s'ils s'appliquaient à notre matière. La jurisprudence s'étant à plusieurs reprises prononcée dans le sens de l'affirmative, ainsi que nous le verrons lorsque nous parlerons de la convention de Saint-Pétersbourg, nous n'avons pas cru devoir laisser de côté les traités du 11 décembre 1866 et du 1ᵉʳ avril 1874.

Avant d'étudier en détail chacun des instruments diplomatiques que nous n'avons fait qu'indiquer plus haut, nous pensons qu'il ne sera pas sans utilité de présenter quelques observations générales.

§ I. Les traités laissent-ils subsister la nécessité de l'exequatur?

Si précis et si clairs que soient les termes des conventions qui ont pour but de faciliter dans un pays l'exécution des jugements prononcés dans un autre pays, il n'en est pas moins certain que ces conventions n'envisagent les jugements étrangers qu'au point de vue de l'autorité de la chose jugée et laissent subsister la nécessité de l'*exequatur* toutes les fois qu'il s'agit de procéder à des actes d'exécution; « décider autrement serait donner effet en France aux ordres émanés d'une souveraineté étrangère, et porter atteinte à la souveraineté française[1]. »

> Paris, 31 janvier 1873 (Egger c. Wohl); S. 74.2.33; P. 1874, p. 203;
> *Bull. Cour Paris*, 1873, p. 747 [2].

Considérant que pour écarter ces principes de décision, Egger se prévaut à tort de l'article 18 de la convention du 9 janvier 1872 (11 décembre 1871), conclue entre la France et l'Allemagne et d'après laquelle les jugements rendus par un tribunal compétent pourraient réciproquement d'un pays dans l'autre être exécutés sans être soumis à révision; *que ces stipulations du traité laissent toujours subsister l'obligation d'obtenir des tribunaux français l'exequatur avant de pouvoir donner exécution en France à un jugement étranger*, confirme [3].

§ II. Même en présence d'un traité, les juges français doivent-ils rechercher si la sentence étrangère n'est pas contraire à l'ordre public et n'a pas été incompétemment rendue?

Nous venons de voir que, même lorsqu'il existe des traités sur la matière, les jugements étrangers ne peuvent être exécutés en France qu'après avoir été revêtus du *pareatis* de nos tribunaux. De cette règle découle incontestablement pour le

---

[1] Moreau, *op. cit.*, p. 156.

[2] Arrêt reproduit en partie, *suprà,* p. 103.

[3] Sur appel d'un jugement du Trib. Seine du 30 juillet 1872. — V. Nancy, 3 août 1877, S. 78.2.17; P. 1878, p. 104; J. D. I. P. 1878, p. 42.

juge français un certain droit d'examen de la sentence étrangère. C'est ainsi qu'il pourra, dans le cas où la convention diplomatique serait muette sur ce point, rechercher si la décision qui lui est soumise à fin d'*exequatur* a été compétemment rendue.

Cass. req., 27 avril 1870 (Spada c. Beauvau et autres); S. 71.1.91; P. 1871, p. 229; D. P. 72.1.15 [1].

Sur le second moyen tiré de la violation de l'article 22 du traité du 24 mars 1760 : *Attendu qu'aux termes du traité conclu entre la France et la Sardaigne le 24 mars 1760, interprété par la déclaration diplomatique du 14 novembre 1860, les tribunaux français doivent, avant d'ordonner l'exécution en France d'un jugement rendu en Italie, examiner si la décision émane d'une juridiction compétente ;* attendu que l'arrêt attaqué déclare que les époux Lavinio Spada étaient domiciliés à Rome et que la succession s'est ouverte dans cette ville; qu'en décidant dans ces circonstances que l'action en pétition d'hérédité intentée par le demandeur en cassation *avait été incompétemment formée devant le tribunal de Macerata, et devant la cour d'Ancône et que par suite il n'y avait pas lieu d'ordonner l'exécution en France de ces sentences,* l'arrêt attaqué n'a commis aucun excès de pouvoir....

Aix, 24 mars 1885 (Comp. des paquebots poste italiens, comp. de navigation gén. italienne et l'État italien c. Martin); S. 87.2.217; P. 1887, p. 1212; J. D. I. P. 1885, p. 286.

Attendu qu'en vertu des traités internationaux les jugements rendus par la justice italienne ne sont exécutoires en France qu'après avoir été déclarés tels par arrêt de la justice française, et à certaines conditions vérifiées par celle-ci; que cette formalité non remplie dans l'espèce, est aussi bien nécessaire pour donner aux sentences italiennes l'autorité de la chose jugée que pour permettre des actes de contrainte matérielle, qu'en effet on ne saurait nier qu'arrêter devant elle le cours de la justice ce soit exécuter une sentence et lui donner la plus puissante des réalisations; *attendu au surplus que les sentences de la justice italienne ne sauraient avoir en France aucune efficacité et notamment y servir de fondement à l'exception de la chose jugée qu'à la condition d'émaner d'un juge compétent; attendu qu'il convient donc d'examiner si le tribunal de Livourne était compétent* [2].

---

[1] Arrêt reproduit en partie, *suprà*, p. 64.

[2] V. dans ce sens : Aix, 13 mai 1874, *cit. suprà*, p. 49; Paris, 28 mai 1884, *cit. suprà*, p. 79, note 1.

Le pouvoir d'examen qu'on reconnaît au tribunal français, lui permet aussi de refuser son *exequatur* à tous les jugements étrangers, qui lui paraîtraient contraires aux principes d'ordre public.

Cass. req., 17 mars 1830 (Challier c. Ovel); S. 30.1.95.

Attendu en droit que bien que l'article 22 du traité du 24 mars 1760, intervenu entre la France et la Sardaigne, ait dérogé au principe consacré par l'article 121 de l'ordonnance de 1629, ainsi que par les articles 2123 et 2128 C. civ. et 546 C. proc., *il ne s'ensuit pas que l'exécution des jugements rendus par les tribunaux sardes doive être ordonnée en France lorsqu'ils sont contraires aux maximes du droit public français et à l'ordre des juridictions.*

Cass. req., 18 juillet 1859 (Vanoni c. Moineau); S. 59.1.822;
P. 1860, p. 112.

Sur la force exécutoire résultant des jugements de première instance et d'appel de Valle-Maggio et de Lugano : Attendu que l'article 1er du traité du 18 juillet 1828 intervenu entre la France et la République helvétique, n'a eu pour objet que de déterminer les juridictions dans les cas énoncés, et la compétence des tribunaux français et étrangers, mais qu'il ne statue ni ne préjuge sur le fond du droit; *que cette disposition générale est d'ailleurs subordonnée au principe supérieur et antérieur qui veut que l'exécution des décisions rendues par les tribunaux étrangers ne puisse être ordonnée en France qu'autant que ces décisions n'ont rien de contraire aux maximes de notre droit public et de nos lois d'intérêt général.*

Paris, 20 novembre 1848 (Courvoisier c. Courvoisier); S. 49.2.11.

La Cour, considérant que bien que le traité conclu avec la Suisse le 18 juillet 1828 porte que les jugements définitifs en matière civile rendus en Suisse, seront exécutoires en France, après qu'ils auront été légalisés par les autorités compétentes, *cependant il est de principe que les traités de l'espèce ne sauraient obliger les tribunaux français à assurer en France l'exécution de jugements qui violent les maximes de droit public admis en France ;*
Considérant que dans l'espèce Courvoisier demande qu'il soit ordonné qu'une sentence du tribunal du district de Morges, pays dépendant de la Suisse, en date du 29 septembre 1844, et un arrêt du tribunal d'appel du canton de Vaud du 28 novembre même année, qui,

sur sa demande, ont prononcé le divorce d'entre lui et sa femme seront exécutés purement et simplement;

Mais considérant que les lois françaises rejettent le divorce et que la matière est d'ordre public; qu'ainsi les tribunaux français doivent se refuser à autoriser l'exécution des jugements dont il s'agit[1].

§ III. De l'interprétation des traités.

Les traités dérogent aux règles du droit commun; ils doivent donc être interprétés *stricto sensu* et appliqués aux seules hypothèses qu'ils ont prévues. Il n'est pas permis au juge d'étendre les termes d'une convention diplomatique. C'est ainsi que les conditions requises pour qu'un jugement étranger puisse être exécuté en France, ne seront nullement modifiées par des dispositions semblables à celles que nous rencontrons dans l'art. 3 du traité franco-péruvien du 9 mars 1861, portant que : « Les sujets et citoyens des deux Hautes Parties contractantes, auront libre et facile accès auprès des tribunaux de justice pour la poursuite de leurs droits en toute instance et à tous les degrés de juridiction établis par la loi. » Un pareil texte peut dispenser l'étranger demandeur de fournir la *cautio judicatum solvi,* mais ne saurait en aucun cas soustraire les décisions des tribunaux étrangers à l'examen des juges français.

Nancy, 3 août 1877 (Dreisch c. Breck); S. 78.2.17; P. 1878, p. 104;
J. D. I. P. 1878, p. 42.

Attendu que d'après une jurisprudence et une doctrine aujourd'hui constantes et conformes aux principes qui doivent sauvegarder la souveraineté et l'indépendance respective des États, l'exécution des décisions rendues par les tribunaux d'un pays, ne saurait être ordonnée que sauf la faculté pour les tribunaux du pays où l'exécution se poursuit de réviser préalablement la décision du fond;

Que cette règle ne souffre exception que dans le cas de dérogations formelles stipulées dans des conventions internationales; *qu'en tous*

---

[1] V. dans ce sens : Cass., 14 juillet 1825; S. 26.1.379; P. 1825, p. 701, cité *suprà,* p. 45, note 1. — Aix, 25 novembre 1858; S. 59.2.605; P. 1860, p. 334, reproduit *suprà,* p. 120. — Aix, 8 décembre 1858; S. 59.2.606, reproduit *suprà,* p. 59.

cas, ces conventions dérogatoires au droit commun, doivent être inter-prétées stricto jure, *et ne jamais être étendues au delà de leurs termes exprès et formels* [1]...

§ IV. **Par quelles personnes le bénéfice des traités peut-il être invoqué?**

Certains auteurs ont soutenu que toute personne, quelle que soit d'ailleurs sa nationalité, qui aura plaidé dans l'un des pays contractants, peut réclamer dans l'autre le bénéfice des traités conclus entre les deux États. « La raison d'être du traité, disent-ils, ce n'est pas la qualité des personnes en cause, mais la confiance réciproque accordée par les États contractants à leurs tribunaux respectifs [2]. » On ajoute que les traités relatifs à l'exécution réciproque des jugements, ne spécifiant pas que leurs dispositions ne s'appliqueront qu'aux nationaux des deux gouvernements, parties à la convention, ces dispositions peuvent être utilement invoquées par tous ceux qui ont intérêt à le faire [3].

La théorie contraire assimile les États à des particuliers et s'appuie sur la maxime « *res inter alios acta.* » Lorsque deux personnes privées contractent, elles seules ont ensuite le droit de se prévaloir des stipulations de leur contrat, pourquoi en serait-il autrement lorsqu'il s'agit d'un acte passé entre deux puissances souveraines. Les rares décisions de jurisprudence qu'il nous a été possible de recueillir sur ce point, ont toutes adopté le second système.

Cass., 10 mai 1831 (Casotti c. de Besse); S. 31.1.195; P. 1830-31, p. 1564.

Attendu en droit qu'aux termes de l'art. 2128 C. civ., conforme en ce point aux principes de l'ancienne législation, les contrats passés en pays étranger ne peuvent donner hypothèque sur des biens situés en

---

[1] Cité *suprà,* p. 139, note 3. — *Sic,* Trib. Seine, 15 janvier 1878; J. D. I. P. 1878, p. 376.

[2] Thévenet, *De l'autorité et de la force exécutoire des jugements étrangers,* p. 116.

[3] Moreau, *op. cit.,* p. 159.

France, s'il n'y a des dispositions contraires dans les lois politiques ou dans les traités;

Attendu en fait, qu'aux termes des traités conclus entre la France et la Suisse, et notamment celui de 1777, sous l'empire duquel les parties ont contracté, les contrats passés sur le territoire de l'un ou de l'autre de ces États, ne peuvent donner hypothèque *qu'autant que ces contrats sont intervenus entre des français et des suisses; que dans l'espèce, Casotti était milanais;* qu'il n'avait été naturalisé ni en France ni en Suisse et qu'aucun traité conclu entre la France et les souverains du duché de Milan n'étend à ce pays ou à ses habitants le privilège accordé par le traité de 1777 à la Suisse et aux sujets suisses;

Attendu que dans un pareil état des choses la Cour royale de Riom, loin d'avoir violé les lois en refusant de reconnaître au cessionnaire de Casotti le droit hypothécaire qu'il prétendait faire résulter du contrat du 19 août 1796, s'y est strictement conformée..., rejette...

Douai, 3 juin 1885 (Baer et Tuschsmidt c. Van Varemberg);
J. D. I. P. 1887, p. 606.

Attendu que Baer et Tuschsmidt contestent la compétence du tribunal de commerce de Lille et soutiennent que leur qualité de suisses jointe aux dispositions de la convention du 15 juillet 1869 conclue entre la France et la Suisse, leur donne le droit de récuser la compétence des tribunaux français et le privilège de ne pouvoir être assignés que devant le tribunal de leur propre domicile; *attendu que la convention sus-rappelée modifiant le droit commun, dispose en effet que dans les contestations entre français et suisses ou suisses et français, le demandeur sera tenu de suivre son action devant les juges naturels du défendeur;* que Van Varemberg, s'il était citoyen français, devrait donc poursuivre son action contre Baer et Tuschsmidt devant la juridiction suisse; *mais attendu que Van Varemberg est un sujet belge qui n'a même pas été autorisé à fixer son domicile en France; qu'il est donc étranger, et que la convention* du 15 juin 1869, ne peut pas plus lui être opposée qu'il ne pourrait lui-même l'invoquer[1].

§ V. Effets sur les traités de la guerre et de l'annexion.

On a vivement discuté sur le point de savoir quel était l'effet produit sur les traités par une guerre survenant entre les deux

[1] V. Trib. comm. Hâvre, 6 mars 1878; J. D. I. P. 1878, p. 382.

pays qui les ont conclus; on s'est demandé aussi si les conventions diplomatiques étaient annulées ou subsistaient, malgré une annexion temporaire ou définitive d'un des États contractants à l'autre État. Nous aurons à nous occuper tout spécialement de ces graves questions lorsque nous parlerons des traités franco-italiens de 1760 et de 1860; il suffit donc de les indiquer ici[1].

[1] V. *infrà*, ch. XI.

CHAPITRE X.

TRAITÉ FRANCO-BADOIS.

§ I. Généralités.

La convention de Carslruhe conclue entre la France et le Grand-Duché de Bade pour l'exécution des jugements rendus dans les deux pays, a été signée, ainsi que nous l'avons vu plus haut[1] le 16 avril 1846. L'échange des ratifications a eu lieu le 22 mai de la même année[2]. Voici le texte de ce traité.

Art. 1er. Les jugements ou arrêts rendus en matière civile et commerciale par les tribunaux compétents de l'un des deux États contractants, emporteront hypothèque judiciaire dans l'autre; en outre, ils seront exécutoires lorsqu'ils auront acquis l'autorité de la chose jugée, pourvu toutefois que les parties intéressées se conforment aux dispositions de l'art. 3 ci-après.

Art. 2. Sera réputé compétent : 1° le tribunal dans l'arrondissement duquel le défendeur a son domicile ou sa résidence; 2° de plus, en matière réelle, celui dans l'arrondissement duquel est situé l'objet litigieux; 3° en matière de succession, le tribunal du lieu où la succession est ouverte; 4° en matière de société, quand il s'agit de contestations entre associés ou de plaintes portées par des tiers contre la société, le tribunal dans l'arrondissement duquel elle est établie; 5° le tribunal dans l'arrondissement duquel les parties ont élu domicile pour l'exécution d'un acte.

Art. 3. La partie en faveur de laquelle un jugement aura été rendu dans l'un des deux États et qui voudra s'en servir dans l'autre État, soit pour faire preuve de la chose jugée, soit pour opérer la saisie

---

[1] *Suprà*, p. 137.
[2] De Clercq, *op. cit.*, t. V, p. 448. — Martens, *Nouv. rec. gén.*, t. IX, p. 126.

des biens du débiteur qui se trouvent dans cet état, sera tenue de produire à cet effet une expédition dûment légalisée du jugement, avec la preuve de la signification et un certificat du greffier constatant qu'il n'existe contre le jugement ni opposition, ni appel. S'il ne s'agit que de l'inscription d'une hypothèque judiciaire, il suffira d'une expédition légalisée du jugement et d'un acte constatant la signification. Sur la production de ces pièces, le jugement sera déclaré exécutoire soit par la Cour royale ou d'appel, soit par le tribunal de première instance du lieu du domicile du débiteur ou de la situation des biens, suivant que la décision émanera du premier ou du second degré de juridiction.

Art. 4. Les deux gouvernements contractants s'engagent à faire remettre les significations et à faire exécuter les commissions rogatoires tant en matière civile que criminelle, autant que les lois du pays ne s'y opposent point. Les récépissés des significations et citations seront délivrés réciproquement.

Art. 5. Les commissions rogatoires seront transmises par la voie diplomatique.

Art. 6. Les frais occasionnés par les significations ou commissions rogatoires ainsi que le port des lettres resteront à la charge de l'État requis.

Art. 7. La présente convention est conclue pour cinq ans; à l'expiration de ce terme, elle demeurera en vigueur pendant cinq autres années et ainsi de suite, à moins de notification contraire, faite par l'une des parties contractantes six mois avant l'expiration de chaque terme. Elle sera ratifiée et les ratifications seront échangées à Carslruhe, dans le délai de six semaines, ou plus tôt, si faire se peut.

Le traité franco-badois, passé avant la guerre de 1870-1871, a été formellement remis en vigueur, du consentement des gouvernements intéressés et a été en même temps étendu à l'Alsace-Lorraine. Cela résulte des termes de la convention additionnelle du 11 décembre 1871.

Convention additionnelle au traité de paix du 10 mai 1871, entre la France et l'Allemagne, signée à Francfort, le 11 décembre 1871 (Ech. des rat. à Paris, le 12 janvier 1872); de Clercq, *op. cit.*, t. X, p. 531.

Art. 18. En dehors des arrangements internationaux mentionnés dans le traité de paix du 10 mai 1871, les Hautes-Parties contractantes sont convenues de remettre en vigueur les différents traités et con-

ventions existant entre la France et les États allemands antérieurement
à la guerre, le tout sans réserve des déclarations d'adhésion qui seront fournies par les gouvernements respectifs lors de l'échange des
ratifications de la présente convention.......

*Il est également convenu que les dispositions de la convention franco-
badoise du 16 avril 1846, sur l'exécution des jugements,* du traité d'ex-
tradition conclu entre la France et la Prusse, le 21 juillet 1845, et
de la convention franco-bavaroise du 24 mars 1865, sur la garantie
réciproque de la propriété des œuvres d'esprit et d'art, *seront provisoirement étendues à l'Alsace-Lorraine* et que, dans les matières auxquelles ils se rattachent, ces trois arrangements serviront de règle
pour les rapports entre la France et les territoires cédés[1].

Quelle a été l'influence, sur le traité de 1846, de la promulgation du Code de procédure civile de l'Empire d'Allemagne
(30 janvier 1877), dont les articles 660 et 661 ont réglé la
question de l'exécution des jugements étrangers?

La Cour de Colmar, par arrêt du 9 juillet 1886, et le tribunal
de Metz, par jugements du 5 juillet et du 20 septembre 1887,
ont décidé que le Code de procédure civile allemand emportait
abrogation, sur tous les points par lui réglementés, des dispositions du traité franco-badois de 1846[2]. Cette solution peut
être à bon droit critiquée; les traités sont, en effet, des contrats
synallagmatiques qui ne peuvent être modifiés que du commun
accord des États entre lesquels ils ont été conclus. Peu importe qu'il plaise à l'une des parties de changer sa législation
intérieure; les conventions internationales n'en subsistent pas
moins dans toute leur intégrité. La doctrine s'est toujours,
croyons-nous, prononcée dans ce sens, et la jurisprudence française, en faisant une stricte application du traité du 16 avril
1846, a montré qu'en matière de jugements badois ou alsaciens-
lorrains, elle ne connaissait d'autre loi que la convention de
Carslruhe.

---

[1] V. dans le J. D. I. P. (1875, p. 118), deux arrêts, l'un de la Chambre
d'appel de Mannheim, l'autre du tribunal supérieur grand-ducal (du 25 septembre 1873).

[2] Nous empruntons ces renseignements à l'article que M. Ludovic Beau-
chet a récemment publié dans le J. D. I. P. (1888, p. 467), sous le titre :
De l'exécution des jugements français en Alsace-Lorraine.

§ II. De la compétence du tribunal qui a rendu le jugement dont on demande l'exequatur.

Le traité franco-badois exige, en premier lieu, que la décision dont on poursuit l'*exequatur* émane d'un juge compétent. Cette disposition est d'autant plus naturelle que, même dans le cas où elle ne serait pas mentionnée dans l'instrument diplomatique, nos tribunaux seraient tenus de rechercher, ainsi que nous l'avons vu plus haut, si la sentence qui leur est soumise a été compétemment rendue. L'art. 2 de la convention de 1846 énumère d'ailleurs les tribunaux auxquels elle attribue compétence.

Colmar, 11 décembre 1861 (Boer c. Hirstel); S. 62.2.205; P. 1862, p. 126.

..... Considérant que cet appel se fonde sur ce que le jugement rendu entre les parties par le tribunal de commerce de Colmar *aurait été incompétemment rendu, puisque, s'agissant d'une instance intentée par un français contre un badois, celui-ci ne pouvait être cité que devant le tribunal de son domicile ou de sa résidence, c'est-à-dire devant la juridiction badoise, conformément à l'art. 2 du traité intervenu le 16 avril 1846, entre la France et le Grand-Duché de Bade;* considérant que la difficulté ainsi posée constitue une question d'incompétence fondée sur le mode d'application d'un traité international, que c'est dès lors une question d'ordre public que Boer peut soulever en appel pour la première fois, bien qu'il ait défendu au fond devant les premiers juges;

Quant à cette exception en elle-même : considérant en fait que Hirstel, cultivateur à Guémar, a fait assigner Boer, sujet badois, devant le tribunal de commerce de Colmar, pour demander la résiliation d'un marché de houblons qui était intervenu entre eux à Guémar, le 15 octobre 1860; que cette action ainsi libellée trouvait son fondement dans la disposition expresse de l'art. 14 C. Nap.....

Qu'ainsi donc il n'y a lieu de se départir de la règle de compétence créée par l'art. 14 C. Nap., *que lorsque, par des clauses bien claires et bien formelles, des traités internationaux ont cru devoir déroger à la règle générale du Code;* qu'une dérogation de ce genre se rencontre par exemple dans le traité intervenu le 30 décembre 1828, entre la France et la Suisse, traité qui, dans son art. 3, exige que le français qui est demandeur contre un suisse poursuive son action devant les juges naturels du défendeur;.....

Que ce dernier traité (franco-badois), ne contient aucune disposition relative à l'introduction de l'instance; qu'il ne reproduit pas notamment cet art. 3 si important du traité de 1828 et qui emporte dérogation formelle à l'art. 14 C. Nap.; *que le traité avec le Grand-Duché de Bade ne se préoccupe que des jugements déjà obtenus leur donnant force exécutoire dans chacun des pays contractants chaque fois que ces jugements ont été rendus par certains tribunaux que le traité désigne comme les tribunaux compétents*[1].....

Paris, 4 août 1877 (Dreyfus c. Launoy); *Le Droit* du 11 août 1877.

..... Considérant que l'art. 2 porte *qu'en matière personnelle sera réputé compétent le tribunal dans l'arrondissement duquel le défendeur a son domicile ou sa résidence ;*

Que l'art. 3 de la convention additionnelle du traité de Francfort du 11 décembre 1871, confirmant l'art. 2 précité, porte *que le tribunal du domicile du défendeur sera seul compétent pour vider le procès de première instance engagé sur les matières personnelles ;*

Que des termes dans lesquels sont conçues ces stipulations, il résulte que la compétence exclusive du tribunal indiqué est réglée d'une manière absolue.....

Nancy, 20 avril 1887 (Cunin c. Cunin); *Gaz. Pal.*, 88.1.211.

Attendu en droit que le traité additionnel de Francfort du 11 décembre 1871 a rendu applicable à l'Alsace-Lorraine la convention franco-badoise du 16 avril 1846; *qu'aux termes de l'art. 2 de cette convention, le tribunal compétent en matière de succession est celui du lieu où la succession s'est ouverte.....*

Nancy, 7 décembre 1872 (Bloch c. Alexandre); S. 73.2.33; P. 1873, p. 197; D. P. 73.2.27; J. D. I. P. 1874, p. 239[2].

..... Mais attendu que l'art. 1er de la convention susdite ne s'occupe que des jugements ou arrêts rendus en matière civile et commerciale *par les tribunaux compétents des deux États;* qu'il faudrait dès lors, pour que cette convention fût applicable à l'espèce actuelle, que le

---

[1] Jugé que la convention du 16 avril 1846 n'a pas modifié les règles de compétence de l'art. 14 C. civ. — Lyon, 16 décembre 1868; *Jurispr. Cour Lyon*, 1869, p. 144.

[2] Arrêt reproduit en partie *suprà*, p. 113.

jugement du tribunal de commerce de Mulhouse, en date du 5 septembre 1871, maintenu en appel et dont on demande l'exécution, *émanât d'un tribunal compétent, ce qui n'est pas ; qu'il n'y avait, en effet, de compétent que le tribunal de commerce du siège de la société Salomon Alexandre et Cie, ou celui du domicile particulier des sociétaires considérés comme défendeurs.....*

Que la compétence dont parle l'art. 1er de la convention franco-badoise est celle que cette convention a pris soin de circonscrire dans son art. 2, lequel se réfère presque littéralement *par une énumération limitative* aux cas que prévoit l'art. 59 C. proc., sans faire une allusion même éloignée à l'art. 420.....

> Trib. Seine, 8 novembre 1886 (*Union industrielle* c. Willm); *Le Droit* du 11 novembre 1886; *Gaz. Pal.*, 86.2.745; J. D. I. P. 1887, p. 473.

..... *Attendu toutefois qu'il appartient à la juridiction française de vérifier si la décision dont l'exequatur lui est demandé émane d'un tribunal compétent;* attendu que l'*Union industrielle* soutient que le tribunal de Mulhouse ne l'était point; qu'elle excipe de la clause imprimée formant l'art. 14 de la police de Willm et ainsi conçue : « L'adhérent fait élection de domicile au siège de la société à Paris, et cette élection de domicile entraîne expressément attribution de compétence aux tribunaux de Paris pour juger tous les différends entre la société et les sociétaires ; »

Mais attendu qu'aux termes de l'art. 75 *bis* des mêmes statuts, il est stipulé que : « Par dérogation aux prescriptions des art. 14, 32 et 75 des statuts, le conseil d'administration et le directeur sont autorisés à faire élection de domicile à l'étranger et à se soumettre à la juridiction du pays; » que le jugement du tribunal de Mulhouse constate qu'elle avait satisfait à cette obligation.....

. Par ces motifs, déclare exécutoire en France le jugement rendu le 25 mai 1881 par le tribunal de Mulhouse [1].....

§ III. Les règles de compétence établies par l'art. 2 du traité franco-badois sont-elles limitatives?

La jurisprudence décide presqu'unanimement que l'énumération contenue dans l'art. 2 du traité du 16 avril 1846 doit être entendue limitativement. Cette solution concorde d'ailleurs avec le principe que nous avons exposé plus haut, principe

---

[1] *Sic*, Trib. Seine, 5 février 1884; J. D. I. P. 1884, p. 505.

aux termes duquel les conventions diplomatiques s'interprètent
stricto jure.

Nancy, 3 août 1877 (Dreisch c. Breck); S. 78.2.17; P. 1878, p. 104;
J. D. I. P. 1878, p. 42 [1].

..... Attendu que l'art. 2 du même traité, pour échapper aux con-
troverses qui n'auraient pas manqué de s'élever sur l'étendue de la
compétence des tribunaux de chaque pays, *a pris soin de désigner
limitativement dans quels cas ces tribunaux seraient réputés compétents* .....

Paris, 3 février 1879 (*Cie du Midi* c. Schwindenhammer); *Le Droit*
des 17 et 18 mars 1879; J. D. I. P. 1879, p. 279.

Considérant..... qu'aux termes de l'art. 2 les tribunaux compétents
dont parle l'art. 1er sont.....

Considérant que les énonciations de l'art. 2 *du traité de* 1846 *sont
limitatives*, et qu'elles n'autorisent point à assigner un défendeur en
garantie, quel que soit son domicile devant le tribunal de la demande
principale [2] .....

**§ IV. Le jugement dont on demande l'exequatur doit avoir acquis
l'autorité de la chose jugée dans le pays où il a été rendu.**

L'art. 1er du traité franco-badois exige que le jugement dont
on poursuit l'exécution soit passé en force de chose jugée. C'est
pourquoi le demandeur en *exequatur* sera tenu de produire la
preuve de la signification et un certificat du greffier constatant
qu'il n'existe contre le jugement ni opposition ni appel (art. 3).

Trib. Seine, 8 novembre 1886 (*Union industrielle* c. Willm); *Le Droit*
du 11 novembre 1886; *Gaz. Pal.*, 86.2.745; J. D. I. P. 1887, p. 473.

Attendu..... qu'il est établi par les pièces versées aux débats et non
contestées, *que cette décision n'est plus susceptible d'être attaquée par*

---

[1] Reproduit en partie *suprà*, p. 142 et cité p. 139, note 1.

[2] *Sic,* Colmar, 11 décembre 1861; S. 62.2.205; P. 1862, p. 126, repr.
suprà, p. 11. — Nancy, 7 décembre 1872; S. 73.2.33; P. 1873, p. 197; D.
P. 73.2.27; J. D. I. P. 1874, p. 239, repr. *suprà*, p. 113 et p. 12. — Trib.
Seine, 15 avril 1874; J. D. I. P. 1876, p. 182. — Jugé cependant que l'art.
2 du traité franco-badois n'empêche pas le créancier, dans une contestation
commerciale, de citer devant son propre tribunal le débiteur en retard, si
ce tribunal est celui du lieu où le paiement a été stipulé. — Trib. Seine
sans date); J. D. I. P. 1876, p. 360.

opposition ni appel; que les documents produits sont suffisants aux termes des traités diplomatiques précités pour obtenir l'exequatur poursuivi, sans examen du fond de la cause[1].....

Si le jugement badois ou alsacien-lorrain a été rendu par défaut faute de comparaître, l'autorité de la chose jugée ne lui est acquise que du jour où l'exécution a été commencée.

Trib. de Gray, 11 juin 1878 (Lévy c. Ritter); S. 79.2.271; P. 1879, p. 1159; D. P. 79.3.48.

Attendu qu'aux termes tant de l'art. 18 § 4 de la convention intervenue le 11 décembre 1871 entre la France et l'Allemagne, et ratifiée par la loi du 9 janvier 1872, que des art. 1 et 3 de la convention franco-badoise du 16 avril 1846, *les jugements et arrêts rendus en matière civile par les tribunaux compétents de l'un des deux États ne peuvent être déclarés exécutoires dans l'autre que lorsqu'ils ont acquis l'autorité de la chose jugée;* attendu que, s'il n'est pas nécessaire qu'un jugement ait été rendu en dernier ressort pour produire la chose jugée, et si par suite un jugement par défaut peut lui-même acquérir l'autorité voulue par les conventions prérappelées, ce n'est que dans le cas où le défaillant ne l'a pas frappé d'opposition dans le délai extrème que lui accorde la loi;

Attendu qu'aux termes de l'art. 158 C. proc., également en vigueur en Alsace-Lorraine, l'opposition contre un jugement par défaut rendu contre une partie qui n'a pas d'avoué est recevable jusqu'à l'exécution du jugement;

Attendu que si Lévy produit les certificats exigés par l'art. 3 de la convention de 1846, il ne justifie pas de l'exécution suivant les prescriptions de l'art. 159 C. proc. du jugement par défaut dont il demande l'*exequatur;*

Attendu dès lors que cette décision rendue contre une partie n'ayant pas d'avoué est encore susceptible d'opposition et n'a par conséquent pas en l'état l'autorité de la chose jugée ;.....

Par ces motifs, déclare Lévy non recevable en l'état dans ses fins et conclusions, dit qu'il n'y a pas lieu d'accorder l'*exequatur* demandé.

---

[1] Reproduit en partie *suprà*, p. 151. — *Sic*, Paris, 4 août 1877, *Le Droit* du 11 août 1877, repr. *suprà*, p. 150. — Paris, 3 février 1879, cité *suprà*, p. 152. — Trib. Seine, 5 février 1884, cité *suprà*, p. 151, note 1.

§ V. **Du respect des principes d'ordre public.**

Le traité de 1846 est muet sur la question du respect de l'ordre public. Nous avons vu plus haut[1] que même lorsqu'il existait des conventions diplomatiques réglementant la matière de l'exécution des jugements, les tribunaux français devaient, avant de leur accorder l'*exequatur*, rechercher si les sentences étrangères ne contenaient aucune disposition contraire à la loi française ou à l'ordre public en France. Un jugement du tribunal de la Seine, en date du 4 août 1882, fait une application de cette idée au traité franco-badois[2].

§ VI. **De l'instance en exequatur.**

a. **Quel est le tribunal compétent pour statuer sur la demande en exequatur?**

L'article 3 de la convention de Carslruhe nous indique très nettement quel est le tribunal appelé à prononcer sur la demande en *exequatur*. Le demandeur devra s'adresser soit à la Cour d'appel, soit au tribunal de première instance du lieu du domicile ou de la situation des biens, suivant que la décision émanera du premier ou du second degré de juridiction.

b. **Pièces à produire par le demandeur en exequatur.**

La personne qui poursuit en France l'exécution d'un jugement badois ou alsacien-lorrain est tenue, aux termes de l'article 3 du traité du 16 avril 1846, de produire à la Cour ou au tribunal les pièces suivantes :

1° Une expédition *dûment légalisée*[3] du jugement ;

2° La preuve de la signification ;

3° Un certificat du greffier constatant qu'il n'existe contre le jugement ni opposition ni appel.

---

[1] *Suprà*, p. 139.

[2] J. D. I. P. 1883, p. 391 ; ce jugement a été reproduit *suprà*, p. 24. — *Sic*, Colmar, 11 décembre 1861, repr. *suprà*, p. 149, et cité p. 152, note 2.

[3] Jugé que la légalisation n'est pas exigée à peine de nullité ; Trib. Nancy, 8 janvier 1873 ; J. D. I. P. 1874, p. 305.

Les juges français auront à examiner si les pièces qui leur sont présentées sont régulières.

Trib. Seine, 5 février 1884 (Heckel et Griesbacher c. *Cie La France*); J. D. I. P. 1884, p. 505[1].

..... Attendu que l'art. 3 de la convention précitée dispose que *la partie en faveur de laquelle un jugement a été rendu dans l'un des deux États et qui voudra s'en servir dans l'autre État, soit pour faire preuve de chose jugée, soit pour opérer la saisie des biens de son débiteur, sera tenue de produire à cet effet une expédition dûment légalisée du jugement avec la preuve de la signification et un certificat du greffier* constatant qu'il n'existe contre le jugement ni opposition ni appel; *attendu que les demandeurs produisent les trois documents exigés par cet article;*

Attendu que ces productions étant nécessaires pour obtenir l'exécution d'une décision étrangère, il appartient au tribunal français auquel elles sont soumises, *en en constatant l'existence, d'en vérifier la régularité.....*

Nous croyons utile de reproduire en terminant un arrangement intervenu en 1872, entre MM. de Rémusat et d'Arnim, relativement à la légalisation des actes qui intéressent les habitants de l'Alsace-Lorraine.

Arrangement conclu à Paris le 14 juin 1872, entre la France et l'Allemagne, pour la légalisation des actes de l'état civil et autres pièces intéressant les habitants de l'Alsace-Lorraine[2].

Les actes de l'état civil, *les documents judiciaires* et autres analogues délivrés en Alsace-Lorraine et produits en France, ou délivrés en France et produits en Alsace-Lorraine, seront à l'avenir admis par les autorités compétentes des deux pays, *lorsqu'ils auront été légalisés soit par le président d'un tribunal, soit par le juge de paix ou son suppléant;*

Aucune autre légalisation ne sera exigée hormis le cas où il y aurait lieu de mettre en doute l'authenticité des pièces produites.

[1] Cité *suprà*, p. 151, note 1 et p. 153, note 1.
[2] Sanctionné et promulgué par décret du 5 juillet 1872; de Clercq, *op. cit.*, t. X, p. 596.

§ VII. **Durée du traité franco-badois.**

Le traité franco-badois a été conclu pour cinq années avec tacite reconduction; celle des parties contractantes qui voudrait le dénoncer devrait notifier son intention à l'autre partie six mois avant l'expiration de chaque terme (art. 7).

CHAPITRE XI.

Traités franco-italiens.

§ I. Généralités.

Les rapports entre la France et l'Italie en ce qui concerne
l'exécution réciproque des jugements rendus dans les deux
pays sont régis par le § 3 de l'art. 22 du traité de limites et de
juridiction du 24 mars 1760, et par la déclaration du 11 septembre 1860 portant interprétation de cet article. Voici ces
textes :

> Traité de limites et de juridiction conclu à Turin le 24 mars 1760,
> entre la France et la Sardaigne[1].

Art. 22, § 3. Pour favoriser l'exécution réciproque des décrets et
jugements, les Cours suprêmes déféreront de part et d'autre à la
forme du droit aux réquisitions qui leur seront adressées à ces fins
même sous le nom desdites Cours.

> Déclaration échangée à Turin le 11 septembre 1860, entre la France et la Sar-
> daigne, pour l'exécution réciproque des décrets et jugements des Cours supé-
> rieures selon la forme du droit[2].

Désirant écarter à l'avenir toute espèce de doute et de difficulté
dans l'application que les Cours des deux pays sont appelées à en
faire (de l'art. 22, § 3 du traité de 1760), les gouvernements de
France et de Sardaigne, à la suite d'explications mutuellement échangées, sont convenus qu'il doit être interprété de la manière suivante.

Il est expressément entendu que les Cours, en déférant *à la forme
du droit* aux demandes d'exécution des jugements rendus dans chacun
des deux États, ne devront faire porter leur examen que sur les trois
points suivants :

[1] De Clercq, *op. cit.*, t. I, p. 80.

[2] De Clercq, *op. cit.*, t. VIII, p. 118. — Martens, *Nouv. rec.*, t. XVII,
2ᵉ partie, p. 49. — Cette déclaration a été signée par M. de Talleyrand au
nom de la France et par le comte de Cavour pour la Sardaigne.

1° Si la décision émane d'une juridiction compétente;

2° Si elle a été rendue les parties dûment citées et légalement représentées ou défaillantes;

3° Si les règles du droit public ou les intérêts de l'ordre public du pays où l'exécution est demandée ne s'opposent pas à ce que la décision du tribunal étranger ait son exécution.

La présente déclaration servira de règle aux tribunaux respectifs dans l'exécution du § 3 de l'art. 22 du traité de 1760.

A première vue, les textes que nous venons de reproduire semblent fort clairs; leur application soulève cependant un certain nombre de difficultés. C'est ainsi qu'on s'est demandé si le traité de 1760 et la déclaration de 1860 étaient en vigueur, et qu'on a vivement discuté sur l'interprétation de ces documents diplomatiques.

§ II. Le traité du 24 mars 1760 est-il encore en vigueur?

Trois raisons permettent de douter de la validité actuelle du traité du 24 mars 1760. On sait que la Convention, par une loi du 1ᵉʳ mars 1793[1], a décidé que tous les traités d'alliance ou de commerce, conclus par l'ancien Gouvernement français et les puissances avec lesquelles la République était en guerre, n'avaient plus aucune force. On peut d'ailleurs, indépendamment de ce texte, se demander si l'un des effets généraux d'une guerre survenant entre deux pays n'est pas de faire disparaître les conventions diplomatiques qui réglaient leurs rapports avant la déclaration de cette guerre. Enfin, la Sardaigne a été annexée à la France en 1798. Cette réunion des deux États n'a-t-elle pas anéanti tous les traités franco-sardes?

Écartons d'abord la loi du 1ᵉʳ mars 1793 qui, ne parlant que des traités d'alliance ou de commerce, ne nous paraît pas applicable aux traités de juridiction qui ont en quelque sorte un caractère privé, puisqu'ils sont appelés à réglementer les intérêts des particuliers; il convient d'ajouter que nos Cours et nos tribunaux appliquent très fréquemment des traités antérieurs au 1ᵉʳ mars 1793.

---

[1] Duvergier, t. V, p. 176.

En ce qui concerne les effets de la guerre sur les traités, la plupart des auteurs admettent que les hostilités ne font que suspendre les conventions diplomatiques, sauf peut-être celles qui ont un caractère politique; ces dernières seraient anéanties d'une façon absolue[1].

a. Arrêts français qui considèrent le traité de 1760 comme anéanti.

Les deux arrêts que nous allons reproduire datent du commencement du siècle et sont restés isolés. Ils ne disent pas expressément que le traité du 24 mars 1760 a cessé d'exister, mais leur silence même au sujet de cette convention diplomatique prouve qu'ils la considéraient comme n'étant plus en vigueur.

Paris, 20 mars 1817 (dame de Mortemart c. marquis de Crosa);
S. 18.2.172.

La Cour, — Attendu que, par la réunion du pays génois au Piémont, la Cour de Gênes est devenue, par rapport à la France, un tribunal étranger dont les jugements ne peuvent désormais s'exécuter que par l'autorité du souverain actuel et seulement sur les terres de sa domination;

Que le système de l'intimé tendrait à renverser entièrement le principe de l'indépendance des nations et de leurs territoires.....

Riom, 19 août 1818; *rapporté par M. Féraud-Giraud :*
France et Sardaigne, p. 329.

La Cour, — *Vu l'art. 546 C. proc.; vu aussi l'art. 2123 C. civ.*, et attendu que du rapprochement et de la combinaison des deux articles

---

[1] Despagnet, *op. cit.*, p. 263. — Féraud-Giraud, *France et Sardaigne,* p. 325. — Vincent et Pénaud, *op. cit.*, au mot *Traités diplomatiques,* n° 60. — M. Moreau, *op. cit.*, p. 159, va plus loin. « Pour nous, écrit-il, nous ne voyons pas de raison juridique pour suspendre pendant la guerre l'exécution du traité. Assurément, ce fait de la guerre n'empêche pas à lui seul que les nations aient pleinement confiance dans leurs tribunaux; il n'implique pas à lui seul que chacun des peuples considère désormais son adversaire comme une nation dépourvue de civilisation, sans mœurs judiciaires, sans bonnes lois, sans organisation régulière; ces circonstances n'ont jamais été et ne seront jamais des *casus belli,* et les plus ordinaires de ceux-ci sont absolument étrangers à cet ordre d'idées. »

ci-dessus, *il résulte que les jugements rendus en pays étrangers ne sont susceptibles d'exécution en France qu'autant qu'ils ont été déclarés exécutoires par un tribunal français.....*

b. Le traité de 1760 a été virtuellement remis en vigueur.

La Cour de Paris, dans un arrêt récent, a décidé que la convention de 1760 avait été remise en vigueur par les traités de Vienne et par la déclaration du 11 septembre 1860. La réunion temporaire de la Sardaigne à la France n'a donc pas eu pour effet d'annihiler d'une façon complète les traités passés entre ces deux pays.

Paris, 1er décembre 1879 (C^ic d'assurances *La Moderazione* c. Chambre d'assurances maritimes); S. 81.2.145; P. 1881, p. 803; J. D. I. P. 1879, p. 545.

Considérant *que les traités de Vienne de 1814 et de 1815, en rétablissant l'ancien royaume de Sardaigne, ont virtuellement rendu force et vigueur au traité du 24 mars 1760, conclu entre la Sardaigne et la France et ayant notamment pour objet, dans son art. 22, de favoriser l'exécution réciproque des décrets et jugements dans les deux États;* que sa force obligatoire résulte à la fois des principes généraux du droit international, *et de la déclaration échangée le 11 septembre 1860, entre la France et la Sardaigne, pour en déterminer le sens et la portée;*

Considérant que cet acte bilatéral se lie et fait corps avec l'ancien traité dont il se borne à donner l'interprétation; *qu'il fait comme lui loi entre les parties contractantes,* et qu'il ne peut cesser d'être obligatoire pour l'une d'elles sans cesser de l'être en même temps pour l'autre; *qu'en pensant cette déclaration purement interprétative,* les souverains des deux États n'ont fait qu'user non seulement de leurs pouvoirs constitutionnels, mais encore du droit qui appartient à tout contractant d'expliquer sa convention.

c. Le traité de 1760 n'a été que suspendu et est aujourd'hui pleinement en vigueur.

La jurisprudence française décide très généralement que le traité du 24 mars 1760 est toujours en vigueur et qu'il a seulement été suspendu par les diverses guerres qui ont eu lieu entre la France et la Sardaigne.

Nîmes, 14 août 1839 (Guyot c. Rossetti); P. 1839, II, p. 549.

..... Attendu qu'un traité intervenu le 24 mars 1760, entre la France et la Sardaigne, dispose, dans son art. 22, que pour faciliter l'exécution des arrêts ou jugements, les Cours supérieures des deux États déféreront de part et d'autre à la forme du droit aux réquisitions qui leur seront adressées à ces fins; *que l'effet de ce traité devenu loi de l'État a dû être suspendu par la guerre et plus tard par la réunion de la Sardaigne à la France, mais qu'il a dû reprendre toute sa vigueur après la séparation des deux États;* que d'ailleurs, depuis cette époque, l'art. 22 précité a été constamment appliqué sans opposition par les Cours et tribunaux des deux États.

Aix, 8 décembre 1858 (Isnard-Blanc c. Pezzalès); S. 59.2.605;
P. 1860, p. 332[1].

Considérant qu'il faut distinguer les traités généraux et politiques réglant les conditions de paix et d'alliance entre deux ou plusieurs nations *des traités particuliers d'hospitalité, de commerce, etc.*, qui touchent plus particulièrement aux intérêts privés des deux États;

Que si la guerre anéantit les premiers, elle suspend seulement les seconds, lesquels reprennent de plein droit leur empire quand la paix est rétablie par application du principe général cessante causâ tollitur effectus, *et encore par le consentement tacite des deux souverains résultant d'une série d'actes non équivoques;*

Considérant que, depuis 1814, époque de la paix générale et de la séparation des deux États, les meilleures relations n'ont cessé d'exister entre la France et la Sardaigne;

Que, depuis lors, de nombreux arrêts des Cours sardes et françaises, des Cours de cassation de Turin et de France et particulièrement de la Cour de céans, ont constamment et réciproquement appliqué le traité de 1760;

Que des difficultés ont pu surgir quant au mode d'interprétation ou d'exécution dudit traité, *mais jamais quant à son existence;* que la doctrine s'est généralement prononcée dans le même sens;

Qu'en 1831, le Gouvernement sarde réclamant auprès du Gouvernement français une exécution large du traité, M. le Garde des sceaux écrivait à ce sujet au procureur général près la Cour de céans et disait en tête de sa lettre que, par la volonté des deux gouvernements, *le traité de 1760 était en pleine vigueur.*

[1] Repr. en partie *suprà*, p. 59, et cit. *suprà*, p. 142, note 1.

Trib. Saint-Quentin, 30 octobre 1885 (époux Bicci c. Hospice de Saint-Quentin);
La Loi des 22 et 23 février 1886.

..... Sur le premier moyen : *Attendu que s'il est constant que la guerre et la conquête mettent fin aux traités politiques, il est soutenu et il a été jugé qu'elles ne font que suspendre les conventions se référant aux intérêts privés ou judiciaires et non incompatibles avec l'état de guerre;*

Attendu que, dans le doute et en l'absence de lois internationales écrites et admises par tous, c'est la volonté et l'intention des puissances contractantes qui doivent seules être consultées et servir de règles aux tribunaux;

Attendu que, par une déclaration diplomatique du 11 septembre 1860 dûment promulguée en France et transcrite dans le Code de procédure italien[1], les Gouvernements français et sardes ont réglementé quelques dispositions de l'art. 22 du traité de 1760 ; *que les deux États ont ainsi reconnu l'existence dudit traité et manifesté clairement leur volonté d'en maintenir l'exécution ; qu'aussi les tribunaux des deux pays n'ont-ils jamais cessé de l'appliquer*[2].....

d. De la validité en Italie du traité du 24 mars 1760.

Nous croyons utile de dire en quelques mots ce que la doctrine et la jurisprudence décident en Italie relativement à la validité de la convention de 1760. M. Fiore a soutenu qu'on ne pouvait affirmer d'une façon certaine que ce traité fût encore en vigueur[3]. D'après lui, les traités d'amitié et de commerce sont, il est vrai, seulement suspendus; mais, ajoute-t-il, il n'en est pas de même des traités de délimitation, catégorie dans laquelle rentre la convention de Turin. Le professeur napolitain

---

[1] Le tribunal de Saint-Quentin a sans doute voulu dire que l'art. 941 du Code de proc. civ. ital. (15 juin 1865 ; entré en vigueur le 1er janvier 1866), qui traite de l'instance en délibation, exigeait de tous les jugements étrangers les mêmes conditions de validité que celles imposées aux décisions françaises par la déclaration de 1860.

[2] Dans ce sens : Aix, 8 novembre 1876, S. 76.2.134; P. 1876, p. 572; J. D. I. P. 1877, p. 42. — Trib. corr. Seine, 21 février 1879; J. D. I. P. 1879, p. 278.

[3] Fiore, *De l'exécution des actes et des jugements étrangers en Italie*, J. D. I. P., 1878, p. 235 et suiv. (trad. Ch. Antoine).

n'admet pas non plus qu'un traité international puisse être renouvelé tacitement. « En effet, écrit-il, on ne doit pas donner facilement comme fondement à l'existence d'une nouvelle obligation internationale, une simple présomption et de simples conjectures. N'est-il pas, en effet, évident que lorsque la convention principale est éteinte, avec elle le sont aussi les pactes accessoires[1]. » M. Fiore constate d'ailleurs que la jurisprudence italienne reconnaît presque unanimement que le traité de 1760 est actuellement en vigueur[2].

§ III. Le traité de 1760 déroge-t-il en France aux règles du droit commun en ce qui concerne l'exécution des jugements italiens?

L'arrêt de Grenoble dont nous donnons le texte ne se préoccupe pas de savoir si le traité de 1760 est ou n'est pas actuellement en vigueur ; la Cour fait observer que la convention de Turin ayant principalement pour but la délimitation des territoires ne saurait être étendue, et qu'il y a lieu, par conséquent, d'appliquer aux jugements italiens dont on poursuit l'exécution en France, les règles du droit commun, c'est-à-dire, d'après les magistrats dauphinois, l'ordonnance de 1629.

Grenoble, 3 janvier 1829 (Ovel c. Challier) ; S. 29.2.176 ; *Journ. jurispr. d'Aix et Marseille*, t. XI (1830), 2ᵉ partie, p. 182[3].

Considérant que, d'après l'ancien droit public de la France déclaré dans l'art. 121 de l'ordonnance de 1629, les jugements rendus en pays étranger n'étaient pas exécutoires en France, et que les français condamnés par ces jugements étaient toujours admis à débattre leurs droits comme entiers devant les juges français ; considérant que les lois nouvelles n'ont point dérogé à cet ancien droit.....;

[1] *Loc. cit.*

[2] Casale, 21 mars 1863, *Monitore dei tribunali* (de Milan), 1863, p. 590 et suiv. ; — Turin, 15 mai 1865 ; Florence, 20 juin 1870 ; Turin, 20 mars 1876 (cités par Fiore, J. D. I. P., *eod. loc.*, p. 244, et pour l'arrêt de Turin, J. D. I. P. 1879, p. 86). — Brescia, 14 septembre 1875, *Monitore*, 1875, p. 1109, et J. D. I. P., 1879, p. 306. — Cour d'appel de Lucques, 19 février 1880, J. D. I. P. 1883, p. 88. — Cass., Rome, 23 juin 1887, J. D. I. P. 1888, p. 428.

[3] Cité *suprà*, p. 16, note 1.

Considérant qu'à défaut de dérogation bien formelle, le droit commun conserve toute sa force et doit être appliqué; considérant que, quoique le roi de France et le roi de Sardaigne, dans l'art. 22 du traité du 24 mars 1760, se soient fait des concessions réciproques pour l'exécution des jugements rendus dans leurs États respectifs, ce serait cependant donner à cet article placé dans un traité, qui avait principalement pour objet la délimitation des territoires, une extension qui n'est pas permise que d'en conclure que les français ne jouissent plus, vis-à-vis des sujets du roi de Sardaigne, du droit qui leur était accordé par l'ordonnance de 1629, et que tous les jugements rendus contre des français par des tribunaux sardes doivent être exécutés en France sur des pareatis sans révision.....

§ IV. Quelle est la valeur de la déclaration du 11 septembre 1860 ?

La déclaration du 11 septembre 1860, conclue en vertu de l'article 6 de la constitution française du 14 janvier 1852, et régulièrement publiée par le *Moniteur officiel* de l'Empire, est incontestablement en vigueur en France. Malheureusement sa validité n'est pas admise sans hésitation en Italie. Voici pourquoi.

Aux termes de l'article 5 du statut fondamental du royaume de Sardaigne (4 mars 1848), le roi seul fait les traités quels qu'ils soient « en les portant à la connaissance des Chambres dans la mesure où l'intérêt et la sécurité de l'État le permettent[1]; » or, la convention de 1860, au lieu d'avoir été conclue directement avec la France par le roi Victor-Emmanuel II a été simplement revêtue de la signature du comte de Cavour.

De plus, la déclaration en question n'a jamais été régulièrement promulguée en Italie. « Cette déclaration n'est pas obligatoire en Italie, parce qu'elle n'y a pas été publiée ni insérée dans la collection officielle des lois et décrets du royaume[2]. »

Cependant la jurisprudence italienne la plus récente s'est

[1] Dareste, *Les constitutions modernes*, t. I, p. 550.

[2] Brescia, 14 septembre 1875; cité *suprà*, p. 163, note 2. — *Sic*, Lucques, 26 avril 1867, cité dans le J. D. I. P. 1879, p. 308 et 1884, p. 368 et dans le *Monitore dei tribunali*, 1868, p. 871, en note; — appel Florence, 7 avril 1869, *Monitore*, 1875, p. 834, note 2.

prononcée dans le sens de la validité de la déclaration du 11 septembre 1860, soit expressément, soit tacitement en en faisant application[1].

§ V. Effets de l'unification de l'Italie sur les traités de 1760 et de 1860.

Les traités de 1760 et de 1860 conclus par la France avec le Gouvernement sarde sont-ils inapplicables au royaume d'Italie, état nouveau formé par la réunion successive à la couronne de Sardaigne, de la Vénétie, de Naples, etc. ? au contraire, l'unification de la péninsule commencée en 1860 à Villafranca et terminée en 1870 sous les murs de Rome, au lendemain du départ des troupes françaises, a-t-elle laissé subsister, bien que sous un autre nom, l'ancien royaume de Sardaigne qui, englobant les pays qu'il s'est annexés, souvent par une conquête violente, leur a imposé l'obligation de satisfaire aux contrats passés par lui avec des puissances voisines.

D'après Fiore[2], les obligations internationales disparaissent quand un État vient à disparaître comme État : « or, au moment de la proclamation du royaume d'Italie se réalisa la mort de tous les états qui ont servi à le former, y compris le royaume de Sardaigne[3].

L'opinion contraire a été soutenue[4], avec raison croyons-nous. Le royaume de Sardaigne, dit-on, s'il est mort en fait,

---

[1] Milan, 19 juillet 1875, *Monitore*, 1875, p. 834 et J. D. I. P. 1879, p. 305; — Turin, 20 mars 1876, J. D. I. P. 1879, p. 307; cité *suprà*, p. 163, note 2; — Lucques, 19 février 1880, cité *suprà*, p. 163, note 2; — Rome, 23 juin 1887, cité *suprà*, p. 163, note 2.

[2] J. D. I. P. 1878, p. 245.

[3] V. dans ce sens, une note de M. Louis Renault dans le Sirey, 1881.2. 145 et un article du même auteur dans la *Revue critique de législation et de jurisprudence* (1881), p. 473 et suiv. L'éminent professeur s'attache à cette idée, que le nom d'Italie, du moins en tant que puissance européenne, n'existait pas avant 1860, et que cette nouvelle dénomination implique nécessairement la création d'un nouvel État.

[4] Despagnet, *op. cit.*, p. 262; Esperson, *Le droit international privé dans la législation italienne*, J. D. I. P. 1884, p. 366; Moreau, *op. cit.*, p. 168.

n'a pas moins continué d'exister sous un autre nom et cette nouvelle désignation ne saurait entraîner la dénonciation tacite de traités d'ordre purement privé et librement conclus entre deux Etats.

Ce qui prouve d'ailleurs que le royaume d'Italie n'a fait que se substituer au royaume de Sardaigne, c'est le nom de *Victor-Emmanuel II* conservé par le fils de Charles-Albert, lorsqu'il devint roi d'Italie. Il y a là une intention bien marquée de continuer la dynastie des ducs de Savoie rois de Sardaigne. Ajoutons que l'Italie a adopté les anciennes couleurs sardes; sur son drapeau tricolore, elle a imprimé les armes de Savoie.

Enfin, et cet argument nous semble bien fort, lorsqu'en 1862 le Gouvernement italien a publié un recueil des traités conclus par la Sardaigne en vigueur à cette époque, il a eu soin d'insérer dans le préambule la mention suivante : « Après la constitution du royaume d'Italie, *les traités et les conventions commerciales conclus par les anciens Gouvernements des différents Etats italiens ont cessé d'avoir effet et ont été remplacés sur tous les points du royaume par les stipulations des traités conclus avec les puissances étrangères par la maison royale de Savoie* sous le sceptre de laquelle se trouve actuellement réunie la nation italienne [1]. »

La jurisprudence française s'est prononcée d'une façon constante dans le sens de l'extension des traités de 1760 et de 1860 à tout le royaume d'Italie.

Cass. civ., 5 novembre 1878 (Abudarham c. Abudarham); S. 79.1.126; P. 1879, p. 290; D. P. 78.1.476; *Bull. Cass.*, 1878, p. 349.

Attendu que pour accorder ce droit à la défenderesse, le tribunal de Nice.... s'est fondé sur ce que *l'annexion qui, en 1860, a réuni la Toscane aux Etats sardes a rendu applicable aux sujets toscans le traité conclu le 24 mars 1760 entre la France et la Sardaigne;*

---

[1] *Raccolta dei trattati e delle convenzioni commerciali in vigore tra l'Italia e gli stati stranieri,* publiée par les soins du ministre des affaires étrangères de S. M. le roi d'Italie; Turin, 1862, préambule. Ce recueil contient le texte du traité de limites et de juridiction conclu le 24 mars 1760 entre la France et la Sardaigne (p. 27 et suiv.); la déclaration de Turin du 11 septembre 1860 y a été également insérée (p. 873 et suiv.).

D'où il suit que la défenderesse ayant épousé un sujet toscan peut aujourd'hui se prévaloir des dispositions de ce traité pour exercer sur un immeuble situé à Nice et annexé au territoire français l'hypothèque légale que la loi italienne lui accorde sur les biens de son mari; attendu que ce motif adopté par la Cour d'appel et fondé sur une saine application du traité précité suffit pour justifier la décision attaquée.

Paris, 29 août 1864 (Marsara c. Estivant); S. 67.1.117;
Bull. Cour. Paris, 1864, p. 670.

La Cour, — Considérant que la requête soulève une objection que la Cour doit apprécier d'office dans un intérêt d'ordre public; *que cette objection résulte de ce que les traités sus-énoncés* (du 24 mars 1760 et du 11 septembre 1860) *antérieurs à l'annexion de l'ancien royaume de Naples à celui de Sardaigne, ne seraient pas applicables aux décisions rendues par les tribunaux du premier Etat,* lesquelles dès lors ne pourraient être exécutées en France sur un simple *pareatis,* mais seraient soumises à la révision des tribunaux français;

Considérant que les conventions diplomatiques intervenues entre la France et la Sardaigne, le 24 mars 1760, et plus tard commentées et expliquées par celles du 11 septembre 1860, *n'ont pas cessé de subsister jusqu'aujourd'hui et de s'exécuter entre les deux pays; que l'annexion de différents Etats de l'Italie au royaume de Sardaigne n'a pu changer cet état de choses sans la volonté expresse des parties contractantes; que l'annexion, quelle que soit l'importance du territoire acquis l'incorpore au pays annexé lui fait perdre son ancienne autonomie et le soumet aux lois politiques et générales du pays dont il fait désormais partie;*

Considérant que non seulement les traités de mars 1760 et septembre 1860 ont continué à recevoir leur exécution depuis l'annexion du royaume de Naples à la Sardaigne, mais que plusieurs traités importants ont été conclus postérieurement à cette époque avec la France et étendus à tous les États composant le royaume actuel d'Italie;

Que le changement de nom du royaume de Sardaigne en celui de royaume d'Italie n'a pas eu davantage pour effet de modifier cette situation.....

Montpellier, 10 juillet 1872 (Iconomidis c. Couve, Dugrip et Cᶦᵉ); S. 72.2.139;
P. 1872, p. 633; D. P. 72.2.240; J. D. I. P. 1874, p. 184.

..... *Attendu que l'agrandissement postérieur d'un État par l'adjonction d'un autre État n'est pas un obstacle nécessaire à l'exécution des traités qui existent, que ces traités aient été conclus soit avec l'État qui s'agrandit, soit avec celui qui s'incorpore.....;*

Attendu dans l'espèce, que non seulement le Gouvernement du royaume d'Italie n'a pas manifesté la volonté de discéder des traités en question, mais encore que l'une de ses Cours souveraines a procédé en exécution d'iceux, en présentant les lettres rogatoires sur lesquelles la Cour de céans a rendu l'arrêt auquel il est fait opposition.....

Paris, 16 février 1883 (Franceschini c. Flandin); *Le Droit*
du 12 septembre 1883; J. D. I. P. 1883, p. 286.

..... Considérant que, par suite de leur réunion au royaume de Sardaigne, les divers États de l'Italie se sont soumis à la législation générale du pays, *aux obligations résultant des traités internationaux conclus avant l'annexion*, et doivent dès lors bénéficier des avantages que leur assurent ces traités.....

Trib. Saint-Quentin, 30 octobre 1885 (époux Bicci c. Hospices de Saint-Quentin);
La Loi des 22 et 23 février 1886 [1].

..... Sur le second moyen : *Attendu qu'il est naturel que les provinces annexées profitent des traités signés par l'État qui les annexe.....;*

Attendu enfin, qu'il importe peu que le royaume de Sardaigne se soit, à la suite de nouveaux agrandissements territoriaux, ultérieurement transformé en royaume d'Italie;

Que sans doute, un État nouveau qui se créerait tout entier sur les ruines et avec les dépouilles d'anciens États ne saurait être lié par des traités auxquels il n'a pas été partie; *mais qu'il n'en est pas ainsi du royaume d'Italie qui n'est autre que le royaume de Sardaigne agrandi et transformé*, lequel n'a pu, par cela seul qu'il développait sa puissance, s'affranchir des obligations qu'il avait contractées avec les États étrangers, ni par conséquent se voir privé des droits qu'il s'était assurés par réciprocité;

Attendu que le Gouvernement italien prit d'ailleurs le soin d'affirmer en 1862 le maintien des traités sardes et même leur extension à toute l'Italie [2].....

---

[1] Jugement reproduit en partie *suprà*, p. 162.

[2] Dans ce sens : Paris, 1er décembre 1879; S. 81.2.145; P. 1881, p. 803; J. D. I. P. 1879, p. 545, repr. *suprà*, p. 160. — Rouen, 19 juin 1882; *Jurispr. Rouen*, t. XLVI, 1re part., p. 220. — Trib. corr. Seine, 8 juin 1883; J. D. I. P. 1883, p. 500. — Trib. Hâvre, 8 janvier 1885; J. D. I. P. 1885, p. 293.

Ajoutons, en terminant sur ce point, que tous les arrêts italiens que nous avons pu examiner sont unanimes à reconnaître qu'il y a lieu d'étendre à toute l'Italie les traités de 1760 et de 1860 [1].

§ VI. La promulgation du Code de procédure civile italien a-t-elle eu une influence sur les traités de 1760 et de 1860?

Le Code de procédure civile italien, du 25 juin 1865, est entré en vigueur le 1er janvier de l'année suivante. Son titre XII (art. 941 à 950), règle la matière de l'exécution en Italie des jugements prononcés par les tribunaux étrangers. Les dispositions édictées par ces textes diffèrent très peu de celles qui sont contenues dans la déclaration du 11 septembre 1860. Cela est si vrai, qu'en 1879, un avocat général français [2] soutenait qu'il était d'assez mince intérêt de discuter le plus ou moins de validité de la convention de Turin, puisque l'art. 941 du Code de procédure civile italien établissait, indistinctement pour toutes les nations, un traitement aussi libéral que celui dont nos compatriotes pouvaient se prévaloir en invoquant les traités de 1760 et de 1860.

Nous croyons inutile de répéter ici ce que nous avons déjà dit plus haut [3] au sujet de l'influence qu'avait dû exercer sur le traité franco-badois de 1846 la promulgation du Code de procédure civile de l'Empire d'Allemagne. Nous ferons seulement observer qu'il n'est pas indifférent de se trouver en présence d'une disposition législative ou d'un traité. Dans le premier cas, ce que le législateur a fait, il peut le défaire par un simple vote, tandis qu'au second le contrat synallagmatique passé entre deux

---

[1] Cass. Turin, 30 septembre 1875; J. D. I. P. 1876, p. 217. — Turin, 20 mars 1876; J. D. I. P. 1879, p. 307, cité *suprà*, p. 163, note 2 et p. 165 note 1. — Catane, 22 mars 1879, *Circolo giuridico* (de Palerme), 1880, 11ᵉ année (*Décisions en matière civile*, p. 22). — V. aussi Casale, 21 mars 1864, cité *suprà*, p. 163, note 2, et Brescia, 14 septembre 1875, cité *suprà*, p. 163, note 2.

[2] V. la note de M. Louis Renault sous l'arrêt de la Cour de Paris du 1er décembre 1879; S. 81.2.145.

[3] *Suprà*, p. 148.

États ne peut être anéanti que du commun accord des parties intéressées.

§ VII. Quelle est la juridiction compétente pour statuer sur une demande d'exequatur ?

Le texte formel des traités ne laisse aucun doute sur le degré de la hiérarchie judiciaire auquel doit appartenir le tribunal chargé de rendre exécutoires en France les jugements italiens et *vice versâ*. « *Les Cours suprêmes* déféreront de part et d'autre, etc... », dit le traité de 1760, et la déclaration de 1860 ajoute : « Désirant écarter à l'avenir toute espèce de doute ou de difficulté dans l'application que les *Cours* des deux pays sont appelées à en faire (du traité de 1760)... ». Les Cours d'appel sont donc seules compétentes pour revêtir de l'*exequatur* la sentence qu'il s'agit de faire exécuter.

Paris, 29 mai 1869 (Amerighi c. Pagella); *Le Droit* des 31 mai-1er juin 1869.

La Cour, considérant que la *Cour* est régulièrement saisie par la citation donnée en vertu des lettres rogatoires de la Cour d'appel de Florence délivrées conformément aux traités internationaux des 24 mars 1760 et 11 septembre 1860;

Qu'ainsi il lui appartenait de statuer directement omisso medio...[1] »

La jurisprudence décide que la demande d'*exequatur* d'un arrêt d'une Cour de cassation italienne doit être portée non pas devant la Cour de cassation de France, mais bien devant une Cour d'appel.

Paris, 3 juin 1881 (Bonaccini et Guastalla c. Dupuy); D. P. 82.2.66, *La Loi* des 20-21 juin 1881; *Le Droit* des 20-21 juin 1881; J. D. I. P. 1883, p. 52.

La Cour, sur la demande d'*exequatur* de l'arrêt de la Cour de cassation de Turin du 21 janvier 1881;

Considérant que les lettres rogatoires tendant à obtenir l'exécution en France d'un arrêt italien en vertu des traités internationaux des 24 mars 1760 et 11 septembre 1860 doivent émaner de la Cour qui a rendu cette décision;

---

[1] *Sic,* Trib. Seine, 27 mai 1875, J. D. I. P. 1876, p. 359; Trib. Tlemcen, 6 mars 1885, *Rev. alg. et tunis.*, 1re année, 2e partie, p. 243 et suiv.

Qu'il s'agit, dans l'espèce, d'une demande en exécution d'un arrêt de la Cour de cassation de Turin qui a statué sur deux arrêts de la Cour d'appel de Modène ;

Que la Cour de Modène était étrangère à l'arrêt de la Cour de cassation et que les lettres rogatoires en vertu desquelles Bonaccini et Cie ont originairement procédé ne seraient pas suffisantes pour que la Cour de Paris fût régulièrement saisie ; mais que les demandeurs ont ensuite obtenu des lettres rogatoires de la Cour de cassation et que leur demande est ainsi régulièrement engagée ;

Considérant que la Cour de Paris saisie d'une demande en exécution d'un arrêt de cassation doit d'abord examiner sa propre compétence ; que les traités de 1760 et 1860 supposent des réquisitions adressées par une Cour d'appel à une juridiction étrangère de même degré, et ne prévoient pas le cas d'un arrêt de Cour souveraine, laquelle n'existait pas en 1760 ;

Qu'il est néanmoins de principe que toute demande d'*exequatur* pour une sentence étrangère constitue une action distincte et indépendante de l'action principale ; *que si d'après les traités entre la France et l'Italie elle doit être portée* de plano *devant une Cour d'appel, elle ne saurait s'adresser à la Cour de cassation, uniquement instituée pour examiner la légalité des décisions rendues par les tribunaux français ;*

Qu'il est d'ailleurs constant en France que la Cour de cassation ne peut connaître des difficultés d'exécution résultant même de ses arrêts ;

Que la Cour de Paris est donc compétente sur la demande d'exe-quatur...

§ VIII. La personne qui demande en France l'exequatur d'un jugement italien, peut-elle renoncer au bénéfice des traités ?

La jurisprudence française reconnaît au demandeur en *exequatur* d'une sentence italienne le droit d'introduire son instance devant les tribunaux ordinaires, au lieu de la porter directement devant la Cour d'appel, conformément aux dispositions des traités de 1760 et de 1860 ; mais, en pareil cas, le juge français doit réviser le jugement étranger qui lui est soumis. Cette théorie nous paraît très critiquable ; qu'est-ce en effet qu'un traité conclu entre deux États, sinon une loi à laquelle sont tenus de se soumettre les nationaux des pays contractants ?

Laisser aux particuliers la liberté absolue de se soustraire aux rigueurs des conventions internationales, c'est déchirer tous les traités. A quoi bon, en effet, prévoir et régler diplomatiquement les nombreuses difficultés qui peuvent s'élever en matière de jugements étrangers, si les parties ont ensuite la faculté de les faire renaître. Voici sur ce point les décisions de la jurisprudence.

Cass. civ., 5 mars 1888 (navire *Iniziatva*); S. 88.1.313, P. 1888, p. 761; *Rev. intern. de droit mar.*, 1887-88, p. 659.

La Cour..., sur le premier moyen; attendu que le traité de 1760 entre la France et la Sardaigne en vue de favoriser l'exécution réciproque des jugements porte que les Cours suprêmes déféreront de part et d'autre à la forme du droit aux réquisitions qui leur seront adressées à ces fins même sous le nom desdites Cours; que cette disposition, maintenue et expliquée par la convention de 1860 entre la France et l'Italie, a eu pour but de rendre plus facile l'exécution des jugements entre français et italiens, et de donner le moyen d'éviter la révision dans l'un des deux pays des jugements rendus dans l'autre, *mais qu'elle n'a eu ni pour but, ni pour effet de contraindre les parties à user des formes qu'elle introduit et de leur enlever le droit de se présenter si bon leur semble devant les tribunaux de l'un des deux pays pour y demander l'exécution des jugements rendus dans l'autre en se soumettant au droit commun qui implique la révision desdits jugements au fond;* que dès lors l'arrêt attaqué, en statuant ainsi qu'il l'a fait, n'a violé ni les traités sus-énoncés, ni les autres dispositions invoquées par le pourvoi...

Bordeaux, 19 juin 1882 (Franceschini c. Rossot); *Journ. arr. Bordeaux*, 1882, p. 203 et suiv.; J. D. I. P. 1883, p. 165.

Attendu que pour faire rendre exécutoire l'ordonnance de taxe rendue le 22 septembre 1877, par le président de la Cour de Pérouse, le sieur Franceschini ne s'est pas adressé à la justice française dans les formes tracées par l'art. 22 du traité du 24 mars 1760 et par la déclaration du 11 septembre 1860; *qu'au lieu de se pourvoir directement devant la Cour,* muni de lettres rogatoires délivrées par la juridiction compétente, *il a porté sa demande devant le tribunal de Bordeaux en se soumettant aux règles ordinaires de la matière;*

Attendu que le tribunal ainsi saisi était compétent; qu'il n'y a donc pas lieu d'annuler sa décision pour incompétence et de statuer par voie d'évocation comme le sieur Franceschini le demande; attendu, d'autre part, que son appel a uniquement pour effet de porter devant la Cour le procès qui a été jugé en première instance et qu'une des conditions du débat soumis aux premiers juges était le droit pour la justice d'examiner au fond la prétention du demandeur; que la Cour saisie comme juge d'appel doit prononcer sur le mérite de la décision attaquée, et qu'elle ne peut le faire sans examiner comme le tribunal lui-même le fond du procès...

§ IX. La Cour chargée de rendre exécutoire un jugement français ou italien doit-elle le réviser au fond?

Avant 1860, c'est-à-dire lorsque la matière de l'exécution réciproque des jugements français et italiens n'était régie que par les termes assez peu clairs de l'art. 22 du traité du 24 mars 1760, on décidait assez généralement que la Cour saisie d'une demande en *exequatur* ne pouvait recourir à de nouveaux moyens d'instruction et devait simplement se livrer à un examen sommaire du jugement qui lui était présenté. Elle « n'a pas à juger et à apprécier de nouveau la question soumise, jugée par la sentence à exécuter; elle ne peut recourir, en effet, à des moyens nouveaux d'instruction; mais, d'un autre côté, chargée de la sauvegarde des intérêts publics, dès lois et de la justice, elle doit examiner sommairement le jugement pour s'assurer, avant d'en ordonner l'exécution, que cette exécution n'est point contraire à l'ordre public, à la morale, aux institutions et aux règles générales de justice. Aller plus loin, ce serait annuler le traité qui ne serait plus qu'une lettre morte; ne pas admettre ce droit d'examen sommaire, ce serait soumettre les Cours à un rôle passif, indigne du caractère de ces corps, et autoriser en France des exécutions qui violeraient les droits d'ordre public, ce que personne n'admettra. » Ainsi s'exprimait, en 1859, M. Féraud-Giraud[1], qui ne faisait que rappeler la théorie soutenue quelques années auparavant par Paulin[2]. Les deux arrêts suivants se prononcent dans le même sens.

---

[1] *France et Sardaigne*, p. 352.
[2] Fœlix, *op. cit.*, t. II, p. 68.

Nîmes, 14 août 1839 (Guyot c. Rossetti); P. 1849, t. II, p. 549 [1].

... Attendu que, quelle que soit l'étendue qu'on attribue à ces mots
« à la forme de droit, » il est du moins certain que la disposition du
traité *contient une dérogation à l'ordonnance de 1629 et aux art. 546
C. proc. et 2123 et 2128 C. civ.*, et que l'effet de cette dérogation,
d'après les termes mêmes de l'article, *doit être de borner l'examen des
Cours à qui les sentences sont déférées à la vérification du point de
droit...*

Aix, 25 novembre 1858 (Féraud et Honorat c. Cavasso); S. 59.2.605;
P. 1860, p. 334 [2].

... Attendu que le texte du traité de 1760 *est exclusif du droit de
révision des procès,* puisqu'il a en vue de favoriser l'exécution réciproque des jugements rendus, et que, dans ce but, il impose l'obligation aux Cours des deux États de déférer aux réquisitions qui leur
sont adressées à ces fins; *qu'il se borne à réserver la forme du droit
suivant laquelle il devra être procédé.*

Attendu que ces mots : à la forme du droit *se rapportent uniquement soit aux lettres rogatoires que les Cours auraient à s'adresser,
soit à la marche à suivre dans chaque pays pour* obtenir la formule
d'exequatur, *et ne permettent pas de penser qu'on réserve l'examen
du fond du droit, car le principe d'une révision eût été essentiellement
contraire au but que les deux souverains se proposaient d'atteindre*[3]...

Voici cependant une décision de la Cour d'Aix, qui semble,
en présence du traité de 1760, reconnaître aux tribunaux français le droit de réviser au fond les sentences italiennes.

Aix, 16 juin 1858; P. 1859, p. 309; *Gaz. trib.* du 22 juillet 1858;
Journ. jurispr. comm. d'Aix, 1859, p. 59 [4].

..... Attendu au fond que le traité du 24 mars 1760, entre la France
et la Sardaigne, porte, dans son art. 22..... : que le législateur paraît
avoir voulu par ces mots : « *en la forme du droit* » *autoriser le droit
d'examen de la part des tribunaux, principe proclamé par l'art.* 121

---

[1] Reproduit en partie *suprà,* p. 161.
[2] Reproduit en partie *suprà,* p. 120 et cité p. 142, note 1.
[3] *Sic,* Turin, 2 décembre 1854; *Monitore dei tribunali,* 1872, p. 1227, note.
[4] Repr. en partie *suprà,* p. 43.

de l'ordonnance de 1629 et maintenu par les art. 2123, 2128 C. Nap.
et 546 C. proc. [1].....

Quoi qu'il en soit de cette controverse, toutes les difficultés
nous paraissent aplanies par la déclaration interprétative de
Turin qui, en énumérant les points sur lesquels devra porter
l'examen de la Cour française ou italienne, a par là même
écarté toute idée de révision au fond.

Cass. civ., 7 juillet 1862 (Ginet et Jacquin c. Voindrot); S. 62.1.831; P. 1862,
p. 1166; D. P. 62.1.555; *Bull. arr. cass.,* t. LXIV (1862), p. 173.

La Cour, — Sur le moyen unique du pourvoi; vu l'art. 22 du traité
du 24 mars 1760, et l'art. 2 du C. Nap.; attendu que l'art. 22 du
traité conclu entre la France et la Sardaigne, le 24 mars 1760, dispose que, pour favoriser l'exécution réciproque des arrêts et jugements, les Cours supérieures déféreront de part et d'autre à la forme
du droit aux réquisitions qui leur seront adressées à ces fins sous le
nom desdites Cours; *que pour faire cesser toute difficulté dans l'appli-*
cation de cet article, il a été convenu, par déclaration diplomatique du
11 septembre 1860, qu'il doit être interprété en ce sens que les Cours,
en déférant à la forme du droit aux demandes d'exécution des juge-
ments rendus dans chacun des deux États, ne devront faire porter
leur examen que sur les trois points suivants : 1° si la décision émane
d'une juridiction compétente; 2° si elle a été rendue les parties dûment citées et légalement représentées ou défaillantes; 3° si les règles
du droit public ou les intérêts de l'ordre public du pays où l'exécution
est demandée ne s'opposent pas à ce que la décision du tribunal
étranger ait son exécution.

Paris, 3 juin 1881 (Bonaccini et Guastalla c. Dupuy); D. P. 82.2.66; *La Loi*
des 20-21 juin 1881; *Le Droit* des 20-21 juin 1881; J. D. I. P. 1883, p. 52 [2].

..... Considérant au fond *que les traités de 1760 et de 1860 ne per-*
mettent pas à la Cour de reviser l'arrêt de la Cour de Turin et de
décider s'il a bien jugé; que l'examen de la Cour doit *se borner aux*
trois points suivants : 1°..... (V. le précédent arrêt).

Paris, 8 août 1887; *Le Droit* du 15 décembre 1887.

Attendu que le jugement rendu le 18 mars 1887 par le tribunal de
commerce de Turin ne renferme aucune disposition contraire aux lois

[1] V. un arrêt de la Cour de Grenoble du 9 janvier 1826; S. 27.2.56.
[2] Repr. en partie *suprà,* p. 170.

françaises; qu'il y a lieu, par suite, de déférer aux lettres rogatoires de la Cour royale de Turin, et d'ordonner que ledit jugement sera exécutoire en France;.

Attendu que la demande en intervention formée par Pardieu et Doyeux contre de Rotschild et Devielle n'est pas recevable; *que la Cour n'a pas mission de reviser la décision rendue par le tribunal de commerce de Turin; qu'elle a uniquement à examiner si dans les prescriptions de cette dernière il n'y a rien qui mette obstacle à son exécution en France, et n'a nullement à en apprécier le mérite relativement au fond du litige;* que ses attributions sont rigoureusement définies et qu'elle ne saurait dès lors être saisie utilement de contestations qui se rattachent à une instance dont elle n'a pas le droit de connaître [1].....

§ X. A quels points spéciaux le droit d'examen des Cours françaises ou italiennes est-il limité?

L'arrêt de cassation du 7 juillet 1862 et l'arrêt de la Cour de Paris, en date du 3 juin 1881, que nous venons de reproduire dans le paragraphe précédent, nous disent très exactement quelle est la mission du tribunal chargé de rendre exécutoire en France une sentence italienne. Nos magistrats doivent, se conformant en cela aux dispositions de la convention de 1860, limiter leur examen aux trois points suivants : 1° Le jugement émane-t-il d'une juridiction compétente? 2° A-t-il été rendu les parties dûment citées et légalement représentées ou défaillantes? 3° Les règles du droit public ou les intérêts de l'ordre public du pays où l'exécution est demandée sont-ils respectés? Nous citons quelques arrêts qui corroborent ceux dont nous venons de parler.

---

[1] Dans le même sens : Paris, 26 juin 1863; *Gaz. trib.* du 1er juillet 1863. — Paris, 1er décembre 1879; S. 81.2.145; P. 1881, p. 803; J. D. I. P. 1879, p. 545, repr. *suprà*, p. 160, cité p. 168, note 2. — Paris, 23 août 1880; S. 81.2.147; P. 1881, p. 888; J. D. I. P. 1880, p. 584. — Paris, 5 février 1883; J. D. I. P. 1883, p. 299, cité *suprà*, p. 121, note 2. — Paris, 16 février 1883; *Le Droit* du 12 septembre 1883; J. D. I. P. 1883, p. 286, repr. *suprà*, p. 168. — V. pour la jurisprudence italienne dans ce sens : Milan, 19 juillet 1875, cité *suprà*, p. 165, note 1. — Ancône (section de Pérouse), août 1877, J. D. I. P. 1877, p. 515. — Lucques, 19 février 1880, J. D. I. P. 1883, p. 88, cité *suprà*, p. 165, note 1.

Paris, 9 janvier 1875 (Mellerio c. Mellerio) ; D. P. 75.2.171 ; *Le Droit*
du 17 janvier 1875, J. D. I. P. 1875, p. 354.

La Cour, faisant droit aux lettres rogatoires de la Cour d'appel de
Turin en date du 27 novembre 1874, ensemble à la demande formée
par la femme Mellerio à fin d'exécution d'un arrêt rendu le 9 août
1873 et d'un jugement du tribunal de première instance de Domo
d'Ossola en date du 28 mars 1873 ; *considérant qu'aux termes du traité
du 24 mars 1760 interprété par la déclaration du 11 septembre 1860
l'examen de la Cour doit porter exclusivement sur les trois points suivants* : 1° (V. les trois conditions de validité que nous venons d'indiquer) ;

Considérant que les trois conditions exigées ont été remplies dans
l'espèce ; *qu'il n'y a lieu de procéder à aucun examen au fond des
droits des parties*, ni par conséquent d'admettre les réserves dont Mellerio demande à tort qu'il lui soit donné acte...

Rouen, 19 juin 1882 (Santet et Cie c. Duménil-Leblé) ; *Jurispr. Cour Rouen*,
t. 46, 1re partie, p. 220.

... En droit, attendu qu'il résulte du traité du 24 mars 1760 entre
la France et la Sardaigne applicable aux États composant le royaume
d'Italie, et de son interprétation diplomatique en date du 11 septembre
1860, que *les Cours en déférant à la forme du droit aux demandes
d'exécution des jugements rendus dans chacun des États, ne doivent
faire porter leur examen que sur les trois points suivants, savoir*...[1].

Nous allons passer successivement en revue les trois points
auxquels est limité le droit d'examen des Cours.

a. **Compétence du tribunal qui a prononcé la sentence
dont on demande l'exequatur.**

Le traité de Carslruhe que nous avons étudié plus haut[2] énumère avec grand soin, dans son art. 2, les juridictions qui doivent être réciproquement tenues pour compétentes en France

---

[1] *Sic*, Paris, 29 août 1864, *Bull. Cour Paris*, t. I, p. 670, reproduit en
partie *suprà*, p. 167. — Paris, 2 mars 1868, S. 68.2.312 ; P. 1868, p. 1210 ;
Bull. Cour Paris, 1868, p. 92. — Chambéry, 29 janvier 1873, J. D. I. P.
1874, p. 306. — Lyon, 25 février 1882, D. P. 82.2 228 ; J. D. I. P. 1884,
p. 65. — Paris, 17 mars 1883, J. D. I. P. 1883, p. 515.

[2] V. *suprà*, p. 146.

et dans le Grand-Duché de Bade. Il est très regrettable que les négociateurs de la convention franco-sarde du 11 septembre 1860 n'aient pas suivi l'exemple de leurs devanciers de 1846. Il y a là une grave lacune qu'il serait urgent de combler. Aussi, bien que le moment puisse paraître mal choisi pour émettre un semblable vœu, n'hésitons-nous pas à réclamer une révision intégrale des traités franco-italiens. Cette révision, qu'on nous fait espérer depuis longtemps, aurait pour premier avantage de faire disparaître tous les doutes qui ont pu s'élever relativement à la validité de la déclaration de Turin; elle permettrait, en second lieu, de fixer d'une façon précise les règles de compétence qu'on ne saurait déterminer trop exactement dans un traité international. Nos Cours, il est vrai, se montrent fort larges lorsqu'il s'agit d'accorder l'*exequatur* à un jugement italien; mais il pourrait en être autrement, puisque la question de compétence est abandonnée à l'appréciation du juge, et nous verrons tout à l'heure que l'application de l'art. 14 de notre Code civil trouve, au delà des Alpes, une résistance très marquée et d'ailleurs très légitime. Voici quelques espèces dans lesquelles les Cours françaises ont apprécié la compétence des tribunaux italiens.

Cass. civ., 30 janvier 1867 (Estivant frères c. *C*^{ies} *d'assurances diverses de Naples*); S. 67.1.117; P. 1867, p. 275; D. P. 67.1.80; *Bull. Cass.*, 1867, p. 33 [1].

Attendu qu'en supposant applicables à la cause les traités et conventions des 24 mars 1760 et 11 septembre 1860 entre la France et la Sardaigne et en admettant que par suite la nécessité d'un examen nouveau se réduirait aux cas qui y sont prévus, il aurait dans cette hypothèse suffi des stipulations contenues en la convention de 1860 pour obliger la Cour impériale de Paris *à porter son examen sur les questions relatives à la régularité de la citation et à la compétence...*

Aix, 13 mai 1874 (Massoni c. Rodrigues et Carcassonne); *Journ. jurispr. comm. Aix et Marseille,* 1875, p. 60; J. D. I. P. 1875, p. 188 [2].

Sur le premier point et relativement à la juridiction compétente : Attendu que les opposants soutiennent que le contrat de vente inter-

---

[1] Reproduit en partie *suprà*, p. 111.
[2] Cité *suprà*, p. 49.

venu entre eux et Massoni a été conclu à Marseille et devait être exécuté dans cette ville quant à la livraison et au paiement, *et que le tribunal de Gênes etait incompétent aux termes des art.* 59 *et* 420 *du Code de procédure français et aux termes mêmes du Code de procédure sarde;*

Attendu que le tribunal dont la compétence doit être examinée est celui du pays où la décision a été rendue; qu'on ne saurait soutenir avec raison que des juges statuent sur des lois autres que celles de l'État dans lequel les jugements sont rendus; *qu'il faut donc dans l'espèce rechercher si le tribunal de Gênes était compétent conformément à la loi italienne et non point à la loi française...*

Bordeaux, 31 décembre 1877 (Gauthier c. Albrecht et fils); *Journ. arr. Bordeaux,* 1877, p. 376; J. D. I. P. 1878, p. 272.

Sur la compétence du préteur de Milan : Attendu que le recours en garantie dirigé par Gauthier contre Albrecht avait pour cause l'inexécution d'une convention intervenue entre les parties pour l'expédition d'une caisse de fleurs artificielles qu'Albrecht devait faire parvenir de Bordeaux à Liverpool;

Attendu que ce contrat a été formé en France, *que Gauthier et Albrecht sont français et domiciliés l'un et l'autre à Bordeaux; que tous deux sont par conséquent justiciables des tribunaux français, et que Gauthier ne pouvait imposer à Albrecht l'obligation de plaider devant une juridiction étrangère...*

Lyon, 25 février 1882 (Pelusso c. Porte); D. P. 82.2.228; J. D. I. P. 1884, p. 65 [1].

Attendu sur le premier point *que la compétence du préteur de la section de Monviso, à Turin, n'est pas sérieusement contestée; qu'elle est d'ailleurs fondée sur la combinaison des art.* 105, §§ 2 *et* 3, *C. proc. civ. du royaume d'Italie,* 107 *du même Code et* 14 *C. civ. français...*

Paris, 28 mai 1884 (Bionne c. Schneider); J. D. I. P. 1884, p. 622 [2].

La Cour, considérant que Emile-Pierre-Marie Bionne poursuit l'exécution en France d'une ordonnance du président du tribunal civil et correctionnel de Florence du 17 février 1883, qui « ordonne à Catherine-Hortense Schneider, sa femme, de lui fournir la somme de 300 francs par mois en attendant le jugement et jusqu'à ce que le tribunal

[1] Cité *suprà*, p. 177, n. 1.
[2] Cité *suprà*, p. 79, n. 1.

ait définitivement statué en la cause de séparation pendante entre lesdits époux; que la dame Bionne invoque le bénéfice des conventions diplomatiques existantes entre la France et la Sardaigne du 24 mars 1760, interprétées par la déclaration du 11 septembre 1860; *qu'elle s'oppose à l'exécution requise en soutenant que l'ordonnance dont s'agit a été rendue par une juridiction incompétente*, que mariée à un français elle est française, et partant justiciable des tribunaux français, et non point des tribunaux italiens...

Considérant au fond *que la Cour, suivant les prescriptions des conventions diplomatiques sus-visées doit rechercher si l'ordonnance du 17 février 1883 a été rendue par une juridiction compétente*, en d'autres termes, si elle a prononcé entre un mari et une femme italiens et non français; *que s'il résulte des circonstances de la cause que Bionne, dont la femme a suivi la condition, était italien au moment de son mariage contracté en France le 4 octobre 1881, la justice italienne avait compétence pour statuer;* que si, au contraire, il est établi que Bionne était français, celui-ci ne saurait se prévaloir d'une décision étrangère pour y soumettre sa femme restée française...

Par ces motifs, et sans qu'il soit nécessaire d'examiner les autres moyens sur lesquels la dame Bionne fonde son opposition, *dit que Bionne était français au moment de son mariage contracté en France avec Catherine-Hortense Schneider le 4 octobre 1881, que dès lors les tribunaux italiens ne pouvaient connaître de sa demande en séparation de corps, ni des incidents de cette procédure;* en conséquence refuse, *pour cause d'incompétence,* l'*exequatur* de l'ordonnance du président du tribunal civil et correctionnel de Florence du 17 février 1883.

Paris, 7 avril 1887; Le Droit du 28 août 1887.

Considérant que la décision dont il s'agit *émane d'une autorité compétente,* qu'elle a été rendue après l'accomplissement de toutes les formalités légales; qu'elle est passée en force de chose jugée; *que ni les règles du droit public ni les intérêts de l'ordre public ne s'opposent à ce qu'elle soit favorablement accueillie; qu'elle est accompagnée des lettres rogatoires prévues par les traités internationaux*[1].....

---

[1] V. dans ce sens : Cass., 27 avril 1870; S. 71.1.91; P. 1871, p. 229. — Paris, 3 juin 1881, D. P. 82.2.66; *La Loi* des 20-21 juin 1881; *Le Droit* des 20-21 juin 1881; J. D. I. P. 1883, p. 52, repr. *suprà,* p. 170 et p. 175. — Paris, 21 mai 1884; J. D. I. P. 1884, p. 624. — Aix, 24 mars 1885; S. 87.2.217; P. 1887, p. 1212; J. D. I. P. 1885, p. 286, repr. *suprà,* p. 140.

b. De la compétence exceptionnelle de l'art. 14 C. civ. français.

Les tribunaux italiens n'admettent pas la compétence exceptionnelle de l'art. 14 de notre Code civil qui, d'après eux, est contraire à la maxime d'ordre public « *actor sequitur forum rei,* » aussi refusent-ils *l'exequatur* aux jugements français rendus en vertu de ce texte. La Cour de Paris a décidé[1] qu'aux termes de l'art. 14 C. civ. une société française, dont le siège est à Paris, ayant le droit de citer devant les tribunaux français une société italienne en exécution des engagements qu'elle avait contractés envers elle, *réciproquement* (art. 105, C. proc. civ. ital.), *cette société a pu être assignée devant les tribunaux italiens*[2]. » Cette compétence, par voie de rétorsion, n'a pas désarmé les Cours italiennes qui continuent à écarter la compétence de notre article 14[3].

c. Régularité de la citation.

Les parties doivent avoir été dûment citées et légalement représentées ou défaillantes. Aucune difficulté ne peut s'élever sur ce point; il s'agit d'une question de fait que le juge appréciera. Observons toutefois que la régularité de la citation doit être examinée au point de vue de la législation du pays où la sentence a été prononcée.

— Les arrêts suivants ont été rendus sous l'empire du seul traité de 1760 : Cass., 17 mars 1830; S. 30.1.95, repr. *suprà*, p. 141. — Nîmes, 14 août 1839; P. 1839, II, p. 549, repr. *suprà*, p. 161 et 174. — Aix, 25 novembre 1858; S. 59.2.605; P. 1860, p. 334, repr. *suprà*, p. 120, et cité p. 142, note 1.

[1] Paris, 1er décembre 1879; S. 81.2.145; P. 1881, p. 803; J. D. I. P. 1879, p. 545.

[2] *Sic,* Trib. Hâvre, 8 janvier 1885; J. D. I. P. 1885, p. 293.

[3] Lucques, 26 avril 1867; *Monitore dei tribunali*, 1868, p. 871, note, cité *suprà*, p. 164, n. 2. — Brescia, 14 septembre 1875; *Monitore*, 1875, p. 1109, et J. D. I. P. 1879, p. 211 et 306, cité *suprà*, p. 169, n. 1. — Catane, 22 mars 1879; *Circolo giuridico* (de Palerme) 1880, *Décisions civiles*, p. 22, et J. D. I. P. 1881, p. 542. — Messine, 5 septembre 1881; *Circolo*, 1881, *Décisions civiles*, p. 408. — Naples, 30 décembre 1883; *Rassegna di diritto commerciale*, année 1, p. 100, et J. D. I. P. 1885, p. 464.

Lyon, 25 février 1882 (Pelusso c. Porte); D. P. 82.2.228;
J. D. I. P. 1884, p. 65[1].

..... Attendu sur le deuxième point *que Porte critique la citation*
d'abord en ce que le préteur, autorisant l'abréviation des délais, n'a
pas en même temps fixé l'audience à laquelle les parties devraient
comparaître, *comme le lui prescrivait l'art.* 154, § 2, *C. proc. civ.
italien*, et aussi en ce que le procureur du roi à Turin, *chargé par les
art.* 141 *et* 142 *dudit Code* de transmettre au nom du demandeur la
copie de la citation à l'intéressé, ne la lui a fait parvenir par voie consulaire que le 12 février, c'est-à-dire cinq jours après la condamnation.

Attendu quant à l'irrégularité imputée aux agissements du préteur,
qu'il n'est pas même besoin d'examiner si le paragraphe visé s'applique ou ne s'applique pas aux citations qui sont sommaires de leur
nature, c'est-à-dire en dehors de l'autorisation du juge; *qu'en effet,
l'irrégularité, en la supposant existante, ne viserait pas la citation,
puisqu'elle n'est pas prévue par la loi italienne; que l'art.* 56 *C. proc.
civ. italien* ne permet pas de prononcer la nullité d'un acte de procédure quand la nullité n'est pas déclarée par la loi, et que la compa-
raison de cet article avec les art. 144, 145, 153 est absolument décisive;

Attendu, quant à la l'irrégularité imputée aux agissements du procureur du roi, qu'en fait il paraît certain que la copie a été remise
tardivement; *mais qu'en droit les demandeurs n'ont pas à supporter
les conséquences de ce retard; qu'ils sont couverts par la disposition
formelle de l'art.* 114, *aux termes duquel la citation produit son effet
quand le demandeur a rempli les formalités qui lui sont imposées;*
que Pelusso et Cie établissent qu'ils ont rempli les formalités de l'art.
141 en assignant Porte défendeur domicilié hors de l'Italie par les
trois moyens de l'affichage à la porte du prétoire, de l'insertion au
journal des annonces judiciaires et de la remise d'une copie au ministère public près le tribunal civil de Turin; qu'ils ne sauraient être
responsables des actes du procureur du roi sur lequel ils n'ont ni
action ni contrôle possible[2].....

[1] Repr. *suprà*, p. 79, et cité p. 177, n. 1.

[2] Jugé que le droit de la défense doit toujours être respecté, Aix, 8 décembre 1858; S. 59.2.606, reproduit *suprà*, p. 59. — V. dans le même sens :
Aix, 25 novembre 1858; S. 59.2.605; P. 1860, p. 334, cité *suprà*, p. 181,
note 1.

d. Du respect des principes d'ordre public.

La Cour saisie d'une demande d'*exequatur* doit, en troisième lieu, rechercher si le jugement qui lui est soumis ne porte pas atteinte aux règles du droit public ou aux intérêts de l'ordre public du pays où l'exécution est demandée. La Cour de Paris a décidé qu'un jugement italien, qui annulait un mariage pour des causes non reconnues par nos lois, ne portait pas atteinte à l'ordre public français.

Paris, 2 mars 1868 (Dina c. Dina); S. 68.2.312; P. 1868, p. 1210;
Bull. Cour Paris, 1868, p. 92 [1].

Considérant, quant à la troisième condition, qu'il n'y a pas lieu de décider, ainsi que l'ont fait les premiers juges, *que la sentence dispose contrairement au droit ou à l'ordre public par le motif qu'elle a annulé un mariage pour des causes qui ne seraient point admises en France et que repoussent même les principes de notre législation; considérant que le droit public en ces matières ne consiste pas à exiger que les juges étrangers appliquent à leurs nationaux les lois françaises,* mais au contraire à leur reconnaître le pouvoir que nous réclamons pour nous-mêmes de maintenir le statut personnel des nationaux qui se trouvent en pays étrangers;

Considérant que, par exemple, le divorce n'étant pas admis en France et le mariage étant interdit dans certaines conditions de parenté entre les parties, nous n'admettons pas que des français puissent se soustraire à ces volontés de la loi française en allant divorcer ou se marier dans des pays où ces actes sont autorisés, *parce que notre droit public a pour principe que le statut personnel suit les nationaux,* et que si les actes peuvent et doivent être stipulés dans la forme établie là où ils sont passés, *la capacité personnelle des contractants reste celle que détermine la législation de leur pays; qu'ainsi les décisions des tribunaux étrangers en matière de statut personnel, alors même qu'elles admettent des règles opposées à celles de notre droit civil, doivent être par nous rendues exécutoires, et que, loin de violer en cela notre droit public, nous en faisons au contraire la juste application;*

Considérant qu'il est surabondant d'examiner quelles seraient les conséquences du système contraire qui conduirait à ne pas admettre l'état civil des étrangers établi conformément à leurs lois nationales

[1] Cité *suprà,* p. 177, n. 1.

et à tenir en France pour illégitimes les naissances, les mariages et toute la situation personnelle des étrangers qui viennent séjourner ou s'établir parmi nous, quand leur état est cependant établi et légitimé par leur loi nationale;

Considérant qu'il faut reconnaître que la sentence du tribunal italien statuant sur une question de statut personnel d'un italien, suivant les lois de son pays, n'a rien qui blesse en France le droit de l'ordre public... [1].

Nous ne multiplierons pas les espèces qui peuvent se présenter fort nombreuses, la Cour ayant en cette matière un pouvoir d'appréciation très étendu. Nous nous bornerons à reproduire en terminant sur ce point, l'arrêt de Paris du 1er février 1884, aux termes duquel un jugement italien, rendu postérieurement à un jugement français entre les mêmes parties et sur la même contestation, ne peut être revêtu de l'*exequatur* par nos tribunaux comme étant contraire aux principes d'ordre public.

Paris, 1er février 1884 (Baffico, Raggio Porcella c. Dreyfus);
J. D. I. P. 1884, p. 394.

La Cour, considérant en fait que Baffico, sujet italien et armateur d'un navire de commerce, *a fait assigner en 1878 Dreyfus frères et Cie devant le tribunal de commerce de la Seine* en paiement d'une somme de ... qu'il prétendait lui être due à titre de surestarie résultant du retard dans le chargement d'un navire; que Baffico ne donnant pas suite à sa demande, le tribunal de commerce a rendu, le 25 novembre 1878, un jugement de défaut-congé qui, considérant que Baffico ne justifie nullement sa prétention et que les conclusions des défendeurs paraissaient justes, a relaxé ces derniers et condamné le défendeur aux dépens; *que ce jugement a été signifié régulièrement avec commandement de payer les frais, et qu'il a été exécuté par un procès-verbal de carence et par le paiement des dépens faits au nom de Baffico sans aucune protestation; que néanmoins, et par une nouvelle assignation du 16 juin 1879, Baffico a assigné Dreyfus frères et Cie*

---

[1] V. Aix, 13 mai 1874, *Journ. jurispr. comm. Aix et Marseille*, 1875, p. 60; J. D. I. P. 1875, p. 188, reproduit en partie *suprà*, p. 178, et cité p. 49. — Paris, 7 avril 1887; *Le Droit* du 28 août 1887, reproduit *suprà*, p. 180. — V. antérieurement à 1860 : Cass., 12 août 1824, S. 26.1.378. — Cass., 14 juillet 1825, S. 26.1.378. — Aix, 8 décembre 1858, reproduit *suprà*, p. 161.

devant le tribunal de commerce de Gênes pour voir statuer sur la demande dont il avait d'abord saisi le tribunal de commerce de la Seine et que celui-ci avait rejetée ; que le tribunal de Gênes, par une sentence du 27 février 1880, a accordé à Baffico une partie de la somme qu'il demandait ; que ce jugement a été confirmé par la Cour de Gênes et par la Cour de cassation de Turin ; *que Baffico demande l'autorisation de faire exécuter en France les sentences italiennes, et que la question du procès est de savoir si elle peut lui être accordée ;*

Considérant en droit qu'il est constant que le jugement de défaut-congé, comme tout jugement par défaut, peut être attaqué par opposition et par appel, mais qu'il acquiert l'autorité de la chose jugée s'il n'est l'objet d'un recours dans les délais légaux ; que ce principe est d'autant moins contestable dans l'espèce, que le tribunal de commerce de la Seine a apprécié, après examen, les conclusions des parties et motivé le rejet de la demande ; que le jugement de défaut-congé n'a pu tomber en péremption, puisque Baffico ayant engagé l'instance, le rejet de sa demande a été prononcé faute de conclure ; que le jugement a d'ailleurs été exécuté par le paiement des frais après commandement et procès-verbal de carence ; qu'il a donc acquis l'autorité de la chose jugée ;

Considérant que c'est en cet état d'une décision définitive et irrévocable que Baffico a obtenu du tribunal de commerce de Gênes, pour le même objet, contre les mêmes parties, une décision contraire ; que la justice française ayant accordé la force exécutoire à un jugement français ne peut déclarer exécutoire entre les mêmes parties un jugement diamétralement opposé, soit français, soit étranger ; considérant que, d'après les traités de 1760 et de 1860, qui régissent les demandes d'exequatur entre la France et l'Italie, le juge saisi doit notamment examiner si la décision étrangère n'est pas contraire aux règles du droit public ou aux intérêts de l'ordre public ; qu'un mandement aux officiers de justice, en vertu de l'art. 545 du Code de procédure civile d'exécuter deux décisions inconciliables, constituerait un conflit insoluble *portant atteinte au droit public comme à l'intérêt public..... »*

§ XI. De l'instance en exequatur.

a. Quelle est la Cour d'appel compétente pour statuer sur la demande en exequatur ?

Les traités de 1760 et de 1860 ne nous disent pas devant quelle Cour d'appel doit être portée la demande d'*exequatur ;*

ce silence implique, selon nous, l'application des règles du droit commun que nous avons exposées plus haut[1].

b. Par quelle voie la demande d'exequatur doit-elle être introduite?

Sur ce point comme sur le précédent, les traités sont muets. Il faut donc recourir au droit commun et décider, comme le fait d'ailleurs la jurisprudence, que la demande en *exéquatur* d'une sentence italienne doit être introduite devant les tribunaux français par voie d'assignation[2].

> Cass. civ., 7 juillet 1862 (Ginet et Jacquier c. Voindrot); S. 62.1.831; P. 1862, p. 1166; D. P. 62.1.555; *Bull. cass.*, 1862, p. 173.

..... Attendu qu'à cet effet, cette demande *doit être introduite et jugée contradictoirement à la partie intéressée*, comme pour les autres actes de la juridiction contentieuse ordinaire[3].

c. Des lettres rogatoires.

La question de savoir s'il est nécessaire que le jugement français ou italien dont on poursuit l'*exequatur* devant une Cour de l'un ou de l'autre pays soit accompagné de lettres rogatoires adressées à cette Cour est controversée. En France, la doctrine est presqu'unanime à admettre la nécessité des lettres rogatoires[4], et la jurisprudence n'accorde d'ordinaire l'*exequatur* aux sentences italiennes que lorsqu'elles sont accompagnées de cette pièce.

---

[1] V. *suprà*, p. 110.

[2] D'après M. Moreau, *op. cit.*, p. 171, l'instance peut être introduite soit par assignation, soit par requête; seulement, dans ce dernier cas, la voie de l'opposition reste ouverte au défendeur. V. dans ce sens que l'assignation n'est pas nécessaire : J. D. I. P. 1878, p. 10.

[3] *Sic*, Cass., 30 janvier 1867; S. 67.1.117; P. 1867, p. 275; D. P. 67.1. 80; *Bull. cass.*, 1867, p. 33, reproduit *suprà*, p. 111 et p. 178. — Paris, 5 mai 1884, cité dans le J. D. I. P. 1878, p. 115.

[4] Despagnet, *op. cit.*, p. 261. — Féraud-Giraud, *France et Sardaigne*, p. 359 et suiv. — Le Bourdellès dans le J. D. I. P. 1882, p. 396. — Moreau, *op. cit.*, p. 171. — Weiss, *op. cit.*, p. 975.

1° *Les lettres rogatoires sont nécessaires.*

Pour bien faire comprendre cette controverse, nous croyons utile de rappeler le texte du § 3 de l'art. 22 du traité du 24 mars 1760 : « Les Cours suprêmes déféreront de part et d'autre, à la forme du droit, *aux réquisitions qui leur seront adressées à ces fins même sous le nom desdites Cours.* » La déclaration du 11 septembre 1860 ayant simplement interprété le traité de 1760 sans en modifier les dispositions, il nous semble que nos tribunaux interprètent très justement cette convention lorsqu'ils exigent que les jugements italiens dont on leur demande l'*exequatur* soient accompagnés de lettres rogatoires.

Nîmes, 19 novembre 1886 (Ribard c. Vucetich et Biava); S. 87.2.220; P. 1887, p. 1217; *La Loi* du 22 décembre 1886; *Rev. intern. de droit mar.*, 1886-1887, p. 543.

La Cour, — Attendu que, par jugement du 6 novembre 1885, le tribunal civil du Vigan a accordé l'*exequatur* à un jugement par défaut devenu définitif, rendu le 6 octobre 1873 par le tribunal de commerce de Milan, condamnant Ribard à payer à Vucetich et Biava la somme de..... pour solde de compte;

Attendu que la mise à exécution en France des jugements des tribunaux italiens est réglée par les conventions internationales des 24 mars 1760 et 11 septembre 1860, passées entre la France et le royaume d'Italie.....

Attendu que ces conventions internationales ont déterminé exactement *non seulement le droit limitatif de révision au fond de la sentence étrangère, mais encore la forme même de la procédure à suivre pour en assurer l'exécution ;*

Attendu que c'est par voie de réquisition ou lettres rogatoires émanant de la Cour dans le ressort de laquelle a été rendue la sentence, que la Cour dans le ressort de laquelle il s'agit de la faire exécuter doit être saisie, et ce directement et à l'exclusion formelle de toute juridiction quelconque du premier degré ; que l'observation de ces formalités a un caractère obligatoire, puisqu'il s'agit de sauvegarder une stipulation de haute convenance internationale qui ne doit pas laisser remettre en question devant un juge d'ordre inférieur une décision judiciaire pouvant émaner d'une juridiction supérieure étrangère, et de donner un caractère indiscutable d'authenticité aux actes judiciaires dont l'exécution est demandée à l'une ou à l'autre des nations contractantes.....; ·

Attendu que l'obligation des lettres rogatoires adressées par la Cour de Milan à la Cour de Nîmes s'imposait dans l'espèce, et qu'il ne pouvait y être dérogé sous aucun prétexte, puisque les deux nations se sont toujours conformées à ces règles convenues de procédure internationale.....;

Attendu que cette nécessité des lettres rogatoires, formellement reproduite dans les stipulations du traité de 1860, a été consacrée en France par de nombreux arrêts; qu'elle est d'une pratique constante, et que tout au plus y a-t-on dérogé quelquefois, en considérant comme pouvant à la rigueur en tenir lieu, une transmission des pièces du procès régulièrement faite par la voie diplomatique.....;

Attendu qu'il résulte de tout ce qui précède que c'est en violation des traités de 1760 et de 1860, entre la France et l'Italie, que l'instance en *exequatur* a été portée directement et en *l'absence de lettres rogatoires de la Cour de Milan,* devant le tribunal de première instance du Vigan, incompétent pour en connaître; attendu que la Cour de céans ne saurait davantage retenir compétence en l'état en usant de son droit d'évocation, *puisque les lettres rogatoires de la Cour de Milan, qui seules pouvaient la saisir, font défaut,* et que la transmission officieuse par voie diplomatique, pouvant à la rigueur en tenir lieu et rassurer la Cour sur l'authenticité de l'acte judiciaire étranger dont on veut obtenir l'exécution en France après treize années d'inaction, manque également[1].

2° *De l'inutilité des lettres rogatoires.*

C'est surtout en doctrine que la thèse de l'inutilité des lettres rogatoires a été soutenue. En 1859[2], M. Francisque de Lache-

---

[1] Cass., 12 août 1824; S. 26.1.378, cité *suprà,* p. 184. — Paris, 24 novembre 1873; J. D. I. P. 1875, p. 19. — Paris, 9 janvier 1875; J. D. I. P. 1875, p. 354. — Paris, 23 août 1880; S. 81.2.147; P. 1881, p. 808; J. D. I. P. 1880, p. 585, cité *suprà,* p. 176, n. 1. — Trib. Tlemcen, 6 mars 1885; *Rev. alg. et tunis.,* 1re année, 2e partie, p. 243 et suiv., cité *suprà,* p. 170, n. 1.—Rouen, 22 décembre 1885; *Gaz. Pal.,* 1886, 1er sem., p. 761; *Jurispr. Cour Rouen,* 1886, 1re partie; p. 124; *Rev. int. droit mar.,* 1886-1887, p. 264. — Paris, 7 avril 1887, *Le Droit* du 28 août 1887. — Casale, 21 mars 1863; *Monitore dei trib.,* 1863, p. 580. — Cass. Rome, 23 juin 1887; J. D. I. P. 1888, p. 428, cité *suprà,* p. 165, n. 1.

[2] Lachenal, *De l'inutilité des lettres rogatoires pour l'exécution dans les*

nal, professeur de droit, avocat à la Cour d'appel de Chambéry, déclarait que l'usage des lettres rogatoires était suranné, que « ce n'était plus un acte digne de la magistrature, » qu'enfin, cet usage était abrogé par les lois françaises comme par les lois sardes. Il est certain que la dispense du réquisitoire présenterait de sérieux avantages au point de vue de la célérité de la procédure et de la diminution des frais de l'instance. Mais de ce qu'une réforme est désirable, peut-on conclure que la disposition critiquée n'est plus en vigueur? Évidemment non. Quant à l'abrogation tacite de la nécessité des lettres rogatoires que M. de Lachenal fait résulter du silence du Code sarde (l'art. 941 du Code de procédure civile italien est également muet sur ce point), qui n'a pas reproduit les dispositions des royales constitutions de 1729 et de 1770 relatives à ces formalités, elle nous paraît inadmissible.

Nous nous trouvons, en effet, en présence de deux textes formels, de deux conventions, celle de 1760, qui a posé le principe de la nécessité des lettres rogatoires, et celle de 1860, confirmative du traité international qui l'avait précédée d'un siècle. On ne peut donc invoquer une loi qui a très certainement modifié la législation intérieure de l'Italie tout comme notre Code de 1806 a modifié la procédure en France, mais qui n'a nullement eu le pouvoir de changer quoi que ce soit aux contrats synallagmatiques intervenus entre deux nations.

A l'appui de sa théorie, M. de Lachenal invoque un argument qu'il prétend tirer du texte même du traité de 1760. Au lieu de lire comme nous l'avons fait : « Les Cours déféreront de part et d'autre aux réquisitions qui leur seront adressées à ces fins même sous le nom desdites Cours, » il ajoute une virgule à la suite du mot fins, et de la phrase ainsi orthographiée il déduit cette conclusion que les lettres rogatoires ne sont pas essentielles, mais simplement facultatives. Nous nous sommes reportés aux divers recueils de traités et nous y avons vainement

États sardes des jugements rendus à l'étranger; Revue pratique de droit français, t. VII, 1859, p. 383. — V. à la suite l'adhésion de M. Poignient. — V. aussi un article de M. Émile Quétand dans la *Revue critique de législation et de jurisprudence,* t. XXXV, 1869, p. 251.

cherché la virgule de M. de Lachenal[1]. Le jugement du tribunal du Hâvre du 8 janvier 1885 est, croyons-nous, la seule décision française qui ait admis que les lettres rogatoires ne sont pas nécessaires pour faire déclarer exécutoire en France un jugement italien.

Trib. Hâvre, 8 janvier 1885 (Trombetta et Carrara c. *Cie Les Deux-Pôles*); J. D. I. P. 1885, p. 293.

..... Attendu que les jugements dont il s'agit doivent étré déclarés exécutoires en France en vertu du traité international du 24 mars 1760, entre la France et la Sardaigne, pour l'exécution des jugements, lequel traité est aujourd'hui applicable à tout le royaume d'Italie, ainsi que cela ne saurait être méconnu; qu'à la vérité, les lettres rogatoires qui n'avaient pas été demandées avant le jour de l'audience ne sont pas produites, *mais que ces lettres ne paraissent pas indispensables, puisque l'exequatur prononcé par le tribunal français donne seul force exécutoire au jugement en France.....*

La Cour de Rouen, devant laquelle fut porté l'appel du jugement du tribunal du Hâvre, décida qu'en l'absence de lettres rogatoires, les jugements italiens devaient être soumis aux règles du droit commun.

Rouen, 22 décembre 1885 (*Cie Les Deux-Pôles* c. Trombetta et Carrara); *Gaz. Pal.*, 1886, 1er sem., p. 761; *Jurispr. Cour Rouen*, 1886, 1re partie, p. 124; *Rev. intern. de droit mar.*, 1886-1887, p. 264 [2].

..... Attendu que les art. 546 C. proc. et 2123 C. civ. donnent aux tribunaux français le droit de procéder à la révision des jugements étrangers dont *l'exequatur* leur est demandé, *à moins qu'il n'existe des règlements internationaux proscrivant ou limitant ce droit; qu'il convient de décider que, dans ce dernier cas, la demande d'exequatur doit être présentée suivant les formes arrêtées et convenues entre les États contractants;*
Or, attendu qu'*au lieu de se pourvoir directement devant la Cour,*

[1] M. Eyssautier (*Lettres rogatoires en France et dans les États sardes; Revue historique de droit français et étranger*, t. VI, p. 443) estime que si les lettres rogatoires peuvent être exigées par les Cours de France et d'Italie, « il ne s'ensuit pas que les Cours à qui elles doivent être adressées ne puissent renoncer à les exiger; on peut toujours renoncer à son droit. »

[2] Cité *suprà*, p. 188, note 1.

munis de lettres rogatoires délivrées par la juridiction compétente en exécution de l'art. 22 du traité du 24 mars 1760 entre la France et la Sardaigne, et de la déclaration diplomatique qui en a été la suite le 11 septembre 1860, Trombetta et Carrara ont porté leur demande devant le tribunal civil du Hàvre; *que cette demande n'étant accompagnée d'aucune réquisition ou lettre rogatoire émanant de l'autorité compétente, devait en effet subir les deux degrés de juridiction et rentrait en outre, comme tous les autres jugements étrangers, dans les termes généraux de la loi sur l'examen à faire par le juge français*[1]...

3° *De quelle Cour doivent émaner les lettres rogatoires?*

Il n'y a pas de doute sur ce point; les lettres rogatoires doivent émaner du tribunal qui a prononcé la sentence dont on poursuit l'exécution[2].

4° *Transmission des lettres rogatoires.*

La transmission des lettres rogatoires doit-elle avoir lieu par voie diplomatique? On l'a soutenu[3], mais en ajoutant ce tempérament que la transmission par une autre voie ne rendrait pas admissible un pourvoi en cassation. Nous ne voyons pas la raison pour laquelle on réclamerait l'intervention de nos agents diplomatiques dans une matière où l'initiative privée est parfaitement suffisante. Qu'on exige des lettres rogatoires, rien de mieux, puisque les traités sont formels sur ce point, mais peu importe à notre sens que ces lettres soient présentées à la Cour par la partie intéressée ou transmises par l'intermédiaire de la diplomatie; l'essentiel, c'est qu'elles parviennent à qui de droit.

---

[1] *Sic,* Bordeaux, 19 juin 1882; *Journ. arr. Bordeaux,* 1882, p. 202 et suiv.; J. D. I. P. 1883, p. 165, repr. *suprà,* p. 172.

[2] Paris, 3 juin 1881; D. P. 82.2.66; *La Loi* des 20-21 juin 1881; *Le Droit* des 20-21 juin 1881; J. D. I. P. 1883, p. 52.

[3] J. D. I. P. 1878, p. 9 et 141.

CHAPITRE XII.

TRAITÉ FRANCO-AUTRICHIEN.

Nous nous bornons à reproduire l'art. 2 de la convention de Vienne qui n'a été, à notre connaissance, interprétée par aucune décision judiciaire. Nous verrons, lorsque nous parlerons du traité franco-russe[1], que la jurisprudence française considère ces deux instruments diplomatiques comme réglant la question de l'exécution réciproque des jugements en matière de successions.

Convention conclue à Vienne le 11 décembre 1866, entre la France et l'Autriche, pour le réglement des successions laissées dans l'un des deux États par des sujets de l'autre pays; de Clercq, *op. cit.*, t. IX, p. 675.

Art. 2. La succession aux biens immobiliers sera régie par les lois du pays dans lequel les immeubles seront situés, *et la connaissance de toute demande ou contestation concernant les successions immobilières appartiendra exclusivement aux tribunaux de ce pays.*

Les réclamations relatives aux successions mobilières ainsi qu'aux droits de succession sur les effets mobiliers laissés dans l'un des deux pays par des sujets de l'autre pays, soit qu'à l'époque de leur décès ils y fussent établis, soit qu'ils y fussent simplement de passage, *seront jugées par les tribunaux ou autorités compétentes de l'État auquel appartenait le défunt et conformément aux lois de cet État.*

[1] V. *infrà*, ch. XIV.

CHAPITRE XIII.

Traité franco-suisse.

---

§ I. Généralités.

Il y a fort longtemps que les rapports de bon voisinage entre la France et la Confédération helvétique sont réglementés par des traités. Sans parler de la paix perpétuelle de 1516, nous mentionnerons d'abord le traité conclu à Aarau, le 1ᵉʳ juin 1658[1]. Cette convention est plutôt un traité de libre accès qu'un traité réglant la question de l'exécution réciproque des jugements. Nous avons pensé cependant qu'il ne serait pas inutile de reproduire son article 19 : « Et si, entre les sujects de nous Louis Roy et des ligues avenoit querelle, prétention ou demande pour quelque chose que ce fust, les demandeurs seront tenus chercher les deffendeurs aux lieux et jurisdiction où ils seront demeurants et résidants, auxquels sera fait bonne et briesve justice selon le contenu de la paix. » La Convention d'Aarau fut renouvelée en 1715.

Un autre traité intervint entre la France et la Suisse en 1777[2].

---

[1] *Traité signé à Araw (sic)* le 1ᵉʳ juin 1658, entre la France et les cantons protestants, y compris leurs alliés. La France était représentée par Jean de La Borde, chevalier, baron de Marolles-sur-Seine. Elle contractait avec : « Les Bourgmaistres, Avoyers, Landamans, Conseils et Communautés des villes, païs et seigneuries des anciennes ligues et Hautes-Allemagnes, ensemble leurs alliés, amis et combourgeois, à savoir Züric, Berne, Glaris, Basle, Schaffouze, Appenzel, des paroisses intérieures, ensemble les villes de Saint-Gall, Mulhouze et Bienne. » *Archives du ministère des affaires étrangères.*

[2] *Traité d'alliance générale et défensive entre le roi et le louable corps helvétique,* conclu à Soleure le 28 mai et juré le 25 août 1777; *Archives du ministère des affaires étrangères.* On trouvera également le texte de ce traité dans le *Recueil des traités de l'Europe* de Martens (2ᵉ édition), t. II, p. 507.

L'article 12 réglait la matière de l'exécution des jugements :
« Par suite du même désir qu'ont les parties contractantes
d'entretenir entre elles la plus parfaite correspondance et de la
faire servir au bien et à l'avantage des peuples des deux domi-
nations, elles sont convenues que les jugements définitifs en
matière civile, rendus par des tribunaux souverains, seront
exécutoires réciproquement selon leur forme et teneur dans les
États de Sa Majesté et dans ceux du corps helvétique, comme
s'ils avoient été rendus dans le pays où se trouvera, après ledit
jugement, la partie condamnée, et pour prévenir toute interprétation ainsi que tout ce qui pourroit affaiblir le contenu du
présent article, on s'engage de part et d'autre à s'en rapporter
à la simple déclaration qui sera faite par le souverain dans les
États duquel le jugement aura été rendu pour en expliquer la
nature. »

Aux termes de l'article 15 du traité d'alliance défensive entre
la France et la Suisse, signé à Fribourg le 5 vendémiaire an XII
(27 septembre 1803[1]), les jugements définitifs en matière civile,
rendus en France et y ayant acquis force de chose jugée, seront
exécutoires en Suisse et *vice versâ*. La convention conclue à
Zurich en 1828[2] a simplement reproduit, dans son article 1er,
les dispositions de l'article 15 du traité de 1803.

Le traité du 15 juin 1869, qui régit actuellement les rapports
entre la France et la Suisse, contient des dispositions qui n'ont
rien de commun avec la question de l'exécution des jugements;
nous reproduisons seulement les parties de cette convention
qui ont trait à la matière spéciale dont nous nous occupons en
ce moment.

Convention conclue à Paris le 15 juin 1869, entre la France et la Confédération
suisse, sur la compétence judiciaire et l'exécution des jugements en matière
civile (Ech. des rat., Paris, 13 octobre 1869); de Clercq, *op. cit.*, t. X, p. 289.

Article 1er. Dans les contestations en matière mobilière et personnelle, civile ou de commerce qui s'élèveront soit entre français et

[1] Martens, *Recueil des traités de l'Europe* (2e édition), t. VIII, p. 132.
[2] Martens, *Nouveau recueil des traités de l'Europe*, t. VII, 1re partie,
p. 665.

suisses, soit entre suisses et français, le demandeur sera tenu de poursuivre son action devant les juges naturels du défendeur. Il en sera de même pour les actions en garantie, quel que soit le tribunal où la demande originaire sera pendante. Si le français ou le suisse défendeur n'a point de domicile ou de résidence connus en France ou en Suisse, il pourra être cité devant le tribunal du domicile du demandeur.

Si néanmoins l'action a pour objet l'exécution d'un contrat consenti par le défendeur dans un lieu situé soit en France, soit en Suisse, hors du ressort desdits juges naturels, elle pourra être portée devant le juge du lieu où le contrat a été passé, si les parties y résident au moment où le procès sera engagé.

Art. 2. Dans les contestations entre suisses qui seraient tous domiciliés ou auraient un établissement commercial en France, et dans celles entre français tous domiciliés ou ayant un établissement commercial en Suisse, le demandeur pourra aussi saisir le tribunal du domicile ou du lieu de l'établissement du défendeur, sans que les juges puissent se refuser de juger et se déclarer incompétents à raison de l'extranéité des parties contractantes. Il en sera de même si un suisse poursuit un étranger domicilié ou résidant en France devant un tribunal français, et réciproquement si un français poursuit en Suisse un étranger domicilié ou résidant en Suisse devant un tribunal suisse.

Art. 3. En cas d'élection de domicile dans un lieu autre que celui du domicile du défendeur, les juges du domicile élu seront seuls compétents pour connaître des difficultés auxquelles l'exécution du contrat pourra donner lieu.

Art. 4. En matière réelle ou immobilière, l'action sera suivie devant le tribunal du lieu de la situation des immeubles. Il en sera de même dans le cas où il s'agira d'une action personnelle concernant la propriété ou la jouissance d'un immeuble.

Art. 5. Toute action relative à la liquidation et au partage d'une succession testamentaire ou *ab intestat* et aux comptes à faire entre les héritiers ou légataires, sera portée devant le tribunal de l'ouverture de la succession, c'est-à-dire s'il s'agit d'un français mort en Suisse devant le tribunal de son dernier domicile en France, et s'il s'agit d'un suisse décédé en France devant le tribunal de son lieu d'origine en Suisse.....

Il est du reste bien entendu que les jugements rendus en matière de succession par les tribunaux respectifs et n'intéressant que leurs nationaux seront exécutoires dans l'autre, quelles que soient les lois qui y sont en vigueur.

Art. 6. La faillite d'un français ayant un établissement de commerce en Suisse pourra être prononcée par le tribunal de sa résidence en Suisse et réciproquement celle d'un suisse ayant un établissement de commerce en France, pourra être prononcée par le tribunal de sa résidence en France.

La production du jugement de faillite dans l'autre pays donnera au syndic ou représentant de la masse, après toutefois que le jugement aura été déclaré exécutoire conformément aux règles établies en l'article 16 ci-après, le droit de réclamer l'application de la faillite aux biens meubles et immeubles que le failli possédera dans ce pays.

En ce cas, le syndic pourra poursuivre contre les débiteurs le remboursement des créances dues au failli; il poursuivra également, en se conformant aux lois du pays de leur situation, la vente des biens meubles et immeubles appartenant au failli.

. . . .

Art. 8. En cas de concordat, l'abandon fait par le débiteur failli des biens situés dans son pays d'origine et toutes les stipulations du concordat produiront, par la production du jugement d'homologation, déclaré exécutoire conformément à l'article 16, tous les effets qu'il aurait dans le pays de la faillite.

. . . .

Art. 15. Les jugements ou arrêts définitifs en matière civile ou commerciale, rendus soit par les tribunaux, soit par des arbitres dans l'un des deux États contractants, seront, lorsqu'ils auront acquis force de chose jugée, exécutoires dans l'autre, suivant les formes et sous les conditions indiquées dans l'article 16 ci-après.

Art. 16. La partie en faveur de laquelle on poursuivra dans l'un des deux États l'exécution d'un jugement ou d'un arrêt, devra produire au tribunal ou à l'autorité compétente du lieu ou des lieux où l'exécution doit avoir lieu :

1° L'expédition du jugement ou de l'arrêt légalisé par les envoyés respectifs ou, à leur défaut, par les autorités de chaque pays;

2° L'original de l'exploit de signification dudit jugement ou arrêt ou tout autre acte qui, dans le pays, tient lieu de signification;

3° Un certificat délivré par le greffier du tribunal où le jugement a été rendu, constatant qu'il n'existe ni opposition ni appel, ni autre acte de recours.

Sur la représentation de ces pièces, il sera statué sur la demande d'exécution, savoir : en France, par le tribunal réuni en chambre du conseil, sur le rapport d'un juge commis par le président et les conclusions du ministère public, et en Suisse, par l'autorité compétente dans la forme prescrite par la loi. Dans l'un et l'autre cas, il ne sera statué qu'après qu'il aura été adressé, à la partie contre laquelle l'exécution est poursuivie, une notification indiquant le jour et l'heure où il sera prononcé sur la demande.

Art. 17. L'autorité saisie de la demande d'exécution n'entrera point dans la discussion du fond de l'affaire. Elle ne pourra refuser l'exécution que dans les cas suivants :

1° Si la décision émane d'une juridiction incompétente;

2° Si elle a été rendue sans que les parties aient été dûment citées et légalement représentées ou défaillantes;

3° Si les règles du droit public ou les intérêts de l'ordre public du pays où l'exécution est demandée s'opposent à ce que la décision de la juridiction étrangère y reçoive son exécution.

La décision qui accorde l'exécution et celle qui la refuse ne seront point susceptibles d'opposition, mais elles pourront être l'objet d'un recours devant l'autorité compétente dans les délais et suivant les formes déterminées par la loi du pays où elles auront été rendues.

Art. 18. Quand le jugement emportera contrainte par corps, le tribunal ne pourra ordonner l'exécution en cette partie de la décision si la législation du pays ne l'admet pas dans le cas dont il s'agit au jugement. Cette mesure ne pourra, dans tous les cas, être exercée que dans les limites et suivant les formes prescrites par la loi du pays où l'on poursuit son exécution.

Art. 19. Les difficultés relatives à l'exécution des jugements et arrêts ordonnées conformément aux articles 15, 16 et 17, seront portées devant l'autorité qui aura statué sur la demande d'exécution.

. . . .

Art. 21. Les deux Gouvernements contractants s'engagent à faire exécuter dans leurs territoires respectifs les commissions rogatoires décernées par les magistrats des deux pays pour l'instruction des affaires civiles et commerciales, et ce autant que les lois du pays où l'exécution devra avoir lieu ne s'y opposeront pas.

La transmission desdites commissions rogatoires restera à la charge de l'État requis de pourvoir à leur exécution.

Art. 22. La présente convention est conclue pour dix années à partir du jour de l'échange des ratifications.

Dans le cas où aucune des Hautes-Parties contractantes n'aurait notifié, une année avant l'expiration de ce terme, son intention d'en faire cesser les effets, la convention continuera d'être obligatoire encore une année, et ainsi de suite d'année en année, jusqu'à l'expiration d'une année à compter du jour où l'une des parties l'aura dénoncée.

Le jour où la présente convention sera mise en vigueur sera fixé dans le procès-verbal de l'échange des ratifications.

Les dispositions du traité du 18 juillet 1828, relatives à la juridiction et à l'exécution des jugements, sont et demeurent abrogées.

§ II. A quelles décisions le traité du 15 juin 1869 est-il applicable?

Le traité du 15 juin 1869 s'applique aux jugements rendus en matière civile ou commerciale ainsi qu'aux sentences arbitrales. L'article 15 n'établit aucune distinction entre l'arbitrage volontaire et l'arbitrage forcé; d'où il suit que toutes les décisions arbitrales prononcées en Suisse doivent être revêtues de l'*exequatur,* conformément aux dispositions de la convention internationale. Les règles que nous avons exposées[1], lorsque nous avons parlé d'une façon générale de l'exécution en France des sentences arbitrales étrangères, ne doivent pas être suivies en présence des termes formels du traité franco-suisse.

Seuls, les jugements définitifs et passés en force de chose jugée, sont susceptibles d'être rendus exécutoires en vertu du traité de 1869.

Douai, 2 mai 1868 (Labarthe c. Masson-Mathou); D. P. 68.2.124[2].

..... Attendu qu'en l'espèce le jugement dont s'agit est intervenu entre des étrangers originaires de Suisse; *que ce jugement n'étant ni définitif, ni passé en force de chose jugée, ne pouvait recevoir aucune exécution en Suisse.*

[1] V. *suprà*, p. 99.

[2] Nous n'hésitons pas à reproduire cet arrêt, bien qu'il ait été rendu sous l'empire du traité de 1828, les diplomates de 1869 n'ayant pas innové sur ce point. — V. pour la jurisprudence suisse dans le même sens : Trib. civ. Genève, 20 mars 1880; J. D. I. P. 1880, p. 409; Cour de justice civile de Genève, 21 mai 1888; *Sem. jud.,* 1889, p. 151.

§ III. Le traité peut-il être invoqué par toute personne, quelle que soit sa nationalité?

Nous avons indiqué plus haut[1] que, d'une façon générale, la jurisprudence française n'acceptait pas l'extension des traités à des personnes autres que les nationaux des États entre lesquels la convention était intervenue. Nous croyons intéressant de reproduire la décision suivante de la Cour de Genève qui s'est prononcée en sens contraire.

Cour de justice civile de Genève, 9 mai 1887 (Weiss frères c. Lasserre);
Sem. jud., 1887, p. 534.

..... Considérant que l'article 15 du traité de 1869, entre la Suisse et la France, dispose que les jugements ou arrêts définitifs en matière civile et commerciale rendus soit par les tribunaux, soit par des arbitres dans l'un des deux pays contractants, seront, lorsqu'ils auront acquis force de chose jugée, exécutoires dans l'autre, suivant les formes et sous les conditions indiquées dans l'article 16;

Que cette disposition ne fait aucune acception de la nationalité des parties plaidantes; qu'elle est absolue et générale dans ses termes, soit dans l'esprit qui l'a inspirée; qu'elle ne pourrait recevoir des limites que par des traités passés avec d'autres nations, mais que tel n'est pas le cas en l'espèce.....

§ IV. Le traité de 1869 n'enchaîne pas la capacité des parties.

Malgré le traité de 1869, les parties restent libres de faire telles stipulations qu'elles jugeront convenable. C'est du moins ce qui résulte de l'arrêt suivant.

Chambéry, 19 mars 1888 (Granjux c. Granjux); S. 88.2.195;
P. 1888, p. 1096.

..... Attendu qu'elle soutient qu'aux termes du traité international du 15 juin 1869, intervenu entre la France et la Suisse, les *de quorum* étant de nationalité française, le partage de leurs successions devait être poursuivi non pas devant le tribunal de Morges, mais devant

---

[1] V. *suprà*, p. 144, l'arrêt de la Cour de Douai du 3 juin 1885, qui vise précisément le traité du 15 juin 1869.

celui de leur dernier domicile en France, soit le tribunal de Thonon, que les dispositions de ce traité étant d'ordre public, le partage réalisé est nul de plein droit et non existant ;

Attendu sur ce point que le traité international visé par l'appelante règle la compétence respective des tribunaux français et des tribunaux suisses en matière de succession et de partage, *mais sans toucher à la capacité des parties, sans restreindre en aucune façon leur droit de stipuler entre elles en cette même matière, tels accords qu'elles jugent convenables.....*

§ V. De l'examen de la sentence à exécuter par le juge saisi de la demande d'exequatur.

Il est incontestable que le traité franco-suisse écarte toute idée de révision au fond du jugement rendu dans l'un des deux pays et qu'il s'agit de faire exécuter dans l'autre. L'article 17 nous paraît s'exprimer très nettement dans ce sens. Lors donc que le tribunal aura acquis la certitude que la sentence qui lui est soumise à fin d'*exequatur* est définitive et a acquis force de chose jugée, constatation de fait, très facile étant données les pièces qui doivent lui être transmises d'après la convention, il n'aura plus qu'à se livrer à un examen sommaire de cette sentence.

Chambéry, 20 janvier 1877 (Perillat c. syndic Brazier); S. 79.2.8;
P. 1879, p. 90; D. P. 78.2.213.

..... Attendu que la convention dont on vient de parler limite, dans son article 17, l'examen du tribunal français à la compétence, à la citation et aux questions d'ordre ou de droit public; et que nulle difficulté ne pouvait être soulevée sur ces trois points, puisque Brazier étant domicilié dans le canton de Genève, le juge génevois était seul compétent pour sa faillite, puisque Perillat ne justifie point que la loi génevoise exigeait, pour le jugement de report prononcé à la requête du syndic, la citation soit d'un créancier quelconque, soit du failli, puisqu'aucune question d'ordre ou de droit public français n'était intéressée dans cette affaire [1].....

---

[1] V. dans ce sens : Lyon, 19 mars 1880; J. D. I. P. 1881, p. 255, cité *suprà*, p. 109, note 2.

Trib. fédéral, 24 juillet 1882 (Brifford c. Constat); S. 82.4.41;
J. D. I. P. 1883, p. 544.

L'article 17 du traité du 15 juin 1869 statue que l'autorité saisie de la demande d'exécution *n'entrera point dans la discussion du fond de l'affaire;* cette disposition exclut sans aucun doute toutes les exceptions dirigées contre les jugements définitifs en matière civile et commerciale, exceptions dont l'examen nécessiterait une nouvelle entrée en matière sur les circonstances de fait et les moyens de droit à la base du litige tranché par les premiers juges.

Le but de cette disposition est évident; *le traité veut assurer dans chacun des deux États contractants la reconnaissance réciproque de la force de chose jugée et de la force exécutoire des jugements rendus par leurs tribunaux respectifs;*

Or, la chose jugée ne serait pas reconnue *et le jugement étranger serait, au contraire, mis en question* si la partie condamnée pouvait encore faire valoir des exceptions touchant le fond de la sentence, *et si le juge indigène pouvait être appelé à connaître du bien ou mal jugé de ces exceptions*[1].....

a. Compétence du tribunal qui a rendu le jugement dont on demande l'exequatur.

Le traité du 15 juin 1869 a fixé, d'une façon très précise, les règles de la compétence respective des tribunaux des deux pays. Dans tous les cas prévus par la convention diplomatique, il est clair qu'il suffira de s'y référer. Dans les hypothèses, assez rares d'ailleurs, qui n'auront pas été envisagées par le traité, nous pensons qu'il faudra s'en référer aux lois du pays où la sentence aura été prononcée[2]. La jurisprudence décidait ainsi sous l'empire du traité de 1828, et nous croyons cette solution bonne encore aujourd'hui.

Besançon, 1er août 1859 (Regad Jacobez c. Mayet frères); D. P. 59.2.211.

..... En ce qui touche le deuxième chef : Considérant que, suivant l'article 1er du traité conclu le 18 juillet 1828, entre la France et la

[1] *Sic,* Tribunal fédéral, 2 juillet 1875, J. D. I. P. 1875, p. 464, et 1876, p. 226.

[2] Brocher, *Cours de droit international privé*, t. III, p. 180. — Brocher, *Commentaire du traité franco-suisse* du 15 juin 1869, p. 109. — Moreau, *op. cit.,* p. 176. — Vincent et Pénaud, *op. cit.,* au mot *Jugement étranger*, n° 368.

Suisse, les jugements définitifs émanés des tribunaux suisses et ayant la force de chose jugée sont exécutoires en France, et réciproquement après légalisation par les envoyés respectifs des deux États; *qu'il suit de là que l'autorité et le caractère de ces jugements doivent être déterminés d'après la loi du pays où ils ont été rendus.....*

Il convient toutefois de faire·observer que le traité franco-suisse, en ce qui concerne la règle de compétence posée dans son article 1ᵉʳ, ne laisse aucune place aux exceptions qui pourraient être tirées de la législation particulière des deux États contractants.

Besançon, 29 juin 1885 (Hugoniot-Tissot c. *Cⁱᵉˢ Jura-Berne-Lucerne* et *P.-L.-M.*); J. D. I. P. 1888, p. 656.

La Cour, — Attendu que l'article 1ᵉʳ de la convention du 15 juin 1869, entre la France et la Confédération suisse, porte que : « dans les contestations en matière mobilière et personnelle, civile ou de commerce, qui s'élèveront entre suisses et français, le demandeur sera tenu de suivre son action devant le juge naturel du défendeur. »

Qu'à cette règle, posée dans une convention internationale, on ne peut admettre des exceptions tirées de la législation particulière de l'une ou de l'autre des nations contractantes, et que l'on doit se renfermer strictement dans celles qui ont été prévues par le traité lui-même.....;

Que, d'une part, l'action est basée non sur un contrat consenti par le défendeur, mais sur un délit ou un quasi-délit ayant occasionné un dommage dont il poursuit la réparation;

Que si, en dehors de tout traité, on a pu étendre aux obligations résultant d'un délit ou quasi-délit l'exception portée aux règles ordinaires de la compétence par l'article 14 C. civ. en faveur du français plaidant contre un étranger, il est impossible de ne pas interpréter, dans un sens restrictif, les mots « contrat consenti, » qui sont insérés dans le traité franco-suisse, surtout quand on les rapproche de ces autres mots insérés dans le même alinéa : « lieu où le contrat a été passé, » que ces expressions ne peuvent être étendues à des obligations résultant d'un fait indépendant de toute convention, et qui sont nées en dehors de la volonté des parties[1].....

----

[1] V. pour la jurisprudence suisse sur la compétence du tribunal qui a rendu le jugement dont on demande l'*exequatur* : Cour Neuchâtel, 24 octobre

b. Régularité de la citation.

La preuve de la régularité de la citation résultera, ainsi que
nous l'avons vu plus haut, de la production des pièces exigées
par l'article 16 du traité. Cependant, le tribunal fédéral a décidé qu'en matière non contentieuse, l'article 17-2° n'était pas
applicable.

Tribunal fédéral, 19 mars 1886 (Bugnon); *Sem. jud.*, 1886, p. 209.

..... Le moyen consistant à dire que le Conseil d'État eût dû refuser
l'exécution du jugement du tribunal de Thonon, *aux termes de l'article 17 du traité* comme rendu sans que les parties aient été dûment citées et légalement représentées ou défaillantes, *ne peut être
accueilli ;*

*Cette disposition n'a évidemment trait qu'aux jugements en matière
contentieuse*, et non à un prononcé qui se borne à déclarer l'état de
cessation de paiements d'un commerçant et l'ouverture de sa faillite
comme mesure d'exécution.....

c. Du respect de l'ordre public.

En troisième lieu, le tribunal saisi d'une demande d'*exequatur,* doit rechercher si le jugement ne viole pas les principes
de droit public admis dans le pays où il s'agit de l'exécuter.
C'est la règle générale que nous retrouvons dans tous les traités.

Poitiers, 4 juillet 1887 (Cazanova c. Nouzille); S. 88.2.194; P. 1888, p. 1095.

La Cour, — Sur l'appel principal : — Attendu qu'aux termes de l'article 17 du traité du 15 juin 1869, les tribunaux français ne doivent
accorder l'*exequatur* aux décisions rendues par les juridictions suisses
*qu'autant qu'elles ne violent pas les règles de notre droit civil et les
intérêts de l'ordre public ;* attendu que tout ce qui touche aux successions est d'ordre public au premier chef.....

Le jugement suivant décide que la sentence suisse qui accorde un sursis en matière de faillite ne peut être exécutée en
France comme dérogeant à des dispositions d'ordre public.

1878; appel Neuchâtel, 11 juin 1880; J. D. I. P. 1887, p. 682. — Cour de
justice civile de Genève, 8 mai 1884; J. D. I. P. 1886, p. 243. — Trib. fédéral, 4 mai 1888; *Sem. jud.*, 1888, p. 337. — Trib. fédéral, 6 octobre 1888,
Sem. jud., 1888, p. 689.

Trib. Seine, 21 novembre 1883 (Soldano); J. D. I. P. 1883, p. 620.

Le Tribunal, — Attendu que la veuve Soldano, fabricante d'horlogerie à Genève (Suisse), ayant un établissement commercial à Paris, ladite dame, en état de cessation de paiements, demande qu'un jugement du tribunal de Genève, en date du 11 août 1883, qui lui a accordé un sursis pour obtenir son concordat, soit rendu exécutoire en France; attendu que ledit jugement, fondé sur une loi du canton de Genève du 2 octobre 1880, *déroge en des points essentiels aux dispositions que le Code de commerce français a édictées en matière de faillite dans l'intérêt des créanciers*[1].....

§ VI. **Jugements statuant sur des questions d'état.**

Comment les sentences qui statuent sur l'état et la capacité des personnes doivent-elles être traitées sous l'empire de la convention franco-suisse? Nous partageons sur ce point l'opinion soutenue par M. Ch. Brocher[2], qui écrit fort justement : « qu'on n'ordonne pas l'exécution d'un principe; qu'on le prend seulement en considération pour faire ressortir les conséquences qui en dérivent logiquement, » et nous pensons que les décisions qui règlent l'état et la capacité des personnes n'ont besoin d'*exequatur* ni en France, ni en Suisse. Bien que le traité de 1869 ne fasse aucune exception formelle en faveur de cette catégorie de jugements, la jurisprudence s'est très généralement prononcée dans le sens que nous venons d'indiquer.

Trib. Seine, 3 avril 1883 (Ladelli c. Mini), J. D. I. P. 1883, p. 515.

Le Tribunal, — Attendu que, par décision du conseil de tutelle du district de Paschiavo, canton des Grisons (Suisse), du 21 janvier 1882, confirmée sur appel par la commune du tribunal de district de Bemina, même canton, du 11 avril suivant, Mini, citoyen suisse, a été placé en état de curatelle pour cause de prodigalité et que le bailli

---

[1] V. dans ce sens : Paris, 20 novembre 1848; S. 49.2.11. — Cass., 18 juillet 1859; S. 59.1.822; P. 1860, p. 112 (arrêts rendus en application du traité de 1828). — Cour de justice de Genève, 13 avril 1885, *Sem. jud.*, 1885, p. 444.

[2] Brocher, *Traité franco-suisse*, p. 115.

Tomasso Ladelli lui a été désigné pour curateur; que ce dernier demande que la décision du conseil de tutelle soit rendue exécutoire en France; *attendu qu'en vertu de la règle posée par l'article 3, § 3, C. civ., l'état de l'étranger en France est régi par son statut personnel, que, par suite, sa capacité ne peut être, sur le territoire français, différente de celle qui a été fixée par la juridiction de la nation à laquelle il appartient, et qui seule, d'ailleurs, a compétence pour statuer à cet égard;* que ces principes, au surplus, sont spécialement consacrés en matière de tutelle par l'article 10 de la convention du 15 juin 1869 intervenue entre la France et la Suisse; *que, dès lors, les décisions des juges dont relève l'étranger lui sont nécessairement et de plein droit applicables en France,* comme le serait la loi en vertu de laquelle elles ont été rendues et s'imposeraient par cela même à tous ceux qui voudraient contracter avec lui; *que ces décisions ne sont pas d'ailleurs de nature à donner lieu à des actes d'exécution dans le sens de l'article 546 C. proc.; que, dans ces conditions, il n'y a lieu dans la cause à* exequatur [1].

Cour de justice civile de Genève, 8 décembre 1884; *Sem. jud.*, 1885, p. 40.

..... Que, d'après les principes du droit commun, *c'est la loi de la nationalité d'origine qui fixe et détermine le statut personnel de chaque citoyen ou les modifications qui peuvent y être apportées; que ce statut personnel, une fois défini, suit et règle les personnes même en pays étranger; qu'il suit de là qu'il n'est aucunement besoin d'un* exequatur *pour que cette partie du jugement soit reçue et acceptée par les tribunaux génevois;* qu'il suffit de constater l'état et la capacité civile des époux, tels qu'ils résultent de la définition donnée par l'autorité compétente de leur pays.....

§ VII. Jugements rendus en matière de faillites.

Les articles 6, 7, 8 et 9 du traité du 15 juin 1869 s'occupent de la faillite du français ayant un établissement de commerce en Suisse et *vice versâ*. Le jugement déclaratif prononcé dans l'un des deux pays produira effet dans l'autre lorsqu'il y aura été rendu exécutoire, conformément aux règles prescrites par l'article 16 de la convention. Il semble résulter du texte de l'ar-

---

[1] *Sic,* Trib. Annecy, 7 mai 1884; J. D. I. P. 1885, p. 438. — Trib. Seine, 4 décembre 1876. — J. D. I. P. 1876; *Sem. jud.,* 1886, p. 796.

ticle 6 que, avant l'*exequatur,* il est impossible de faire usage du jugement déclaratif; par conséquent, les syndics ne peuvent procéder à aucun acte, même conservatoire, tant que cette formalité n'a pas été remplie. La jurisprudence se prononce d'ailleurs dans ce sens.

Paris, 8 juillet 1880 (Lancel c. syndic Lancel); J. D. I. P. 1880, p. 581.

..... Cons. que les règles de notre droit s'opposent à sa mise à exécution (du jugement déclaratif) en France avant qu'il ait été vérifié par les tribunaux français et *reconnu par eux exécutoire;* que la convention internationale du 15 juin 1869, loin de déroger à ces règles, *en prescrit, au contraire, expressément l'observation préalable; considérant que ce jugement n'a jamais été déclaré exécutoire en France et que, par conséquent, il n'est susceptible d'aucun effet juridique; qu'il ne peut donc pas être opposé par le failli à titre d'exception aux deux jugements frappés d'appel*.....

Rouen, 14 juin 1883 (Lancel c. Veillard et Heurtey); J. D. I. P. 1883, p. 615.

La Cour, — Attendu que, d'après l'article 6 de la convention internationale conclue entre la France et la Suisse, le 15 juin 1869, la faillite d'un français ayant un établissement de commerce en Suisse peut être prononcée par le tribunal de sa résidence en Suisse, et réciproquement celle d'un suisse ayant un établissement de commerce en France ; *la production du jugement de faillite dans l'autre pays donnera au syndic ou représentant de la masse, après toutefois que le jugement aura été déclaré exécutoire conformément aux règles établies par l'article 16 de ladite convention, le droit de réclamer l'application de la faillite aux biens meubles et immeubles que le failli possédera dans ce pays.*

Chambéry, 18 mars 1885 (Jaillet-Perrin syndic Brun); J. D. I. P. 1886, p. 82.

Sur la fin de non-recevoir tirée de ce que le jugement rendu par le tribunal de commerce de Genève, le 7 février 1884, qui déclare le sieur Brun en faillite, et celui du 24 du même mois, émané du même tribunal qui nomme Jaillet-Perrin syndic définitif de ladite faillite, *n'ayant pas été déclarés exécutoire en France, ne peuvent être produits et avoir effet,* et que l'appelant reste sans qualité pour procéder dans la cause; attendu que l'article 6 du traité international entre la France et la Confédération suisse est formel; *qu'il rend cette déclaration obli-*

gatoire, notamment lorsqu'il s'agit pour le syndic de poursuivre contre les débiteurs le remboursement des créances dues au failli, ce qui est précisément l'objet des conclusions de l'appelant.....

Ces deux dernières solutions de la jurisprudence nous paraissent fort bien rendues, puisque dans l'une et l'autre espèces il s'agissait incontestablement de procéder à des actes d'exécution. Quant à la première qui, faisant une application littérale des termes de l'article 6, dénie toute autorité au jugement déclaratif et tous pouvoirs aux syndics avant l'*exequatur,* elle rend le régime du traité moins libéral que celui du droit commun [1].

Et pourtant nous croyons, en lisant attentivement l'article 6, que ce texte est plus large que ne semble l'admettre la jurisprudence. En effet, l'énumération dans les §§ 3 et suiv. de l'article 6, des actes permis aux syndics après l'obtention de l'*exequatur,* tels que le recouvrement des créances dues au failli, la vente de ses biens et la répartition aux créanciers de la faillite des sommes encaissées par suite de cette double opération, laisse entendre que les rédacteurs du traité, en parlant « de l'application de la faillite aux biens meubles et immeubles du failli, » n'ont pas eu en vue les simples mesures conservatoires.

Il est bon de remarquer que le traité du 15 juin 1869 ne parle que de la faillite; on ne peut donc l'étendre aux jugements qui mettent une société en état de liquidation judiciaire. Ainsi l'a décidé le tribunal de commerce de Nantes le 10 mai 1884.

Trib. comm. Nantes, 10 mai 1884 (Société des chantiers de la Loire c. Lloyd suisse); J. D. I. P. 1885, p. 179.

..... Attendu que, sans s'arrêter aux documents versés au procès, qui ne portant ni visa ni légalisation régulière, ne présentent aucun caractère d'authenticité, il suffit de rappeler que la situation légale des étrangers en France est réglée par l'article 11 C. civ., lequel expose que l'étranger jouira des mêmes droits que ceux qui sont accordés aux français par les traités de la nation à laquelle appartient l'étranger; *que la question est donc simplement de savoir quels droits sont*

---

[1] V. *suprà,* p. 90.

accordés par le dernier traité conclu entre la France et la Suisse; attendu que la convention actuellement en vigueur entre les deux États porte la date du 15 juin 1869; *qu'elle n'a pas d'application en l'espèce; qu'elle vise le cas d'un jugement déclaratif de faillite et son mode d'exécution dans l'un et l'autre pays; que le Lloyd suisse n'est point en faillite mais simplement en liquidation;* qu'elle ne pouvait, du reste, manifestement pas régler un mode d'opérer qui n'a été établi que par la loi suisse bien postérieure en date du 2 juin 1881.....

Nous terminerons sur ce point en faisant observer que, lorsqu'un individu a été déclaré en état de faillite dans l'un des deux pays par un tribunal compétent aux termes du traité de 1869, il ne peut plus être mis en faillite dans l'autre pays.

Cass. civ., 17 juillet 1882 (Lancel c. Veillard et syndic Lancel); S. 84.1.58; P. 1884, p. 129; *Bull. Cass.,* 1882, p. 297.

..... Attendu qu'aux termes de l'article 6 de la convention sus-visée, les tribunaux suisses sont compétents pour prononcer la faillite d'un français ayant un établissement de commerce en Suisse; *qu'il en résulte qu'une fois le jugement déclaratif de faillite rendu dans ces conditions par un tribunal suisse, le même débiteur ne peut plus être de nouveau déclaré en faillite par un tribunal français* [1].....

§ VIII. **Procédure d'exequatur.**

a. **Tribunal compétent pour statuer sur la demande d'exequatur.**

Aux termes de l'article 16 (*in fine*) du traité, il sera statue sur la demande d'*exequatur,* en France par le tribunal réuni en Chambre de conseil, en Suisse par l'autorité compétente.

En France, il faudra incontestablement s'adresser au tribunal civil d'arrondissement; la Cour d'appel ne saurait, en effet, prononcer *omisso medio,* puisque nul ne peut, d'après les principes de notre législation, être privé du bénéfice du second degré de juridiction s'il n'existe un texte formel sur ce point.

---

[1] V. dans le même sens : Trib. comm. Genève, 19 mars 1874; J. D. I. P. 1864, p. 96.

Chambéry, 18 mars 1885; J. D. I. P. 1886, p. 82.

Attendu que Jaillet-Perrin, agissant par voie principale, demande à la Cour de déclarer exécutoires en France deux jugements rendus par le tribunal de Genève (Suisse); attendu que le traité international entre la France et la Confédération suisse, en date du 15 juin 1869, sur lequel Jaillet-Perrin appuie sa demande, *s'est référé au droit commun en ce qui concerne la compétence; qu'il appartient aux tribunaux du premier degré de juridiction de connaître de toute demande nouvelle;* que l'article 16 du traité invoqué indique même l'application de ce principe en disposant que la partie demanderesse devra produire au tribunal les pièces justificatives.....

C'est évidemment avec intention que les rédacteurs de la convention franco-suisse ont confié *à l'autorité suisse compétente* le soin de rendre exécutoires les jugements prononcés en France. En Suisse, en effet, le droit de revêtir de l'*exequatur* les sentences étrangères est confié tantôt aux tribunaux ordinaires, tantôt à l'autorité administrative; dans un certain nombre de cantons ce droit est même partagé entre les pouvoirs administratif et judiciaire[1]. Cette variété de compétence explique la largeur des termes de l'article 16.

b. Comment le tribunal statue-t-il ?

Aucune difficulté ne peut s'élever sur ce point. Le tribunal saisi par voie de requête statue sur la demande d'*exequatur* en chambre du conseil, après avoir entendu le rapport d'un juge commis par le président du tribunal et sur les conclusions du ministère public.

c. Pièces à produire.

L'article 16 du traité franco-suisse énumère les pièces que le demandeur devra produire[2]. Cette production permettra au tribunal d'examiner si le jugement est définitif et passé en force de chose jugée.

[1] V. sur ce point une étude de M. Roguin dans le J. D. I. P. 1883, p. 113 et suiv.

[2] V. *suprà*, p. 196, le texte de cet art.

Dijon, 19 février 1869 (Bijot Salomon c. Hirsch fils) ; *Rec. arrêts Dijon,*
3e année, p. 121 [1].

..... Que, sans qu'il soit besoin de rechercher si les jugements
rendus par les tribunaux de la Confédération sont soumis à révision
par les tribunaux français comme le sont en général les jugements
rendus en pays étranger, *l'acte produit n'a point été légalisé par
l'envoyé compétent, et qu'en présence de l'omission des formalités requises, il n'y a lieu en l'état de déclarer ledit jugement exécutoire en
France*.....

Trib. Seine, 21 novembre 1883 (Soldano); J. D. I. P. 1883, p. 620 [2].

..... *Attendu, au surplus, que ce jugement n'a été ni signifié ni
publié en France, conformément à l'article 442 C. comm. et à l'article
16, § 2, de la convention diplomatique, et que la présente demande
n'a pas été notifiée aux parties contre lesquelles l'exécution est poursuivie, conformément à l'article 16, in fine, de ladite convention.*

Trib. Seine, 11 mars 1884 (Kuhliger c. Kuhliger); J. D. I. P. 1884, p. 613.

Le Tribunal, — Attendu que les demandeurs Kuhliger s'autorisent,
pour saisir le tribunal de leur action, d'une décision émanant du tribunal cantonal d'Uri (Suisse), en date du 30 novembre 1881, par
laquelle ledit tribunal, obtempérant à la demande qui lui a été faite,
a déclaré déléguer aux tribunaux compétents de la République française sa propre compétence pour juger le procès d'entre les parties;

Attendu que la recevabilité de cette action est contestée par le double motif que ledit jugement est contraire aux dispositions du traité
diplomatique du 15 juin 1869, passé entre la France et la Confédération suisse, et qu'il n'a aucune valeur en France faute *d'exequatur;*
attendu qu'aux termes de l'article 15 dudit traité, les jugements définitifs rendus dans l'un des deux États contractants doivent, pour devenir exécutoires dans l'autre, être revêtus d'un *exequatur* accordé
par le tribunal en chambre du conseil, *sur la représentation de l'exploit de signification et d'un certificat de non-opposition ni appel,
joints à l'expédition du jugement dûment légalisée par les envoyés
respectifs ou par les autorités de chaque pays ;*

Attendu qu'aucune des formalités prescrites n'a été remplie et que

_____

[1] Arrêt rendu sous l'empire du traité de 1828.
[2] V. *suprà,* p. 34, n. 1.

*le caractère authentique de l'acte produit sous le nom de décision judi-
ciaire n'est pas établi* [1].....

Nous devons, toutefois, signaler un jugement suisse d'après
lequel le demandeur en *exequatur* n'est pas tenu de produire,
dès le début de l'instance, les pièces énumérées dans l'article 16
de la convention de 1869, si cette production n'est pas exigée
par les lois de procédure du pays où l'instance est introduite.

Trib. civil Genève, 8 juillet 1886 (Barbier c. époux Favre);
Sem. jud., 1887, p. 599.

..... Attendu que si la convention franco-suisse sus-visée exige du
demandeur en *exequatur* la production de certaines pièces à l'appui
de la demande, *aucune disposition de cette convention ne l'oblige à les
produire dès l'introduction de la cause en justice, que la fixation des
délais, dans lesquels cette production doit être faite, est laissée par
conséquent à la loi de procédure du lieu où la demande est formée.....*

d. **Voies de recours.**

Le traité de 1869 s'exprime très nettement sur ce point. La
décision qui a rendu exécutoire en France un jugement suisse,
de même que celle qui a revêtu de l'*exequatur* en Suisse un
jugement français, n'est pas susceptible d'opposition.

Paris, 12 mai 1874 (Ponnaz c. Ponnaz); *Le Droit* du 29 mai 1874;
J. D. I. P. 1875, p. 189.

La Cour, — Considérant qu'aux termes du traité international intervenu entre la France et la Suisse le 15 juin 1869, *la décision qui
accorde l'exécution dans l'un des deux États d'une sentence émanée
de l'autorité judiciaire de l'autre État, ainsi que la décision qui
refuse l'exécution, ne sont ni l'une ni l'autre susceptibles d'opposition,*
— Déclare non-recevable l'opposition [2].

Toutes les autres voies de recours sont, d'ailleurs, ouvertes
contre le jugement qui a rejeté ou admis la demande d'*exequatur*.

----

[1] V. dans le même sens le jugement du tribunal civil de Genève du 26
février 1887; *Sem. jud.*, 1888, p. 407.

[2] *Sic*, Trib. Lyon, 6 juin 1884; J. D. I. P. 1885, p. 85. — Trib. cant.
Vaud, 3 mai 1876; J. D. I. P. 1876, p. 230.

Chambéry, 26 juillet 1877 (Perillat c. syndic Brazier); S. 79.2.8;
P. 1879, p. 90; D. P. 78.2.213.

..... Attendu que le dernier alinéa de l'article 17 de la convention
conclue avec la Suisse le 15 juin 1869, statue que le jugement qui
déclare exécutoire le jugement étranger n'est pas susceptible d'opposition, *mais peut être l'objet d'un recours devant l'autorité compétente;
que l'on doit ranger parmi ces voies de recours la tierce-opposition*.....

§ IX. **Durée du traité du 15 juin 1869.**

Conclu en 1869 pour dix années, le traité franco-suisse aurait dû prendre fin en 1879. Aucun des deux États contractants
ne l'ayant dénoncé dans les délais fixés par l'article 22, il con-
tinue à subsister en vertu d'une tacite reconduction annale
prévue par ce même article 22.

CHAPITRE XIV.

Traité franco-russe.

Un traité a été conclu entre la France et la Russie en 1787; son article 16 attribue compétence aux tribunaux russes pour connaître des contestations relatives à la succession d'un français décédé en Russie et *vice versâ*.

Traité de navigation et de commerce conclu à Saint-Pétersbourg le 11 janvier 1787 (31 décembre 1786) entre la France et la Russie; De Clercq, *Rec. des traités de la France*, t. I, p. 171. — Martens, *Rec. de traités* (2e éd.), t. IV, p. 196.

Art. 16. Les nations qui sont liées avec la France par des traités de commerce étant affranchies du droit d'aubaine dans les États de S. M. T. C., elle consent que les sujets russes ne soient pas réputés aubains en France, et conséquemment ils seront exempts du droit d'aubaine ou autre droit semblable, sous quelque dénomination qu'il puisse être : ils pourront librement disposer par testament, donation ou autrement de leurs biens meubles et immeubles en faveur de telles personnes que bon leur semblera, et lesdits biens délaissés par la mort d'un sujet russe seront dévolus sans le moindre obstacle à ses héritiers légitimes par testament ou *ab intestat*, soit qu'ils résident en France ou ailleurs sans qu'ils aient besoin d'obtenir des lettres de naturalité et sans que l'effet de cette concession puisse leur être contesté ou empêché sous quelque prétexte que ce soit. Ils seront également exempts du droit de détraction ou autre de ce genre aussi longtemps qu'il n'en sera point établi de pareils dans les États de S. M. l'Impératrice de toutes les Russies. Les susdits héritiers présents, ainsi que les exécuteurs testamentaires, pourront se mettre en possession de l'héritage dès qu'ils auront légalement satisfait aux formalités prescrites par les lois de S. M. T. C., et ils disposeront selon leur bon plaisir de l'héritage qui leur sera échu, après avoir acquitté les autres droits établis par les lois et non désignés dans le présent article.

Mais si les héritiers étaient absents ou mineurs, et par conséquent hors d'état de faire valoir leurs droits, dans ce cas, l'inventaire de toute la succession *devra être faite sous l'autorité des juges du lieu,* par un notaire public accompagné du consul ou vice-consul de Russie s'il y en a un dans l'endroit, et sous l'inspection du procureur du roi ou du procureur fiscal ; et s'il n'y avait pas de consul ou de vice-consul dans l'endroit, on appellera comme témoins deux personnes dignes de foi. Après ce préalable, la succession sera déposée entre les mains du consul ou vice-consul, ou, à son défaut, entre les mains de deux personnes désignées par le procureur du roi ou le procureur fiscal, afin que lesdits biens soient gardés pour les légitimes héritiers ou véritables propriétaires. En cas qu'il y ait des mineurs et qu'il ne se présentât en France aucun parent qui pût remplir par provision la tutelle ou curatelle, elle sera confiée au consul ou vice-consul de Russie, ou, à son défaut, à une personne désignée par le procureur du roi ou le procureur fiscal, jusqu'à ce que les parents du défunt aient nommé un tuteur ou curateur ; *dans le cas où il s'élèverait des contestations sur l'héritage d'un russe mort en France, les tribunaux du lieu où les biens du défunt se trouveront devront juger le procès suivant les lois de la France.*

. . . .

Bien que le droit d'aubaine n'existe pas en Russie, S. M. l'Impératrice de toutes les Russies, afin de prévenir tout doute quelconque à cet égard, s'engage à faire jouir dans toute l'étendue de son Empire les sujets du roi T. C. d'une entière et parfaite réciprocité, relativement aux stipulations renfermées dans le présent article.

Aux termes de son article 46, le traité franco-russe devait avoir une durée de douze années. Six ans après sa conclusion, il fut suspendu par un édit de l'impératrice de Russie en date du 8 février 1793, et par un décret de la Convention nationale rendu le 1er mars suivant.

A plusieurs reprises on s'est demandé si la convention de Saint-Pétersbourg avait encore quelque valeur. Des doutes ont aussi été émis sur le point de savoir si ce traité s'appliquait aux questions relatives à l'exécution réciproque des jugements prononcés dans l'un ou l'autre pays en matière successorale.

La jurisprudence a admis que le traité franco-russe avait été formellement remis en vigueur en 1801, en 1807, en 1814 et en 1845. Bien plus, le tribunal de la Seine a décidé que la durée de douze années fixée par l'article 46 était indéfiniment prorogée.

..... Attendu que, d'après l'article 5 du traité de paix du 8 octobre 1801, ainsi conçu : « Les deux puissances contractantes (la France et la Russie), conviennent, en attendant la confection d'un nouveau traité de commerce, de rétablir les relations commerciales entre les deux pays sur le pied où elles étaient avant la guerre, et tant que faire se pourra et sauf les modifications que le temps et les circonstances peuvent avoir amenées et qui ont donné lieu à de nouveaux règlements. » *Il est indifférent que les traités antérieurs à la guerre, qui se sont rompus entre la France et la Russie en 1793, aient été annulés de fait ou suspendus de droit par cet événement;*

Que dans l'une et l'autre hypothèse, les bases des relations des deux peuples avant la guerre *étant celles consignées dans le traité de commerce du 11 janvier 1787, c'est ce traité qui a été remis en vigueur par celui de 1801, et il a été complètement rétabli en ses dispositions contenues en l'article 16,* puisqu'il n'existe aucun règlement qui y ait apporté quelque changement ou modification.....

..... Que des dispositions de ce traité diplomatique (du 11 janvier 1787) ressort manifestement une attribution de juridiction pour les tribunaux français et pour les tribunaux russes, qui les saisit particulièrement de la connaissance de toutes les contestations relatives aux biens situés dans l'étendue de l'empire de leur gouvernement respectif et laissés par des français morts en Russie ou par des russes décédés en France ;

Attendu que l'exécution de ce traité conclu pour douze années *a été suspendue tant par un édit de l'impératrice de Russie du 8 février 1793 que par un décret de la Convention nationale du 1ᵉʳ mars suivant;*

Mais qu'il a été remis en vigueur par l'article 5 du traité de paix du 26 vendémiaire an X (8 octobre 1801); par l'article 27 du traité de paix de Tilsitt du 7 juillet 1807 et par les autres traités suivants des 30 mai 1814 et 20 novembre 1815;

Attendu que ces traités de paix ont eu non seulement pour effet *de*

*remettre en cours la convention de 1787, mais encore de la confirmer
et d'en proroger la durée au delà du terme qu'elle déterminait.....*

Aujourd'hui ces décisions sont passées dans le domaine de
l'histoire depuis qu'un nouveau traité a été signé entre la
France et la Russie en 1874.

> Convention signée à Saint-Pétersbourg le 1er avril 1874 (20 mars de l'année
> russe) entre la France et la Russie pour le règlement des successions laissées
> dans l'un des deux États par des nationaux de l'autre pays. De Clercq, *Rec.
> des traités de la France,* t. XI, p. 184.

Art. 10. La succession aux biens immobiliers sera régie par les
lois du pays dans lequel les immeubles seront situés, et la connaissance de toute demande en contestation concernant les successions
immobilières appartiendra exclusivement aux tribunaux de ce pays.

Les réclamations relatives au partage des successions mobilières
ainsi qu'aux droits de succession sur les effets mobiliers laissés dans
l'un des deux pays par des sujets de l'autre pays, *seront jugées par
les tribunaux ou autorités compétentes de l'État auquel appartenait le
défunt et conformément aux lois de l'État,* à moins qu'un sujet du
pays où la succession est ouverte n'ait des droits à faire valoir à ladite
succession ;

Dans ce dernier cas, et si la réclamation est présentée avant l'expiration du délai fixé par l'article 5 (six mois), l'examen de cette réclamation sera déféré aux tribunaux ou autorités compétentes du pays
où la succession est ouverte, qui statueront conformément à la législation de ce pays sur la validité des prétentions du réclamant et, s'il y
a lieu, sur la quote-part qui doit lui être attribuée.....

Les traités de 1787 et de 1874 règlent-ils l'exécution réciproque des jugements rendus en matière de succession? Presque tous les auteurs se prononcent dans ce sens et la jurisprudence fait de même. Il faut donc reconnaître aux jugements
russes qui rentrent dans la catégorie prévue par les traités,
l'autorité de la chose jugée en France et *vice versâ.*

> Cass. civ., 15 juillet 1811 (Ve Cardon c. Cardon); S. 11.1.301.

..... Attendu sur le moyen pris de la violation de la chose jugée en
Russie, que si d'après l'article 121 de l'ordonnance de 1629, les jugements étrangers sont sans autorité en France et n'empêchent pas les
français qu'ils ont condamnés de débattre leurs droits entiers par de-

vant leurs juges, *la disposition de cet article cesse quand il existe quelque loi politique ou quelque traité qui accorde en France à ces jugements l'autorité de la chose jugée;*

Que cette exception est consacrée par l'article 2123 C. Nap.....

Attendu que dans l'espèce il existait sous la date du 31 décembre 1786-11 janvier 1787, un traité de commerce entre la France et la Russie qui notamment dans le cas où un français décédé en Russie y a laissé des biens, attribue par son article 16 aux tribunaux du pays, généralement et sans aucune sorte de distinction, le pouvoir de juger selon leurs lois.....

Et que c'est en exécution de cet article 16, alors encore en vigueur, ainsi qu'il résulte d'une lettre officielle du ministre des relations extérieures de France du 25 juin dernier, que les tribunaux russes ont, par leurs jugements des 11 septembre 1803, 18 juin et 11 mai 1804, envoyé conformément à leurs lois la dame Champeaux-Grammont et Alexandrine Cardon, sa fille, en possession des biens que feu Cardon y avait laissés;

Attendu que ceux de ces jugements rendus en 1804 souverainement et en dernier ressort sous l'influence de ce traité, devaient avoir et avaient effectivement en France la même autorité de chose jugée que s'ils étaient émanés des tribunaux français.....

Cass. civ., 13 août 1816 (Champeaux-Grammont c. Cardon); P. 1815-1816, p. 588.

La Cour, — Considérant, sur le premier moyen, qu'aux termes du traité de commerce de janvier 1787, les tribunaux de Russie n'avaient de compétence que pour prononcer sur les biens situés en Russie; que si pour parvenir à statuer sur ces biens ils ont eu à statuer sur une question d'État incidemment agitée, cette circonstance n'a pu étendre leur juridiction, en sorte *que l'autorité de la chose jugée n'a appartenu à leurs jugements que pour les biens situés en Russie et par rapport à ces biens, et nullement pour les biens situés en France ni pour les questions à agiter en France relativement à ces mêmes biens.....*

Paris, 19 février 1881; J. D. I. P. 1881, p. 156.

..... Considérant qu'il n'existe entre la France et la Russie aucun traité modifiant les règles de la juridiction française sur ce point; *que les traités des 11 janvier 1787 et 16 septembre 1846 ne contiennent aucune disposition relative à l'exécution des jugements rendus par les tribunaux de la Russie, si ce n'est à l'égard des contestations sur les héritages dans les cas prévus par l'article 16 du traité de 1787 que*

TABLE CHRONOLOGIQUE DES ARRÊTS ET JUGEMENTS

REPRODUITS OU CITÉS.

			Reproduit page :	Cité page :
1826...	9 janvier....	Grenoble.		175, note 1.
»	21 février....	Cass..................	35.	
»	29 août......	Cass..................	85.	
»	12 décembre..	Cass..........................		36, note 1.
1827...	15 novembre .	Cass..................	17.	50, note 1.
1829...	3 janvier....	Grenoble.	163.	16, note 1.
»	4 mars.	Cass..................	72.	
1830...	17 mars.....	Cass..................	141.	180, note 1.
1831...	10 mai.	Cass..................	143.	
»	16 juin.	Trib. Seine.		6, note 1.
1832...	5 février....	Aix..........................		128, note 2.
»	5 août......	Paris..........................		103, note 1.
1833...	7 janvier....	Paris.		6, note 1.
1834...	14 avril......	Cass..................	124.	
1836...	16 janvier ...	Paris.....................	19.	
»	25 février....	Bordeaux.		107, note 1.
»	5 mai.......	Douai..................	37.	
»	17 mai......	Paris..................		16, note 1.
»	18 août......	Cass..................	47.	
1837...	28 janvier....	Paris..................	28.	
»	14 février....	Cass..........................		50, note 1.
1838...	18 août......	Montpellier.	99.	
1839...	8 février....	Aix..........................		121, note 3.
»	14 août......	Nîmes...............	161-174.	180, note 1.
1840...	22 janvier....	Bordeaux.....................		107, note 1.
»	16 juin......	Cass..................	99.	
»	8 juillet.....	Aix.	109.	
1841...	6 janvier ...	Cass..................	36.	42, note 1.
1842...	12 février....	Cass..........................		33, note 1.
»	19 juillet.....	Rouen.........................		54, note 1.
1843...	11 janvier...	Cass.	35-118.	16, note 1.
»	22 juin......	Paris..........................		16, note 1;
	—	—		100, note 1.
»	9 décembre..	Douai.........................		107, note 1.
1844...	28 décembre..	Trib. Seine....................		215.
»	31 décembre .	Cass..........................		50, note 1.
1845...	3 janvier...	Douai.........................		16, note 1.
»	14 août......	Douai..................	114.	
1846...	24 février....	Cass..........................		41, note 3;
	—	—		50, note 1.
»	5 mai.	Paris..........................		109, note 1.
1847...	17 juin......	Colmar........................		109, note 1.
»	6 août......	Bordeaux......................		16, note 1;
	—	—		107, note 1.

			Reproduit page :	Cité page :
1848...	3 avril	Douai		54, note 2.
»	20 novembre.	Paris	141.	
1849...	24 avril	Douai		107, note 1.
1850...	19 janvier...	Paris		105, note 1.
»	13 mars	Paris	69.	204, note 1.
1851...	22 novembre.	Paris	39.	16, note 1.
1854...	22 août	Bordeaux		40, note 1.
»	2 décembre..	Turin		174, note 3.
1855...	16 avril	Paris	107.	
1856...	22 mai	Trib. com. Aix		39, note 1.
1857...	17 juillet	Trib. Seine		24, note 1.
»	26 août	Gênes		43.
1858...	14 janvier	Aix		43.
»	13 avril	Cass	37.	39, note 1.
»	16 juin	Aix	43.	
»	25 novembre.	Aix	120-174.	142, note 1;
	—	—		180, note 1;
	—	—		182, note 2.
»	8 décembre..	Aix	59-161.	116, note 1;
	—		—	142, note 1.
	—		—	182, note 2;
	—		—	184, note 1.
1859...	28 mars	Cass		50, note 1.
»	4 juillet	Paris		64, note 2;
	—	—		73, note 2.
»	18 juillet	Cass	141.	204, note 1.
»	1er août	Besançon		59, note 2.
»	26 septembre.	Trib. com. Seine	21.	
»	24 décembre..	Paris	33.	
1860...	28 février...	Cass	73.	64, note 2.
»	30 novembre.	Paris	20.	
»	11 décembre..	Cass		33, note 1.
1861...	29 avril	Pau		47, note 1.
»	15 juin	Paris		8.
»	10 décembre..	Aix		86, note 1.
»	11 décembre..	Colmar	149.	152, note 2;
	—	—		154, note 2.
1862...	24 mars	Cass		55.
»	1er avril	Colmar		67, note 1.
»	7 juillet	Cass	175-186.	
1863...	10 mars	Cass	8.	16, note 1.
»	21 mars	Casale		163, note 2;
	—	—		169, note 1;
	—	—		188, note 1.

			Reproduit page :	Cité page :
1879...	11 juin......	Paris...................	153.	
»	24 octobre...	Cour Neuchâtel................		202, note 1.
»	5 novembre..	Cass...................	166.	
»	9 décembre..	Cass....................		50, note 1.
»	3 février....	Paris................	152.	153, note 1.
»	10 février....	Rennes....................		121, note 2.
»	21 février....	Trib. corr. Seine..............		162, note 2.
»	13 mars.....	Aix....................	120.	
»	22 mars.....	Trib. Seine...................		169, note 1 ;
	—	—		181, note 3.
»	1er avril......	Catane................	11-115.	
»	1er décembre..	Paris...................	160.	168, note 2 ;
	—	—		176, note 1 ;
	—	—		181, note 1.
»	26 décembre..	Rennes................	31-61.	53, note 3 ;
	—	—		107, note 1.
1880...	7 janvier....	Paris.		
»	4 février....	Trib. Seine.............	52.	
»	7 février....	Paris..................		16, note 1 ;
	—	—		122, note 1.
»	19 février....	Appel Lucques................		163, note 2 ;
	—	—		165, note 1 ;
	—	—		176, note 1.
»	10 mars.....	Trib. Seine.............	115.	
»	13 mars.....	Aix.		
»	19 mars.....	Lyon....................		109, note 1 ;
	—	—		200, note 1.
»	20 mars.....	Trib. civ. Genève..............		198, note 2.
»	10 avril......	Trib. Seine.................		105, note 1.
»	20 avril......	Rouen................	13.	
»	3 juillet.....	Trib. Seine.............	118.	
»	8 juillet.....	Paris................	206.	
»	8 juillet.....	Aix..................		38, note 1.
»	9 juillet.....	Trib. Seine.................		58, note 1.
»	5 août......	Bruxelles..................		77, note 1.
»	23 août......	Paris..................		176, note 1.
	—	—		188, note 1.
1881...	8 février....	Trib. Seine.............	56.	
»	10 février....	Trib. Boulogne..............		56, note 2.
»	19 février....	Paris................	217.	11, note 1 ;
	—	—		16, note 1.
»	28 février....	Paris................	89.	92, note 2.

			Reproduit page :	Cité page :
1884...	7 mai......	Trib. Annecy....................		83, note 1;
	—	—		205, note 1.
»	7 mai.......	Trib. comm. Hâvre.............		32, note 1.
»	8 mai.......	Cour de justice civ. de Genève....		202, note 1.
»	10 mai.......	Trib. com. Nantes........	207.	
»	21 mai.....	Paris........................		62, note 1;
	—	—		180, note 1.
»	28 mai.......	Paris.................	179.	79, note 1;
	—	—		140, note 2.
»	6 juin......	Lyon.........................		211, note 2.
»	12 juin.....	Montpellier.		92, note 3.
»	18 juillet....	Trib. Seine.............	97.	
»	19 août......	Paris........................		58, note 1.
»	8 décembre..	Cour de justice civ. de Genève. 205.		
1885...	8 janvier....	Trib. Hâvre..............	190.	168, note 2;
	—	—		181, note 2.
»	28 janvier....	Paris.......................		53, note 1.
»	6 mars.	Trib. Tlemcen.................		170, note 1;
	—	—		188, note 1.
»	11 mars.....	Trib. Tunis..................		133, note 1.
»	16 mars.....	Cass.		
»	18 mars	Chambéry............ 206-209.		
»	24 mars.....	Aix..................... 140.		180, note 1.
»	10 avril......	Trib. Seine............. 51.		56, note 2.
»	13 avril......	Cour de justice de Genève........		204, note 1.
»	7 mai.......	Trib. Seine..................		42, note 4;
	—	—		62, note 1.
»	21 mai.....	Paris..................... 82.		
»	3 juin......	Cass.................... 80.		
»	3 juin......	Douai................... 144.		199, note 1.
»	4 juin......	Trib. Seine............. 80.		
»	4 juin......	Trib. Lille............. 104.		
»	29 juin......	Besançon............... 202.		
»	7 juillet.....	Trib. Seine..................		58, note 1.
»	6 août......	Trib. Seine............. 70.		
»	11 août......	Trib. Seine............. 67.		
»	30 octobre...	Trib. Saint-Quentin... 162-168.		
»	7 décembre..	Paris........................		38, note 1.
»	22 décembre..	Rouen................. 190.		188, note 1.
1886...	4 février....	Toulouse....................		59, note 1.
»	26 février....	Trib. Seine..................		97, note 3.
»	19 mars.....	Trib. fédéral.		
»	12 mai......	Cass......................		116, note 2.
»	8 juillet.....	Trib. civ. Genève.......... 211.		

FIN DE LA TABLE CHRONOLOGIQUE.

FIN DE LA TABLE ALPHABÉTIQUE DES NOMS DES PARTIES.

TABLE DES MATIÈRES.

PREMIÈRE PARTIE.

DEUXIÈME PARTIE.

FIN DE LA TABLE DES MATIÈRES.

BAR-LE-DUC IMPRIMERIE CONTANT-LAGUERRE.

DICTIONNAIRE

DE

DROIT INTERNATIONAL PRIVÉ

LÉGISLATION — DOCTRINE — JURISPRUDENCE FRANÇAISES

PAR MM.

René VINCENT | Edouard PÉNAUD

Avocats à la Cour d'appel de Paris

1 fort volume grand in-8° à deux colonnes (1888)...... **20** francs

Ce Dictionnaire est complété chaque année par une revue de législation, de doctrine et de jurisprudence, en matière de droit international privé, concernant la France et les Pays étrangers; la revue de l'année 1888 coûte .... **8 fr.**

Prix du Dictionnaire et de la Revue réunis : 25 fr.

Traité élémentaire de droit international privé, par ANDRÉ WEISS, avocat à la Cour d'appel, professeur agrégé à la Faculté de droit de Dijon. 1886, 1 fort volume in 8°....... 12 fr. »
(Ouvrage récompensé par l'Institut, concours Wolowski, 1888.)

Précis de droit international privé, par FRANTZ DESPAGNET, avocat à la Cour d'appel, professeur agrégé à la Faculté de droit de Bordeaux. 1886, 1 volume in-8°.......................... 10 fr. »

Essai de droit international privé, précédé d'une étude historique sur la condition des étrangers en France et suivi du texte de tous les traités intéressant les étrangers, par LOUIS DURAND, avocat à la Cour d'appel de Lyon, docteur en droit. 1884, 1 volume in-8°..... 10 fr. »
(Ouvrage couronné par la Faculté catholique de droit de Lyon et par l'Académie de législation de Toulouse.)

Cours de droit international public, par AMANCIO ALCORTA, professeur de droit international à l'Université de Buenos-Aires, édition française avec une introduction par ERNEST LEHR, docteur en droit, ancien professeur de législation comparée. 1887, tome 1er seul paru, in-8°. 10 fr. »
(L'ouvrage formera 3 volumes ; le 2e est sous presse)

Effets internationaux des jugements en matière civile par FÉLIX MOREAU, avocat, aujourd'hui professeur agrégé à la Faculté de droit d'Aix. 1884, 1 vol. in-8°........................... 5 fr. »
(Ouvrage couronné par la Faculté de droit de Bordeaux)

Traité de l'annexion au territoire français et de son démembrement contenant : l'histoire du territoire français et de sa formation, les principes du droit naturel, du droit constitutionnel, du droit international et toutes les applications pratiques qui doivent en être faites à l'occasion d'une annexion ou d'un démembrement, par RENÉ SELOSSE, avocat, docteur en droit 1880, 1 volume in-8°................. 6 fr. »
(Ouvrage couronné par l'Académie de législation de Toulouse.)

Les étrangers devant les tribunaux français, clause du « Libre et facile accès »; — Clause du « Traitement de la nation la plus favorisée », par RENÉ VINCENT, avocat à la cour d'appel de Paris. 1888, brochure in-8°.. 2 fr. »

De l'application de la loi française aux négociations à l'étranger de titres au porteur perdus ou volés, par RENÉ VINCENT. 1888, brochure in-8°..................................... 1 fr. 50

BAR-LE-DUC, IMPRIMERIE CONTANT-LAGUERRE.